KB074745

스타트업의
거짓말

Die StartUp-Lüge: Wie die Existenzgründungseuphorie missbraucht wird-und wer davon profitiert by Jochen Kalka

스타트업의 거짓말

요헨 칼카 지음 | 노보경 옮김

율리시즈

목차

세 번째 거짓말

실리콘밸리는 새로운 에덴동산이다

START-UP

네 번째 거짓말

스타트업이 세상을 바꾼다

다섯 번째 거짓말

스타트업은 모든 면에서 다르다

여섯 번째 거짓말

스타트업은 매우 자유분방하다

START-UP

열 번째 거짓말

스타트업은 정직하다

열한 번째 거짓말

실패는 유익하다

열두 번째 거짓말

스타트업에 대한 투자는 항상 유익하다

"기술이 모든 문제를 해결해줄 수 있다고 생각한다면,

기술은 물론, 무엇이 문제인지조차 모르고 있는 것이다."

—브루스 슈나이어, 《비밀과 거짓말》

| 들어가며 |

나의 첫 번째 스타트업

'스타트업의 거짓말'이라는 이 책의 제목만 보고 독자들 중 십중팔구는 새로운 디지털 기술을 거부하고 현재 상태에 머물러 있기를 주장하는 고루한 불평가가 쓴 책인가 보다 하고 짐작할 수도 있다. 미안하지만, 잘못 짚었다.

사실 나는 디지털 기술을 세상의 다른 모든 현상과 똑같이 지극히 정상적인 것으로 보고 있으며, 나로서는 바로 그 점이 문제라고 생각한다. 그렇다고 내가 오직 디지털 기술만으로 이뤄진 미래를 추구하는 정신 나간 디지털 파시스트인 것은 아니다. 수많은 0과 1의 향연으로 펼쳐지는 혁신적인 세상을 좀 더 냉정하게 바라보자는 게 내 생각이다.

'스타트업'이라고 하면 우리는 일단 쿨한 이미지를 떠올린다. 쿨하다는 게 느닷없이 운동화를 신고 출근한다거나 사무실을 온통 창조적인 분위기로 바꾸는 걸 말하지는 않는다. 겉보기에 스타트업인 것 같은 기업의 이면에는 대체로 몇 가지 커다란 거짓말이 숨어 있다.

스타트업이 항상 디지털 기술과 관련되는 것은 아니다. 스타트업 열풍에 힘입어 나도 직접 스타트업을 설립했던 적이 있다. 세상 사람 누구나 할 수 있는 일이지 않은가. 자세한 설명은 뒤에 가서 하기로 하고, 새로운 버튼의 제작과 관련된 일이었다고만 일단 밝혀둔다. '버튼'이라는 단어 자체가 어쩌면 디지털과는 거리가 멀다는 느낌이 들 수 있으니, 우선은 내가 일상에서 얼마나 디지털 친화적 삶을 살고 있는지부터 이야기해야겠다.

네 식구가 사는 우리 집에 디지털 화면을 가진 장치가 몇 개나 될까? 20개까지 세다가 포기했다. 스마트폰과 전자책 단말기, 태블릿, 넷북Netbook, 노트북 등 그중 절반은 내가 사용하는 장치들일 것이다. 내비게이션과 스마트워치, 그리고 여섯 개나 되는 텔레비전은 아예 세지도 않았다. 진작부터 나를 사로잡았던 디지털 세상은 이제 내 일상의 한 부분이 됐다. 이 모든 스마트한 기기를 과연 쉽사리 포기할 수 있을까? 스마트 기기는 이미 우리의 삶을 너무나도 편리하게 바꾸어놓았다. 업무에서도 마찬가지다.

수년 동안 디지털 세상에 푹 빠져 있었던 건 사실이지만 나는 꽤 오래전에 거기서 헤어날 수 있었다. 마치 이성을 되찾은 것처럼 말이다. 지금은 꼭 필요한 앱만 사용하며 소셜미디어 서비스에도 점점 싫증을 느끼고 있다. 다시 진정한 친구들과의 진짜 만남을 원하게 됐다. 실시간 만남 말이다.

우리는 과거에 비해 생활의 많은 부분에서 편리함을 누리고 있다. 예를 들어 차량 공유 서비스를 비롯해 마이택시Mytaxi나 우버Uber 같은 교통수단 관련 앱의 등장으로 이동이 훨씬 간편해졌다. 나도 숙박시설을 찾을 때는 에어비앤비airbnb나 윔두Wimdu를 즐겨 이용하는 편이고, 사무실에서는 싱Xing과 링크드인Linkedin, 슬랙Slack 서비스의 도움을 받고 있다. 검색이 필요할 때는 페이스북, 트위터, 인스타그램이 있어줘서 고맙다. 물론 핀터레스트와 왓츠앱도 빼놓을 수 없다.

저널리스트로서 나는 미디어와 마케팅, 기업에 관한 글을 쓰고 있다. 물론 그중에서도 디지털 기술혁신과 관련된 주제가 나의 최고 관심사다. 새로운 디지털 기술의 등장은 나와 내 동료들의 마음을 매우 설레게 한다. 그래서 우리가 이에 관해 커버스토리나 시리즈 기사를 작성하면 상당히 많은 구독자가 관심을 가지고 읽어준다. 사람은 누구나 미래가 어떤 모습일지 알고 싶어 하고, 그것을 위해 기꺼이 모험을 무릅쓰는 경향이 있기 때문이다. 또한 시대에 뒤떨어지는 것을 싫어해서 알고리즘이라든지 컴퓨터 프로그램, 블록체인, 인공지능은 물론 최신 소셜미디어 서비스 관련 발전과 연구, 트렌드, 툴즈Tools 등을 놓치지 않으려 한다.

내가 일하며 얻은 경험을 단순히 독자들에게 알려주려고 이 책을 쓴 것은 아니다. 이 책에는 오직 나만이 경험한 것, 그리고 나 스스로 쌓아온 것, 곧 온전히 개인적인 견해를 담았다. 또한 스타트업의 설립자들, 투자자들, 양성인들과 계속적으로 교류해온 경험과 스타트업 과정에 활발히 협력했던 경험, 다양한 스타트업 경연에서 심사를 맡았던 경험 등과 마찬가지로 내가 직접 스타트업을 설립했던 경험 역시 매우 유용할 것이다. 거의 모든 스타트업이 태동하는 곳이라 해도 과언이 아닌 실리콘밸리를 방문할 때마다 나는 초기 산업화 시대의 문화가 떠오르면서 그곳이 여성에게 적대적이며 잔인하다는 인상을 받았다.

물론 스타트업은 긍정적 발전을 이끌어내는 경우가 많다. 용기 있게 도전하는 스타트업 설립자와 창조적이고 기발한 아이디어를 가진 젊은이들 대부분이 그런 역할을 담당한다. 그들은 세상을 얼마든지 바꿀 수 있고, 나아가 이상적 환경이 뒷받침된다면 더 좋은 방향으로 개선할 수 있다고 생각한다. 구글이 다가올 미래에 전화 통화를 하거나 글을 쓸 때는 물론이고 말할 때도 아무 문제 없이 세상의 모든 언어를 실시간으로 번역해내는 기술을 개발한다고 가정해보자. 그것은 곧 전 세계에서 국경이 없어진다는 의미일 것이다. 구글은 실시간 번역이라는 꿈의 기술이 완성되는 시기를 2027년으로 예정하고 있다. 2019년인 현재 구글의 문서 번역 서비스의 도움을 받아보면 자주 우리의 기대에 한참 미치지 못한다는 생각이 든다. 작가 프랑크 셰칭Frank Schätzing이 전문잡지 《광고와 판매Werben & Verkaufen》와의 인터뷰에서도 언급했듯 영어의 '어니언 링onion rings'을 독일어로 '양파가 전화한다'라고 귀엽게 번역하고 있으니까 말이다. 그러나 언어 인식 기술은 확실히 매우 급속히 발전하고 있다.

스타트업은 경제의 동력, 사회 전체의 추진력이 된다. 따라서 내일의 해결책이자 미래라고도 말할 수 있다. 또한 커뮤니케이션, 모바일, 보건 등 어느 한 영역에 국한되지 않는다. 어떤 분야에서든 스타트업을 통해 거대한 성과를 다양하게 이끌어낼 수 있다. 스타트업에는 정해진 형식이 있지 않고, 정치가 아닌 그 내용이 더 중요하기에 권위나 서열이 있을 수 없다. 열정을 실현하려는 뜨거운 심장을 지닌 사람들이 스타트업을 통해 만나고, 자신들의 이상을 행동으로 옮기고자 한다. 그래서 좋다. 모든 것이 아주 좋다. 아니, 말로 표현할 수 없을 만큼 좋다.

앞서 언급했듯 나는 스타트업을 직접 설립해본 경험이 있다. 다만 그때 내가 시작한 사업이 스타트업인 것을 알지 못했다. 나의 동업자는 베를린에 있는 아트빙스Adwings라는 에이전시 소속의 랄프 피오흐였다. 우리의 사업 아이디어는 셔츠나 블라우스 등의 단추 위에 장착할 수 있는 버튼을 제조하는 일이었다. 이 아이디어를 듣고 우리에게 투자하겠다고 나서는 사람은 없었다. 우리가 하는 일에 스타트업이라는 수식어를 붙이지 않았기 때문이다.

또 우리의 아이디어는 디지털 사업과도 관련이 없었으므로 결국 투자자를 찾지 못했다. 투자를 고려했던 사람들은 우리의 아이디어를 마음에 들어 했고, 우리가 생각해낸 버튼 사용법에도 관심을 보였다. 물론 버튼은 패션 소품이다. 원래부터 커프스 버튼이 달려 있는 셔츠는 없다. 우리는 단추 위에 장착 가능한 버튼을 제작함으로써 세상에 도움이 될 어떤 해결책을 찾아낸 기분이 들었다. 우리의 버튼은 팬 굿즈로 제격이다. 상상해보자. 예를 들어 바이에른 뮌헨의 축구팬들이 셔츠의 소매나 앞여밈 부분에 해당 축구 클럽의 로고를 표시할 수 있을 것이다. 또 음악 애호가라면 자기가 좋아하는 밴드를 커프스에 넣어 과시할 수 있다. 더 좋은 예가 있다. 보험회사의 경우 수만 명의 직원에게 회사 로고를 새긴 버튼을 지급할 수도 있고, 또 자동차 회사는 브랜드 명이 새겨진 두 개의 커프스 버튼을 구매자에게 선물할 수 있다. 미국으로부터 선거운동에 사용하겠다면서 2억 7,000만 명분의 코끼리나 당나귀가 새겨진 버튼의 주문이 들어올 수도 있다.

솔직히 우리는 판매를 위한 목표 집단 분석도 하지 않았고, 우리가 생산하고자 하는 버튼이 기존에 시장을 형성하고 있는지도 조사하지 않았다. 그럼에도 잠재적 투자자들은 관심을 보여주었다. 다만 그 관심이 실제 금전적 투자로까지 이어지기는 어려웠다.

우리는 어쩔 수 없이 자비로 사업을 진행했다. 노이쾰른에 있는 한 보석 공장에서 시제품을 제작했고 우선 '랄프 피오흐'라고 이름 붙였다. 여러 번의 시도 끝에 특허까지 얻어냈다. 소득에 대한 전망 없이 100유로(약 13만 원—옮긴이), 2,500유로 등 지출만 끊임없이 발생했다.

우리는 루르 지역(독일의 공업 지역—옮긴이)에서 더 많은 버튼을 생산할 수 있는 도구를 제작했다. 그로 인해 또 지출이 발생했지만 이제는 다양한 견본품을 제작할 수 있게 됐다. 다음으로 중국에서 버튼 생산에 착수했다. 그런데 중국에서도 먼저 비용을 지급해야 작업에 착수할 수 있었다. 그때 이런 의문이 들었다. 우리가 얼마나 많은 버튼을 생산할 수 있을까? 더 많이 생산할수록 생산 단가는 낮아지는 법이므로.

그제야 우리는 버튼이 중국에서 생산된다 할지라도 얼마든지 비싸질 수 있음을 인지했다. 그래서 가격표를 작성해보았다. 버튼 낱개의 판매 가격이 자그마치 100유로는 될 판이었다. 100개 이상은 제작해야 생산 단가가 20유로로 떨어졌다. 그래도 여전히 너무 비쌌다. 결국 우리는 생산 단가를 10유로 이하로 확실히 끌어내리기 위해 천 단위의 개수로 버튼 제작을 의뢰했다. 뒤따른 것은 이전에 겪어본 적 없는 가장 큰 액수의 지출이었다.

우리의 아이디어는 고객이 홈페이지에서 직접 버튼의 모양을 디자인해서 주문할 수 있도록 하는 것이었다. 고객은 우리가 미리 전시해놓은 스마일 모양 등 다양한 클래식 문양을 고를 수 있다. 특히 로고를 새겨 넣은 버튼을 소매나 옷깃에 착용해 홍보 효과도 기대할 수 있다는 점이 장점이었다.

우리는 이 같은 사업 구상을 당시 내가 몸담고 있던 회사의 경영주에게 먼저 제안했지만 거절당했다. 그다음에 제안했던 회사는 칸딘스키Kandinsky였다. 칸딘스키는 우리의 아이디어를 좋게 평가하고 긍정적인 답을 주었다. 그 이후로 칸딘스키는 홍보 용품으로서 특허를 취득한 일명 '커버핀Cover-Pins'을 프로모핀스promo-pins.de를 통해 독점 판매하고 있다.

우리는 스타트업 창업으로 별다른 소득을 얻지 못했다. 이 책이 출간되기 전까지, 창업 후 첫 5년 동안 투자금을 모두 잃었을 뿐 아니라 오히려 손해를 보았다. 매년 판매 수익금보다 특허유지 수수료로 나가는 돈이 더 많았다. 그럼에도 불구하고 나는 우리가 만든 커프스 버튼을 사랑한다. 스타트업 창업을 통해 기업가적 사고방식을 배웠으며, 똑같은 아이디어가 다른 사람의 신뢰를 얻어 수용될 수도 있지만 그 반대로 무시되거나 이해받지 못할 수도 있음을 알게 됐다.

어쨌든 실패는 아니었다. 우리의 제품은 여전히 판매되고 있고, 언젠가는 날개 돋친 듯 팔릴 것이라 믿는다. 그렇다. 스타트업은 그렇게 작동하는 것이다. 꿈을 키워가는 기업가 정신으로.

첫 번째 거짓말

스타트업은 경제의 원동력이다

스타트업은 무엇인가?

흔히 스타트업은 경제의 원동력이라고들 한다. 그리고 스타트업에 연간 약 10억 유로의 돈이 흘러 들어간다고 한다. 간혹 실리콘밸리에서는 고작 몇 제곱킬로미터 면적의 스타트업에도 그 30배의 돈이 투자된다는 소문도 있다.

전 세계가 스타트업에 대해 말하고, 모든 회사가 스타트업처럼 되고 싶어 한다. 그런데 스타트업이란 대체 무엇인가?

아이디어를 가진 사람이 차고에 자리 잡고 앉아 소액의 자본금을 마련한다. 그럼 일단 스타트업 창업 준비는 끝난 것이다. 조립식 가구 등의 간단 매뉴얼에서 볼 수 있는 설명과 약간 비슷하게 들릴 것이다.

스타트업에 내포된 기본 개념은 나쁘지 않다. 즉, 혁신적 아이디어를 가지고 확장 가능한 비즈니스 모델을 구축해낼 수 있는 기업을 설립하는 것이다. 이러한 개념은 논리적으로 무언가를 작동하고 창설한다는 의미를 가진 영어 '투 스타트 업to start up'에서 유래한다.

스타트업은 이상적 환경이 뒷받침만 되면 완전히 새로운 시장을 창출할 수 있고, 평등한 조직 구조를 갖추고 있어 사업 수행이 신속하게 이루어지며, 채권자들로부터 늘 새로운 자금을 수혈받을 수 있다는 장점이 있다. 자본가들에게 스타트업은 젊은 팀의 혁신적 아이디어로 구성된, 룰렛에 비유하자면 일종의 게임 칩 같은 것이다.

모든 기업은 큰돈을 벌고 싶어 하므로 궁극적으로는 유니콘 기업으로 성장하기를 원한다. 유니콘 기업이란, 지난 10년간 새로이 등장한 기업 가운데 10억 달러 이상의 시장가치를 보유하게 된 스타트업을 말한다. 《비르트샤프츠보케Wirtschaftswoche》(독일의 경제 주간지—옮긴이) 2018년 7월 호에 의하면 전 세계적으로 249개의 유니콘 스타트업이 있다. 거기에는 스타트업의 선구자라 할 수 있는 구글, 페이스북, 에어비앤비, 세일즈포스, 우버는 물론 아마존과 테슬라도 포함된다. 거의 절반에 가까운 116개 업체가 미국 기업이다.

스타트업은 사회를 변화시킨다. 이미 많은 변화를 불러일으켰고, 앞으로도 더 많이 변화시킬 것이다. 사람들은 그런 변화를 디지털 혁신 및 개혁으로 받아들인다. 그런데 스타트업이라고 해서 모두 혁신적인 것은 아니고, 또 긍정적인 변화로 보이는 모든 것이 개혁인 것도 아니다. 물론 기업의 운영에서 혁신적 사고방식은 바람직하다. 언제나 새로운 시각으로 의문을 품어야 하고, 또 전혀 색다른 관점에서 접근할 수 있어야 한다. 그렇게 해야만 완전히 새로운 사업 아이디어를 이끌어낼 수 있다.

그러나 현실에서는 그중 극소수 기업만이 혁신을 일으킨다. 대체로 완전히 새로운 사고방식을 가진 사람이나 스타트업만이 수백 년을 거치며 굳어진 기존의 질서를 깨부수고 마침내 새롭고 긍정적인 변화를 불러온다. 테슬라는 석기시대의 기술이라 할 만큼 오래된 엔진 기술을 파괴하고 있다. 에어비앤비는 시대에 뒤떨어진 호텔 산업에 큰 파장을 일으켰다. 우버는 택시업계에 큰 혼란을 가져왔다. 기존 업계, 기존 기업은 이러한 현상으로 인해 불안감을 느끼고 자체적으로 새로운 사업 아이디어를 모색하기에 이른다. 모든 것은 변해야 한다. 수백 년 동안 제자리걸음만 해왔다면 이제는 생각을 새롭게 바꿔야 한다. 그런데 바로 지금 이 순간이 변화의 적기일 수도 있지만, 실은 불행한 결과로 이어지는 경우가 더 많다.

이제 다시 스타트업의 정의에 관해 이야기해보자. 스타트업과 보통의 평범한 창업을 어떻게 구별할 것인가? '스타트업 모니터 2018' 설문조사에서는 아래와 같이 알려주고 있다.

✓ 스타트업은 설립된 지 10년이 지나지 않은 회사다.
✓ 스타트업은 매우 혁신적인 고유 기술이나 비즈니스 모델 중 적어도 한 가지를 보유하고 있다.
✓ 스타트업은 직원과 매출액 중 적어도 한 가지 이상을 현저히 증가시키려 애쓴다.

우리는 변화의 시대를 살고 있다. 어디서든 변화를 이야기하고, 변화에 대한 글을 쓰고 있다. 이러한 변화를 더는 쫓아갈 수 없는 사람들도 많다. 특히 많은 경영자가 그 속도를 따라 뛰느라 숨차하면서도 여전히 사회의 변화에 동참하기를 원하므로, 잠재적 상실감과 더는 세상을 이해할 수 없다는 두려움을 느끼며 살아간다. 그 밖에도 경영자에게 가장 중요한 직무 중 하나는 스토리텔러 역할이다.

- ✓ 경영자는 자신이 모든 것을 잘 파악하고 있음을 직원들에게 보여야 한다.
- ✓ 경영자는 장래에도 계속 유용할 최첨단의 상품만을 생산하고 있다는 인상을 잠재적 고객들에게 심어주어야 한다.
- ✓ 경영자는 이사회나 감사위원회, 주주들에게 가장 큰 거짓말을 늘어놓아야 한다. 즉, 경쟁자들보다 언제나 앞서 있다는 확신을 주어야 한다.

스타트업을 성공시키려면 그 어떤 상상력을 동원해서라도 위에서 언급한 사항을 지켜야 한다. 그러나 때때로 상상력이 부족해진다. 1990년대 인터넷 시대 초창기에 출판업자 후베르트 부르다Hubert Burda(독일의 억만장자 출판업자로서 독일, 영국 등 세계 20여 국가에서 웹사이트, 잡지 등 600개 이상의 미디어 브랜드를 보유하고 있는 후베르트 부르다 미디어 그룹의 소유주—옮긴이)는 그 옛날 쥘 베른Jules Verne이나 조지 오웰George Orwell은 상상력은 풍부했지만 기술이 부족했다고 말했다. 그런데 현대인은 첨단의 기술을 향유하고 있지만 상상력이 부족하다.

현대를 살아가는 데 상상력이 부족한 것쯤이야 별 불편을 주지 않는다. 그리고 어쨌든 스타트업을 운영할 때도 상상력이 부족하다고 해서 큰 문제가 되지는 않는다. 스타트업은 아주 막강한 힘이 있으며 짧은 시간 안에 엄청나게 성장할 수도 있다. 또 창업 이후 몇 달 만에도 충분히 큰돈을 벌어들이거나, 어쩌면 실리콘밸리에 있는 거대 기업에 매각될지도 모른다. 그렇기 때문에 스타트업은 많은 사람에게, 특히 모든 기업에 부러움과 시기의 대상이다.

어린아이들이 아이스크림을 손에 들고 있는 다른 아이들을 쳐다보면서 "나도 아이스크림 먹고 싶어!"라고 말하는 것과 똑같은 상황을 경영의 영역에 대입해볼 수 있다. 그리고 그와 관련된 부작용이 드러나기 시작한다.

정말 훌륭하고 아주 중요하다고만 생각했던 스타트업 문화가 위험한 미투Me-too 효과로 나타난다. 즉, 모두가 갑자기 스타트업이 되어야 한다고 생각하는 것이다. 다임러Daimler und Co.(독일의 자동차 회사—옮긴이)의 최고경영진이 운동화를 신고서 연례 주주총회를 진행하고 후드 티셔츠 차림으로 이사회에 출석한다고 생각해보라. 정말 끔찍하다. 유일하게 좋아 보이는 것은 그의 회사가 마치 스타트업처럼 보인다는 점 그거 하나다. 사무실을 새롭게 꾸미는가 하면 전통은 내던져버리고 상호마저 바꾼다. 최선의 양심이 아니라 쿨하다는 이미지를 좇아 의사결정을 한다.

바로 이런 점에서 겉모습만 보고 스타트업 정신을 판단하는 것은 대체로 큰 오류다. 말 그대로 스타트업의 거짓말이다. 거짓이 가득한 외양일 뿐이다.

스타트업 중 90퍼센트는 결국 실패한다는 사실을 아는가? 80퍼센트가 창업 후 3년을 버티지 못한다는 사실은? 스타트업의 평균 나이가 2년 7개월이라는 것은? 스타트업을 꿈꾸는 회사 중 99퍼센트는 도중에 무너진다. 스타트업의 직원들 대다수가 착취당하고 있다. 또 스타트업은 미투 논쟁에서 보는 바와 마찬가지로 직업적 기회라는 측면에서 여성에게 적대적이다. 그런 점에서 보자면 실리콘밸리는 가장 잔인한 자본주의를 의미하는 용어일 수 있다.

스타트업이 중요한 경제의 원동력이 되는 요소라는 점은 분명하다. 우선 스타트업은 자금을 조달하는 과정에서부터 그러한 역할을 한다. 스타트업 창업자는 첫걸음을 내딛기 위해 우선 직접투자를 선택한다. 이어서 보통은 가족과 지인으로부터 평균 수만 유로 정도의 경제적 원조를 받는다. 그다음이 시드 라운드Seed-Runde라고 하는 공식적 자금 조달의 단계로, 비즈니스 엔젤로 일컬어지는 개인 투자자들에게 회사의 지분을 나누어 주고 투자를 받는다. 이때의 평균 투자액은 70만 유로 정도다. 이렇게 모은 자금으로 시제품을 제작하거나 시장분석을 한다. 이어서 벤처캐피털리스트로부터 추가로 수백만 또는 수천만 유로를 더 투자받아야 한다. 투자자들은 몇 년간 잘 성장한 회사를 상장시키거나 고액에 매각해 큰돈을 손에 넣는다. 이것이 이상적 사례다.

스타트업은 실패할 확률이 성공할 확률보다 약 10배나 더 높다. 그러므로 투자자들은 잘못된 투자로 손실을 얻는 90퍼센트 안에 들지 않기 위해 포트폴리오에서 자신의 게임 칩을 다양하게 분산한다. 누구도 이러한 사실을 입에 담지는 않는다. 진실이 알려지면 수백만 유로가 날아갈 수 있기 때문이다.

바람직한 것으로만 생각했던 스타트업 문화 속에는 이렇듯 엄청난 거짓이 숨어 있다. 첫 번째 거짓은 실리콘밸리는 우리가 알고 있는 것과 전혀 다른 곳이라는 것이다. 거기에 대해서는 나중에 다시 이야기해보자. 물론, 세상에 존재하지 않는 밸리valley를 여행하면서 말이다.

'젖과 꿀이 흐르는' 실리콘밸리

다시 앞으로 돌아가보자. 스타트업이 무엇인지 그 누구도 정확히 알지 못한다. 그렇다면 지금까지 우리 머릿속에 들어 있던 스타트업 개념은 어떻게 생겨난 것일까? 어째서 스타트업은 우리에게 종교처럼 신성한 대상이 되었을까? 그리고 사람들은 왜 페이스북과 애플의 사옥을 마치 대성당 바라보듯 우러러보는 것일까? 스티브 잡스나 마크 엘리엇 저커버그를 메시아라도 되는 양 찬미하는 이유는 무엇일까?

이 많은 질문에 대한 답은 하나다. 성경에서 찾아보자. 모세의 두 번째 율법인 출애굽기 33장이다.

> 내가 사자를 너보다 앞서 보내어 가나안사람과 아모리사람과 헷사람과 브리스사람과 히위사람과 여부스사람을 쫓아내고, 너희를 젖과 꿀이 흐르는 땅에 이르게 하려니와 나는 너희와 함께 올라가지 아니하리니 너희는 목이 곧은 백성인즉 내가 길에서 너희를 진멸할까 염려함이니라 하시니, 백성이 이 준엄한 말씀을 듣고 슬퍼하여 한 사람도 자기의 몸을 단장하지 아니하니 (출애굽기 33장 2~4절, 《개역개정 4판》)

이 구절은 어떤 의미일까? 그렇다. 바로 젖과 꿀이 흐르는 곳으로 알려진 '약속의 땅', 즉 놀고먹는 세상에 주목해야 한다. 천국의 정원과 같은 그곳에서는 큰 힘 들이지 않고도 먹을거리 걱정 없이 살아갈 수 있다.

즉, 우리에게는 실리콘밸리가 바로 그 약속의 땅이다. 아니, 실은 실리콘밸리 이미지가 그렇다고 하는 편이 낫겠다. 21세기 현재를 살고 있는 우리에게, 믿음은 더 이상 베들레헴의 요람에 있지 않고 산으로 둘러싸인 풍경이 있는 곳에 있다. 삶의 모든 해답을 품고 있는 것은 성경이 아니라 구글이다. 구글은 이제 우리의 신앙이 됐다. 구글의 영향력은 이미 전 세계에 미친다.

구글과 페이스북을 신봉하는 사람들은 탐욕과 무절제 그리고 나태함을 전파하고 있다. 구글과 페이스북은 도대체 어떠한 매력을 지니고 있기에 개인의 생활만이 아니라 직장 생활에서도 사람들의 모든 행동을 조종할 수 있는 것일까? 사도 마태가 신에 대해 말한 바와 같이, 사람들은 전지전능한 구글이 자신들을 긍정적인 방향으로 이끌어준다고 믿어 의심치 않고 있다.

> 공중의 새를 보라 심지도 않고 거두지도 않고 창고에 모아들이지도 아니하되 너희 하늘 아버지께서 기르시나니 (마태복음 6장 26절)

아브라함과 그 후손들에게 약속된 가나안 땅이 확장되듯 구글의 영향력 역시 실리콘밸리를 넘어 바깥으로, 즉 전 세계 모든 기업으로 확대된다. 왜일까? 스타트업 정신은 쿨하기 때문이다. 구글은 다임러보다 훨씬 쿨하다. 애플이 도이체텔레콤보다 쿨하고, 페이스북이 리터-스포트-쇼콜라데Ritter-Sport-Schocolade(독일 초콜릿 브랜드—옮긴이)보다 쿨하다. 이를 누가 부정할 수 있을까?

물론 오늘날의 구글과 페이스북은 더 이상 스타트업으로 볼 수 없다. 그렇지만 두 회사는 여전히 모든 창업자의 모범으로 여겨진다. 거의 모든 창업자가 25세에 기업공개로 수십억 달러를 벌어들인 마크 저커버그처럼 되고 싶어 한다. 그렇다. 지구상에 파라다이스는 손에 닿을 만큼 가까운 곳에 있는 것처럼 보인다. 젖과 꿀은 실리콘밸리가 인류에게 주고 있는 것을 제대로 은유한다고 볼 수 있다. 특히 눈여겨볼 것은 꿀이 흐른다는 표현이다.

사건은 약 100년 전인 1919년 1월 15일에 발생했다. 당시 보스턴은 화주火酒 양조장의 중심지로 유명했다. 북아메리카 북부 반도에 자리 잡은 보스턴은 주위에 항만 시설들과 도처에 엄청난 크기의 탱크들이 있었다. 탱크 안에는 럼주 제조에 가장 중요한 원료인 암갈색 당밀Melasse이 가득 차 있었다. 놀랍게도 당밀이라는 그 명칭은 '꿀'이라는 의미의 라틴어 단어 'mel'에서 유래한다. 20세기 초반에는 당밀이 곧 돈이었으므로 이는 보스턴을 부유하게 만들었다.

아무튼 거대한 탱크들이 도심을 둘러싸고 있었다. 그중에서도 노스엔드 지역에 있었던 미국산업알코올회사 소유의 탱크는 직경 27미터, 높이 15미터에 달하는 것으로 거의 900만 리터를 채울 수 있는 크기였다. 그런데 그 탱크에 군데군데 균열이 생겼다. 탱크 관리를 맡고 있던 직원은 균열을 수리하는 대신, 당밀의 색과 비슷한 갈색으로 대충 칠만 해놓았다.

푸에르토리코에서 납품받은 그 탱크는 내용물로 가득 채워져 있었다. 1919년 1월 15일, 기온이 영하 14도에서 영상 5도로 급격히 상승했고, 사고는 정확히 오후 12시 30분에 발생했다. 탱크가 폭발한 것이다. 9미터 높이의 쓰나미가 보스턴 도심을 덮쳤다. 몹시 끈적끈적한 덩어리들이 순식간에 시속 50킬로미터 속도로 도심지를 향해 날아갔다. 그 결과 21명이 목숨을 잃었으며 부상자도 150명이나 됐다. 사람들을 구조하는 일도 굉장히 어려웠다. 보행자, 마부, 자동차 운전자가 한데 엉겨 붙어 있었기 때문이다. 그들은 스스로의 힘으로 도망칠 수도 없었고, 다른 사람들을 도와줄 수도 없는 상태였다. 모든 것이 끈끈하게 엉겨 붙어 옴짝달싹 못하고 있었다. 보스턴을 부유하게 만들어준 당밀은 결국 그 도시를 질식시키고 말았다.

그저 달콤한 꿀로만 보였던 것들이, 결과에 대한 고민도 없이 어떻게 실리콘밸리에서 바깥세상으로 쏟아져 나올 수 있는지를 이제 이해할 수 있을 것이다. 꿀은 끈끈하게 달라붙어 사람들을 부자유하게 만들고 경직시킨다. 모든 것이 달라붙어 있으면 사람들은 더 이상 서로를 도울 수 없다. 은총인 줄로만 알았던 것이 저주가 된다.

테슬라가 BMW보다 가치 있는 기업?

많은 부채를 안고 있는 스타트업들이 대체 어떻게 주식 및 상품 시장에서 대다수의 일반 기업보다 더 높은 평가를 받는 것일까? 현실을 보여주는 것인가, 아니면 단지 인간의 욕망이 반영된 것인가? 그것도 아니면 〈스타트렉〉에서나 보았던 상상력의 힘이라고 해야 할까?

물론 수십억 유로 상당의 잠재력을 지닌 스타트업도 있기는 하다. 그렇지만 잠버 형제처럼 복사기를 가진 자들(마크 · 올리버 · 알렉산더 잠버 삼형제가 창업한 로켓인터넷Rocket Internet이라는 회사는 선진국 벤처의 아이디어를 '모방'해 재빨리 신흥국 시장을 장악하는 비즈니스 모델을 영위했다—옮긴이)이 어느 날 갑자기 나타나 아이디어를 훔쳐가버리면, 진짜 원조는 곧 세상에서 사라지게 될지 모른다. 그것은 아이디어의 핵심을 도둑맞은 것과 같기 때문이다.

이미 그런 시기가 한 번 있었다. 오래전은 아니다. 지난 세기의 말, 사람들은 그 어떤 체면도 차리지 않고 무턱대고 주식 투자를 했다. 일찍이 《슈피겔Der Spiegel》이 인피니온Infineon이라는 회사의 주식에 관한 기사를 상세하게 다룬 적이 있다. 대체 어디서 정보를 얻어 그런 분석을 할 수 있었을까 궁금하다. 인피니온? 전혀 들어본 적 없는 생소한 회사였다. 어쨌든 지멘스의 자회사인가 본데, 반도체 회사라고? 반도체는 뭐지? 전혀 모르겠는데. 미래와 관련이 있는 건가? 미래는 좋은 거지. 정말 그랬다. 모두들 그런 식이었다.

사람들은 그렇게 아주 약간의 정보도 없이 제멋대로 주식 투자를 했다. 다음은 《슈피겔》에 나온 당시 기사다.

'구매자들은 200유로도 하지 않는 지멘스 진공청소기를 구매할 때는 일일이 조언도 구하고, 가능한 한 많은 전자제품 시장에서 상품을 비교한다. 그런데 유명하지도 않은 회사의 주식을 수

천 유로를 들여 구매할 때는 제대로 알아보지도 않는다.'

당시 잔뜩 기대를 품고 주식 투자에 뛰어들었던 사람들은 거의 대부분 실패했다. 텔레콤 주식의 예만 들어도 알 수 있다. 2000년대 초반까지 텔레콤 주식에 100유로를 투자했던 사람 중 닷컴 버블 붕괴 후에 10유로 이상을 갖고 있는 사람은 찾기 어려웠다. 그때 텔레콤 주식 구매 광고에 출연했던 배우 만프레드 크루그는 몇 년 뒤 자신이 그 광고를 찍은 것은 인생에서 가장 큰 실수였다고 말했다. 계속된 손실에도 불구하고 그 주식을 팔지 않은 사람은 기업공개 후 20년 동안 주당 약 15유로를 획득할 수 있었다.

주식을 사지 않는 사람은 바보라고 여겨질 정도로 탐욕스러운 시대였다. 어떤 사람들은 주식을 사고파는 행위만으로도 먹고살 수 있다고 믿었다. 물론 금융 전문가가 그랬다는 게 아니라, 몇몇 아주 평범한 시민들이 정말 그렇게 생각할 정도였다는 것이다. 그런데 지금 다시 그 지나친 감정적 도취가 사람들을 지배하고 있다. 변화와 개혁, 또 디지털 혁신이 우리 주위의 모든 것을 바꾸고 있다. 그리고 스타트업은 그 발전의 원동력이다. 이해하기 쉽도록 2018년 몇몇 기업의 주식 가치를 한번 살펴보자.

디젤 사건이 있었지만 폭스바겐의 시가총액은 900억 유로다. 메르세데스 벤츠는 800억, 그리고 BMW는 600억 유로다. 그렇다면 같은 시기 애플, 알파벳(구글)과 아마존은 어땠을까? 애플의 주식 가치는 메르세데스 벤츠의 거의 10배로 약 7,500억 유로이고, 알파벳은 구글과 합쳐 BMW의 10배 이상인 6,500억 유로다. 또 아마존은 5,000억 유로로 평가됐다. 정말로 비교가 가능한 것일까? 물론이다. 실전에서도 물론 비교가 가능하다.

새로운 시장을 개척 중인 스타트업으로서 이목을 끌고 있는 자동차 제조업체인 테슬라와 비교하면 더 명확해진다. 테슬라는 이미 2017년에 증권거래소에서 BMW의 가치 평가를 앞섰다. 테슬라의 가치는 몇 달 만에 약 80퍼센트가 증가해, 포드나 GM보다도 높은 것으로 평가됐다. 테슬라의 수장 일론 머스크Elon Musk는 2018년에 50만 대 자동차를 팔 계획이었다. 그런데 2016년 총 8만 4,000대, 2017년에는 단지 10만 1,000대가 팔렸다. 2018년에는 그보다는 좀 더 많이 팔렸지만 분명 25만 대까지는 못 미쳤다. 이제 비교해보자. BMW는 2017년 이래 연간 거의 250만 대의 자동차를 팔아 기록적 판매고를 경신했음을 널리 알렸다. 메르세데스도 정확히 그와 거의 같은 수준에 있다.

그렇다면 스토리를 잘 꾸미고 허세를 부리며, 겉만 그럴싸하게 포장하는 것이 주식시장에서는 더 높은 평가를 받는 비법이란 말인가?

스타트업의 아이디어는 정말로 참신한가

스탠퍼드 경영대학원에서 흥미로운 연구가 진행됐다. 주식시장 밖에서 10억 달러 이상의 가치를 가진 것으로 평가받는 기술 관련 스타트업, 즉 유니콘 기업 100여 개 업체를 관찰했는데 그 결과 평균 51퍼센트가량의 회사들이 과대평가되어 있는 것으로 드러났다.

그렇다면 투자자들을 끌어 모으는 스타트업의 혁신이란 무엇인가? 스타트업이 내놓는 아이디어 가운데 어떤 것이 경제요소로서 의미를 가질까? 대체 스타트업의 혁신은 어떤 식의 혁신이란 말인가? 검색엔진이나 소셜네트워크의 발명은 제외하자. 이제는 어느덧 구식이 되었으니.

사실 2017년 독일어권 영역에 존재하던 스타트업 가운데 42.3퍼센트만이 자기 아이디어를 새로운 산업으로 발전시킬 수 있었다. '스타트업 모니터'에 따르면, 스타트업 다섯 곳이 설립될 때마다 그 중 오직 하나만이 정말 참신한 아이디어를 가졌다고 인정받는다. 어떤 아이디어인지 궁금한가? 에어백이 장착된 자전거 헬멧, 핸드백 손전등, 접이식 카약 같은 아이디어다. 2018년 9월, 베이직 씽킹Basic Thinking 포털에 게재되었던 예다.

이러한 예시는 과연 스타트업이 경제요소로서 중요한 의미를 갖는다는 것을 증명할 수 있을까? 2018년 상반기의 투자 현황을 자세히 살펴보자. 전략 컨설팅 업체 엘에스피 디지털비센LSP Digitalwissen이 18억 유로가 어디로 흘러들어 갔는지를 분석했다.

정말 많은 돈이 움직이고 있지 않은가? 독일에 있는 거의 2,000개에 이르는 스타트업은 매년 독일연방스타트업협회와 경제회계단체KPMG가 시행하는 설문조사 '스타트업 모니터'에 협력하고 있다. 스타트업은 평균 12명의 직원을 고용하고 있다. 전체적으로는 거의 1만 8,000명이 스타트업에 종사하고 있다. 스위스의 경우, 5년 이상 운영되는 스타트업은 7명의 직원을 고용하고 있으며 거의 200만 유로

순위	업종	투자	주제
1	자동차	5억 6,400만 €	자율주행, E-모빌리티
2	금융 및 보험	3억 7,600만 €	블록체인기술, 새로운 영역 상품
3	의료	3억 500만 €	약품, 인공 보장구保障具
4	IT	2억 2,500만 €	소프트웨어, 디지털 서비스
5	관광	8,400만 €	앱, 포털, 소프트웨어
6	소비재	6,400만 €	의류, 가구, 화장품
7	에너지	6,400만 €	지속가능 에너지, 배터리
8	운송 및 물류	6,200만 €	자동화된 창고, 물류처리
9	미디어 및 마케팅	6,100만 €	툴, 소프트웨어, 앱, 포털
10	식품	4,700만 €	패스트푸드, 친환경 식품, 유기농

스타트업 투자 현황

의 매출액을 달성하고 있다.

스타트업의 평균 연령은 2년 5개월이다. 전체 스타트업의 절반이 최대 2년 이하다. 따라서 스타트업의 27.1퍼센트는 설립된 지 1년이 지나지 않은 초기 단계에 있고, 그중 22.2퍼센트는 매출이 전혀 없는 실상이다. 한편 48.9퍼센트는 첫 매출 발생에 성공한 상태이고, 25퍼센트는 성장 국면을 맞고 있다. 시장 진입에 성공한 일부 스타트업은 1.5퍼센트로, 이미 기업공개를 계획 중이다.

영국 런던에 위치한 글로벌 회계법인 언스트 & 영Ernst & Young의 산출에 의하면(NTV, 2017년 12월 26일), 독일 전체 기업은 연간 약 1조 3,000억 유로의 매출액을 달성한다. 스타트업에 대한 투자가 대략 30억 유로 정도로 이루어진다고 추정해서 비교해보면 그 경제상 비중은 0.2퍼센트 정도가 될 것이다. 하지만, 물론 이 정도로는 스타트업이 중요한 경제요소라고 확실히 말할 수 없다.

스위스에서도 사정은 비슷하다. 스위스의 국내총생산은 5,500억 유로이고, 스타트업에 대한 투자액은 8억 유로다. 역시 0.2퍼센트에도 미치지 않는다. 사실상 비교할 수 있는 수치가 아니지만, 크기의 유사성에 주목하자. 스위스에서 가장 유명한 스타트업으로는 월경주기를 정확히 측정할 수 있는 기술을 선보인 아바Ava, 자율주행을 위한 클라우드 솔루션을 개발한 베스트마일Bestmile, 그리고 의료 분야에서 종양의 진단 및 분류에 기여하고 있는 루나포어Lunaphore가 있다.

오스트리아 또한 약 4,000억 유로의 국내총생산에서 스타트업이 차지하는 비중은 스위스의 경우와 유사하다. 오스트리아에서는 매년 500~1,000개의 스타트업이 창업한다. 즉, 매년 산업 경제 분야 신생 기업의 1.5~3퍼센트가 스타트업이다. 오스트리아의 유명한 스타트업으로는 2015년 2억 2,000만 유로에 아디다스가 인수한 런타스틱Runtastic(2009년 10월 오스트리아에서 대학생 4명이 학내 벤처로 창업한 회사이며, 이듬해 동명의 운동앱을 출시—옮긴이), 1,000만 명의 사용자를 보유한 벼룩시장 앱으로 역시 2015년 노르웨이의 기업 십스테드Schibsted에 흡수된 슈포크Shpock, 그리고 세계에서 가장 큰 온라인 게임 회사로 알려진 7억 6,000만 달러 매출액을 보유한 비윈Bwin이 있다.

그동안 독일에서도 스타트업 열풍이 불었다. 2018년 2월 27일 자 《프랑크푸르터 알게마이네 차이퉁FAZ》(독일의 신문—옮긴이)의 기사에 따르면, 독일의 스타트업들이 전례 없이 많은 자금을 조달받고 있다. 또 컨설팅 업체 언스트 & 영의 조사 결과를 인용한 것을 보면, 독일의 100대 스타트업이 창업 이래 2016년 말까지 벤처자금으로 획득한 금액이 약 59억 달러이며, 2017년에는 그 44퍼센트인 26억 달러를 추가로 모았다고 한다.

스타트업에 투자되는 돈은 대부분 베를린으로 간다. 그 액수가 어느 정도인가 하면, 이제까지 투자된 총액의 거의 70퍼센트인 59억~85억 달러다. 베를린에는 스타트업을 지원하는 아주 많은 수의 기관과 공유 사무실인 코워킹 스페이스Coworking-Space가 있다. 임대료 측면이나 직원을 구할 때도 명백히 독일의 다른 대도시들에 비해 유리하다. 함부르크와 뮌헨이 약 8퍼센트로 그 뒤를 잇고 있고,

순위	기업	창업 연도	조달 자금 (2017년 12월까지)
1	딜리버리 히어로Delivery Hero	2011	18억 5,600만 $
2	오토1 그룹Auto1 Group	2012	5억 2,000만 $
3	크레디테크 홀딩Kreditech Holding	2012	4억 9,700만 $
4	사운드클라우드Soundcloud	2007	4억 6,800만 $
5	헬로 프레시Hello Fresh	2011	3억 7,000만 $
6	웨스트윙Westwing	2011	2억 3,700만 $
7	아우흐스머니Auxmoney	2007	1억 9,888만 $
8	람펜벨트Lampenwelt	2004	1억 9,100만 $
9	겟 유어 가이드Get Your Guide	2009	1억 7,100만 $
10	홈 24Home 24	2009	1억 5,600만 $

독일 10대 스타트업(출처: EY, 2018)

카를스루에는 아직 널리 알려져 있지는 않지만 공학을 전공한 학생들이 많다는 점에서 다른 도시들과의 경쟁에서 유리한 것으로 확인된다. 2018년 이후 독일 스타트업의 19퍼센트는 노르트라인베스트팔렌주에 있고, 15.8퍼센트가 베를린에 있다. 오스트리아에서는 스타트업 전체 투자액의 50퍼센트가 빈으로 간다.

언스트 & 영의 웹사이트 이와이닷컴ey.com에 따르면, 유럽 내 스타트업 자금 조달 거래 건수는 독일보다 40퍼센트 이상 높다. 프랑스가 583회로 535회인 영국, 486회인 독일을 앞서고 있다. 그러나 이는 2016년도의 수치다.

2017년 영국의 부동산 서비스 업체 세빌스Savills가 세계적으로 어떠한 도시들이 기술 분야에서 주도적 위치를 차지하고 있는지를 조사했는데, 그에 따르면 실리콘밸리가 있는 샌프란시스코는 더 이상 1위가 아니었다. 1위는 바로 텍사스의 오스틴Austin이었다. 해당 조사는 각각의 도시에서 진행되는 투자량, 스타트업 창업의 용이성, 또 상주 기업들의 기업 가치 등과 같은 일반적 기업 환경 요소들을 고려한 것이었다. 아, 물론 세빌스는 여가 활용 가치라든가 생활비 또는 부동산 가격 등과 같은 요소들도 분석했다. 그래서 실리콘밸리가 1위를 내주었을 수 있다.

어쨌든 이제는 오스틴이 스타트업의 새로운 메카로 여겨지고 있다. 오스틴에서는 IBM이나 델DELL, AMD 같은 자금력 있는 파트너들을 발견할 수 있고, 또한 세계에서 가장 큰 기술 관련 페스티벌이라 할 수 있는 '사우스 바이 사우스웨스트South by Southwest'도 매년 개최된다. 세금 부담이 적고 부동산 시세가 그리 높지 않다는 점도 오스틴의 큰 매력이다.

샌프란시스코, 뉴욕, 암스테르담 그리고 토론토가 오스틴의 뒤를 이어 세계에서 가장 주도적인 기술 중심지인 것으로 분석됐다. 베를린은 9위이고 싱가포르가 10위, 텔아비브가 15위로 서울, 홍콩, 도쿄를 앞서고 있다.

스타트업의 공식 매출액을 파악하기는 쉽지 않다. 잠재적 투자자를 놓칠 수 있다는 우려 때문에 그들은 쉽게 카드를 열어 보이지 않는다. 2018년 4월 27일 스타트업 관련 전문 포털 그륀더스체네Grüderszene는 '다수 스타트업의 여러 수치가 창업자의 바람에 미치지 못함은 물론, 그다지 인상적인 수준이 아니다. 그러므로 업체들은 더 좋게 보이기 위해 새로운 수치를 찾아낸다'라고 설명했다. 부풀려진 수치로 내보이는 경우가 잦다는 말이다. 전자상거래 업체의 반품률이 50퍼센트나 되어도 이를 산정에서 제외하고 총매출액 수치만 발표하고, 아르바이트 직원까지 풀타임 직원으로 계산하는가 하면, 앱 사용자 수 표시는 실제 이용자가 아닌 다운로드 수를 기준으로 한다. 모든 수치가 좋은 쪽으로 조정되는 것이다. 그륀더스체네는 다음과 같이 분석했다. '압박감이 크기 때문에 많은 업체가 기업의 평가에 영향을 끼치는 수치들을 과장하려는 유혹에 빠진다.'

정육점 말고 '가상 육류 게임' 비즈니스를!

그렇다면 스타트업을 특별해 보이도록 하는 것은 무엇인가? 스타트업은 어째서 그런 매력을 풍기고 경영진에게까지 그 영향력을 발휘하는 것인가? 이쯤 되면 마법의 힘 같은 것이 관련되어 있음이 틀림없다.

《매니저 마가진Manager Magazin》은 2018년 2월 호에서 비즈니스 모델의 전환에 관해 이야기하면서 '컨설턴트들은 유행어나 속어를 주로 사용한다. 그럼에도 노련한 경영자들이 줄지어 그들의 말에 넘어간다'라고 언급한다. '디지털 선동가들'이라는 표제의 그 경제 기사는 바로 이 주제를 이야기하고 있다.

솔직히 스타트업은 그 자체는 새로운 것이 아님을 인정해야 한다. 원칙적으로 디지털이라는 기초에 입각해 회사를 설립하는 것이며, 어떠한 비즈니스 계획도 없이 단지 아이디어만 있는 경우도 드물지 않다. 스타트업은 상상이거나 혹은 그 상상에 날개를 달아주는 것이다. 스타트업은 1유로를 수백만 유로로 부풀릴 수 있는 마법이다. 물론 그 마법이 제대로 효과를 발휘한다면 말이다. 스타트업은 약속이고, 유혹의 소리이며, 욕망이고, 현재다. 또 이득이자 손실이기도 하고, 동시에 거짓이기도 하다. 아무것도 아니기도 하고, 모든 것이기도 하다. 스타트업은 사람들로 하여금 거기 참여하고자 하는 열망을 불러일으킨다. 금융가들에게는 이상향이고, 투자자들에게는 그토록 바라던 낙원이다.

과거의 창업과는 달리 스타트업은 가능한 한 빨리 돈을 벌어야 한다. 10년 전만 해도 새로운 회사를 설립할 때는 20년 안에 부채를 상환한다는 생각을 가지고 출발했지만, 오늘날에는 무조건 1년 안에 해내야 한다. 늦어도 1년 6개월 안에는 마이너스를 제로로 바꿔야 한다. 물론 가장 좋은 것은 이보다 더 빨리 제로에 도달하는 것이다.

현재의 스타트업 열풍 속에서는 특이한 현상이 벌어지고 있다. 은행은 낡은 비즈니스 아이디어보다는 스타트업에 더 빨리 돈을 투자할 준비가 되어 있다. 만일 정육업자가 두 번째 상점을 열고 싶다며 대출을 청하면 돈을 내놓기를 꽤 오래 고민할 테지만, 정육업자가 가상의 육류 게임 비즈니스를 해보겠다 한다면 오히려 쉽게 투자할 수 있을 것이다.

덧붙여, 실제 사례를 하나 소개한다. 1980년대에 한 기업가가 잘 굴러가고 있던 자기 아버지의 연구소를 넘겨받아 이후로도 약 40년간 잘 운영했다. 즉, 그 연구소는 수백만 유로의 매출을 발생시키는 대단히 건실한 기업이었으며 제대로 성장하고 있었다. 어느 날 수금이 안 된 몇 장의 영수증이 발견되면서 사건이 불거졌다. 특히 대규모 연구를 의뢰했던 유럽연합 당국의 영수증이 문제였다. 물론 유럽연합의 관료들은 지불을 제때 해주지 않았고, 이는 결국 연구소에 불행을 초래했다.

기업가는 그길로 은행을 찾아가 지불 대기 중인 건이 다수 있음을 설명하고, 덧붙여 이미 성사된 계약들을 보여주었다. 그렇지만 은행은 관심을 보이지 않았고, 현재 구멍이 생긴 재정 문제가 해결될 가능성이 있는지에 관해서만 알고 싶어 했다. 그래서 본래 회사를 잘 경영하고 있던 그 기업가는 컨설턴트를 찾아가지 않을 수 없었다. 은행은 대개 고객이 자발적으로 컨설팅을 받는 동안은 기다려준다. 컨설턴트는 어떤 조언을 해주었을까? 컨설턴트는 시장조사 연구소의 소장인 그 기업가에게 은행에 가서 스타트업에 투자할 돈이 필요하다고 말하라고 권했다.

기업가는 그럼 대체 어떤 스타트업이라고 말해야 하는지 물었다. "글쎄요, 물론 선생님의 연구소죠." 이것이 컨설턴트의 대답이었다. 그러나 연구소는 스타트업이 아니지 않는가. 기업가가 설명해보려 애썼지만, 컨설턴트에게 그런 것은 전혀 문제가 되지 않았다. 컨설턴트는 이미 '연구소'라는 명칭만으로도 시대에 뒤떨어졌으며, 어떠한 은행도 연구소 같은 것에 단 1센트도 투자하지 않을 것이므로 '여론조사 스타트업'을 설립해야만 한다고 조언했다. 또 가장 좋은 것은 '디지털 주제'와 '디지털 대상 집단'을 전문으로 취급하는 스타트업이어야 한다는 이야기도 빼놓지 않았다.

컨설턴트는 진심으로 조언한 것이었지만 기업가는 어쩐지 바보 취급을 당한 듯 느껴졌다. 그렇지만 유동자금이 꼭 필요했다. 장기간 단골이었던 은행과 계속 거래를 이어가려면 용기 있는 결단을 내려야만 했다. 결국 기업가는 스타트업을 설립했다. 그저 단순히 비즈니스의 영업 범위를 좀 더 넓힌 미래 비전으로서 스타트업 자료를 은행에 제출했을 뿐이다. 은행은 그의 말을 곧이곧대로 믿어주었고, 기업가는 은행과 다시 거래를 텄다. 나중에 또다시 문제가 생길 수도 있겠지만 그건 나중 이야기다.

"예산을 끝까지 관철하고 싶다면 계획서에 간단히 '디지털'이라는 단어를 써 넣으세요." 바이엘Bayer CEO 베르너 바우만이 직원들에게 한 말이다. 물론 분명히 농담이라고 했지만, 그 말에는 많은 진실이 담겨 있다.

스타트업이 은행 금고의 문을 그토록 손쉽게 열 수 있다면 분명 다른 모든 업종의 기업들도 스스로를 스타트업처럼 보이게 만들고 싶을 것이다. 스타트업은 쿨하고, 금방 돈을 끌어모은다. 자유로운 사람들은 스타트업의 직원이 되고 싶어 한다. 그러므로 모든 기업이 스타트업처럼 꾸민다. 그러나 그것은 정확히, 경제적 인간이 스스로를 속이는 것일 뿐이다. 빛이 난다고 모두 금은 아니듯 스타트업처럼 보인다 해서 모두 스타트업인 것은 아니다. 운동화를 신는 경영자가 쿨해 보이는 것도 잠깐이다. 하지만 그런 경영자들이 스타트업의 새롭고, 표면적이긴 하지만 현대적 이미지를 세상에 퍼뜨리려 노력하고 있다.

새로운 시대의 선동가들

과거에는 주로 광고로 사람들을 현혹했다. 광고를 본 사람들은 마치 완벽한 세상이나 행복, 만능 안심용품 같은 것을 살 수 있을지 모른다고 생각했다. 광고가 파는 것은 난방기가 아니라 만족감이다. 아이스크림이 아닌 사랑의 감정을 파는 것이다. 마찬가지로 옷을 파는 것이 아니라 체면을 판다고 할 수 있다.

광고는 사랑을 받기도 했지만, 동시에 끔찍한 것으로 여겨지기도 했다. 평범한 사람들은 매우 효과적으로 사람의 심리를 파고드는 광고 전술에 설득당하지 않을 수 없었다. 심리학자 밴스 패커드Vance Packard가 1957년 세계적으로 성공을 거둔 명저에서 말했듯 '은밀한 유혹자들'이 사람들을 '설득'시킨다.

오늘날 '은밀한 유혹자'는 바로 디지털 전도사다. 《매니저 마가진》은 2018년 2월 호에서 다음과 같이 컨설턴트에 대한 맹신을 비판하고 있다. '경영진은 컨설턴트의 유혹에 넘어가 운동화나 알록달록한 가구를 사러 가고, 시시한 앱을 사용하거나 실리콘밸리를 찾아간다. 또, 기꺼이 넥타이를 풀고 디지털의 볼풀 속에 들어가 디자인 사고Design-Thinking를 즐긴다. 그와 동시에 의미 있는 혁신 기술은 더 발전하지 못하고 본래 목적 자체에서 끝나버리고 만다.'

사실 컨설턴트들은 종종 필요하지 않은데도 나타나서는 전혀 새롭지 않은 이야기를 늘어놓거나 전문가답지 않은 무지를 뽐낸다. 즉, 컨설턴트는 "제가 모르는 것은 다른 사람들도 모릅니다. 꼭 바꿔야 합니다"라고 이해할 수 없는 주장을 하면서 아무런 거리낌도 없이 자신의 무지를 무기 삼아 조언한다. 그럼에도 최고경영진은 컨설턴트의 조언을 들으면 겁이 나고 불안해진다. 결국 그들은 컨설턴트의 의견을 따르고 싶어진다. 단, 컨설턴트는 다음 한 가지 조건만은 꼭 만족시켜야 한다. '디지털'이라는 단어가 어떤 식으로든 명함에 들어가 있어야 한다. 물론 그 자신의 디지털 지식을 반드시 입증할 필요는 없다.

컨설턴트들은 유능해 보이기 위해 매달 유행하는 전문용어를 상위 열 가지씩 숙지하거나 상담 시에 인용하기 좋은 글귀 등을 익힌다. 'UX'나 '프레너미Frenemy' 같은 용어는 기본어휘에 해당한다. 'UX'는 사용자 경험User Experience을 뜻하고, 'Frenemy'는 구글과 페이스북처럼 거의 모든 다른 기업에 재앙이자 축복인 거대 업체를 의미한다. '데이터는 새로운 석유다'라는 글귀가 자주 인용되고 있고, '도전Challenge'이라는 단어도, 아무튼 세상 모든 일이 다 도전이기 때문에 적어도 한 문장 걸러 한 번씩은 등장한다. 그런데 컨설턴트들이 가장 자주 입에 올리는 글귀는 아마도 이 문장일 것이다.

'디지털 변환은 10대의 성과 같다. 모두 그것에 대해 이야기하지만, 아무도 그것이 어떤 것인지 모른다.'

최상층에 있는 사람들을 즐겁게 하려면 노골적이고 간결해야 하며 노련해야 한다.

스스로를 '테크 인플루언서Tech-Influencer'라고 일컫는 가이 가와사키는 실리콘밸리에 있는 스탠퍼드 대학에서 심리학을 전공하고 1984년에 애플-매킨토시의 마케팅 책임자로 일했는데, 지금은 다임러의 CEO 디터 체체에게 사우스 바이 사우스웨스트SXSW에 카우보이 부츠를 신고 가라고 조언하고 있다. SXSW는 텍사스주 오스틴에서 개최되는 세계에서 가장 큰 규모의 미래회의다. 메르세데스 벤츠의 홈페이지는 가이 가와사키를 브랜드 홍보 사절로 소개하고 있다. 이제는 스스로를 '기술 전도사'라고도 칭하는 가와사키가 30년 동안 실리콘밸리에서 터득한 비밀이 무엇인지 알아보자.

"당신의 무지를 기뻐하라." 가와사키는 그것이 자신이 터득한 불변의 진리라고 말한다. "젊은 사람들은 아직 자신이 무엇을 모르고 있는지 알지 못한다. 그런데 그것은 특별한 힘이 된다. 왜냐하면 자신 앞에 놓인 길이 얼마나 어려운 길인지 알고 있는 사람은 절대 그 길로 가지 않을 것이기 때문이다." 이 말은 그냥 그렇다고 알고 있자. 아주 틀린 생각은 아니므로.

비슷한 이야기인데 가와사키는 "너무 심사숙고하지 말고, 시작하라"라고도 말한다. 가와사키는 대부분의 사람이 계획을 세우는 데 너무 많은 시간을 낭비하기 때문에 오히려 실행할 시간이 부족하다고 비판한다. 물론 오래 생각하는 행위 자체가 아주 잘못된 것은 아니다. 다만 아이디어를 실현하는 과정에서 스타트업 정신의 중점은 사실상 숙고하는 데 있지 않고 아무런 계획도 없이 일단 부딪쳐본다는 데 있다. 계획을 세우는 사람은 어리석고, 쿨하지도 않다. 손해를 볼 경우 무조건 감수해야 하는 상황만 아니라면, 뭐 어떻게 되든 괜찮지 않을까? 그렇지 않은가?

경영진이 그대로 따라 인용하고 싶어 할 만한 선전 문구를 잘 사용할 줄 아는 사람은 세계 굴지의 기업들로부터 단 하루 만에 수천 유로의 보수를 받을 수 있다. 《매니저 마가진》은 '경영진이 기술의 혁명이나 다름없는 자신들의 업무를 너무 이해하기 어렵고 대단한 것으로 생각하기 때문에 되레 돌팔이들이 이득을 본다'라고 설명하고 있다. '새로운 시대의 선동가들'은 단순하게 보이면 보일수록 더욱더 매력적이다.

그러므로 쉽게 이득을 보고 싶어 하는 많은 사람이 이에 가세한다는 것이다. 예를 들면, 스캔들에도 불구하고 뮌헨에서 열리는 기술 관련 회의인 비츠 & 프레첼스Bits & Pretzels에 다시 모습을 드러낸 케빈 스페이시(2017년 10월 30일, 배우 앤서니 랩은 1986년 케빈 스페이시가 열네 살이던 자신을 성추행했다고 폭로했다—옮긴이), 얻을 것이 있으면 어디든 참견하고 보는 유명 방송인 슈테판 라브, 전 복싱 선수 블라디미르 클리치코, TV 진행자 요코 빈터샤이트, 박사 학위 논문 표절로 유명한 카를 테오도어 추 구텐베르크, 축구 스타 필리프 람이 그들이다. 《매니저 마가진》에 따르면, 능력은 아무래도 좋다. 통념과 다른 특이한 디지털 전도사들이 정말 많지 않은가! 클리치코는 디지털 혁신 관련 비즈니스 모델 개발을 돕는 회사인 클리치코 벤처스Klitschko Ventures라는 회사를 설립했는데, 소프트웨어 분야의 거물인 SAP나 도이체텔레콤이 이미 그 회사와 계약했다고 한다.

전형적인 컨설팅 업체들은 맛있는 케이크에서도 큰 조각을 차지하고 싶어 하기 때문에 디지털 조직 같은 것을 따로 만든다. 여기서 중요한 것은 역동성과 미래지향성을 보여주어야 한다는 점이다. 심지어 높은 보수를 받는 컨설팅 업체들조차 고객을 유혹하기 위해 종종 유치한 방식으로 무장한다. 프라이스워터하우스쿠퍼스PWC는 프랑크푸르트에 있는 '체험센터'를 〈스타워즈〉 벽지로 꾸며놓았다. 《매니저 마가진》과의 인터뷰에서 PWC의 파트너 마틴 숄리히는 "직원들이 그 부분을 매우 만족스러워합니다"라고 말했다. 3,000명의 컨설턴트 중 1,000명 이상이 디지털 프로젝트에 종사하고 있다고 한다. 그 사람들의 사무실은 단지 〈스타워즈〉 벽지로만 꾸며진 것이 아니다. 거기에는 실리콘밸리에서 흔히 볼 수 있는 로봇이 있고, 물론 알록달록한 가구도 있다.

맥킨지Mckinsey의 경우도 마찬가지로 인기가 있을 만한 다음과 같은 선전 문구를 능숙하게 이용한다. '실패하고 있는 중이 아니라면,

아직 혁신이 부족한 것이다.' 그렇다면 모든 것을 성공이 아닌 실패를 예정하면서 계획해야 한다는 말인가?

맥킨지는 심심찮게 서랍 속을 뒤져 낡고 시대에 뒤떨어진 것을 찾아내 새로운 것으로 쇄신해서 파는 것 같다.《매니저 마가진》에 따르면 '코메르츠은행 4.0'이라는 프로젝트가 있었다. 그것은 은행을 현대화하기 위해 더 많은 이윤을 내고, 고객들에게 더 좋은 서비스를 제공한다든가 고유의 추천 상품 등을 마련한다는 식의 목표를 잡은 것이 아니었다. 목표로 설정했던 것은 2020년 말까지 은행 업무와 관련된 모든 과정의 80퍼센트를 디지털화한다는 것이었다. 바로 스타트업의 거짓말에 익숙한 경영인 세대의 사고방식을 보여주는 전형적 징후다.

이 프로젝트는 이사회에서 '독일의 혁신적 은행'이라는 획일적 겉모습만 주장했던, 이 은행의 CEO 마르틴 질케가 추진한 것이었다. 그러나 주택 담보 대출 앱이나 디지털 할부 대출 같은 몇몇 작은 프로젝트를 제외하고는 그다지 눈에 띌 만한 성과는 없었다고 한다.

이는 무엇을 의미하는가? 많은 경영자가 얼마나 병들어 있는지를 보여준다. 즉, 경영자들은 내재된 잠재력을 활용해 디지털화를 진행하는 것이 아니라 그저 디지털의 망상에 감염되어 있을 뿐이다. 고객이나 사업 파트너, 직원을 염두에 두고 있지 않은 것이다. 물론 은행이 가능한 한 빨리 디지털로 현대화되어 이용자 친화적이면서 투명해지는 것은 바람직하다. 그렇지만 모든 과정의 80퍼센트를 디지털화하겠다는 목표라니, 정말 어리석다.

상황이 이러하니 컨설팅 업체에 자문을 맡기면 신뢰감을 얻을 수 있어야 할 텐데 좀처럼 그럴 수가 없다. 컨설턴트의 능력이 부족해서가 아니다. 다시 강조하지만, 컨설턴트들이 은밀한 유혹자이기 때문이다. 그럼 어떤 기업이 컨설턴트의 지혜에 의존하고자 할까? 바로 미래를 원하는 기업이다. 경영자는 자신의 사업 파트너와 감독위원회 그리고 고객마저 속이기 위해 스스로 속고 싶어 하는 것이다.

이 주제에서 폭스바겐을 거론하려니 재미있다. 아니, 여기서는 디젤 사건에 관해서는 한마디도 하지 않을 것이다. 시시하게 여길 수도 있겠지만, 지금은 보스턴컨설팅그룹BCG에 대해 이야기해보자. 보스턴컨설팅그룹의 자회사 BCG 디지털벤처스는 폭스바겐의 금융 자회사(폭스바겐파이낸셜서비스—옮긴이)가 운영하게 될 중고차 판매 플랫폼인 헤이카HeyCar 서비스의 구축을 맡았다. 장점은 헤이카 서비스가 비록 미숙한 수준이었지만 디지털 기술을 접목한 사업의 시도였다는 점이고, 단점은 세간의 관심을 별로 받지 못했다는 점이다. 왜냐하면 반드시 폭스바겐의 딜러가 개입되어야만 거래가 가능하였으며, 부가 혜택도 거의 없었기 때문이다. 사전에 성공을 거두고 있는 스타트업들에 대해 연구했더라면 도움이 되지 않았을까. 어쨌든 유럽 전역에 걸쳐 서비스를 운용하고 있는 스타트업 오토1(베를린에서 2012년에 설립된 온라인 중고차 판매 플랫폼—옮긴이)을 비롯해 이 분야에서 긍정적 성과를 올리는 업체가 많이 있었으니 말이다.

컨설턴트들은《라이니셰 포스트Rheinische Post》도 2018년 초에 인정한 바 있는 하나의 딜레마에 부딪힌다.《라이니셰 포스트》는 프라이스워터하우스쿠퍼스의 기업 자문 파트너인 우베 리트만의 말을 전한다. "우리도 고객들과 똑같이 새로운 것을 찾아내야만 한다." 그에 의하면 독일은 컨설턴트 공화국이라는 것이다. "사람들은 창업의 위험을 두려워할 뿐만 아니라 기업가로서 다른 이의 조언도 듣고 싶어 한다." 독일은 세계에서 미국 다음으로 가장 큰 컨설턴트 시장을 보유한 국가로 총 11만 5,000명의 컨설턴트가 활동하고 있다. 《라이니셰 포스트》는 클라이톤Klaiton(오스트리아에 있는 온라인 컨설팅 중개업체—옮긴이)의 대표이사 니콜라우스 슈미트의 말도 인용한다. 컨설턴트들의 비즈니스 모델은 '가능한 한 많은 컨설턴트가 가능한 한 오랜 기간 고객에게 보수를 청구할 수 있는' 방식이다.

《매니저 마가진》은 비평에서 디지털 유혹자들을 가리켜 '돌팔이', '알을 품다 마는 새', '공허한 수다쟁이', '디지털 선동가'라며 모욕적인 단어들을 끝없이 늘어놓고 있다. 대학을 졸업한 교양 있는 사람들이 어째서 이런 모욕까지 당하게 된 것일까?

✓ 경영주들이 디지털의 개념을 잘 모르기 때문인가?
✓ 경영주들이 업무를 너무 대단하게 생각하기 때문인가?
✓ 경영주가 관련 주제에 관심이 없어서인가?
✓ 경영주의 나이가 너무 많아서인가?
✓ 경영주는 모든 생각을 지저귀는 극락조를 집에 소유하고 있는 것으로 만족하기 때문인가?

진실은 베를린기술경영대학의 연구 결과가 말해준다. 독일 기업의 중역 중 92퍼센트가 전혀 경험해보지 못한 디지털 업무를 마음대로 처리하고 있기 때문이다.

경영진은 디지털 컨설턴트에게 의존하고 싶어 한다. 그런데 컨설턴트들은 그리 공손하지 않아서 비타협적 태도로 일한다. 기업의 수장들은 오히려 그런 태도에 매력을 느끼고 컨설턴트가 창조적이고 기발한 묘안을 숨기고 있으리라 추정한다. 《매니저 마가진》은 그런 유형의 컨설턴트에 대해 이런 분석을 내놓고 있다.

'그러한 컨설턴트는 고객 여정Customer Journey이나 APIApplication Programming Interface(응용 프로그램에서 사용할 수 있도록 운영체제나 프로그래밍 언어가 제공하는 기능을 제어할 수 있게 만든 인터페이스—옮긴이) 및 디지털 배당금에 대해 이야기하기를 좋아하고, 고객들이 자신이 하는 말을 항상 이해하지는 못한다는 것을 인정한다. 그럼에도 고객들은 컨설턴트의 말에 귀를 기울인다. 컨설턴트는 자신의 스타일로 고객들이 은밀히 꿈꾸는 바를 정확히 짚어낸다. 그것은 말하자면 약간의 청춘과 저항이기도 하고, 또 성공을 바라면서도 연연해하고 싶지 않은 마음이다.'

두 번째 거짓말

스타트업은 창업이 쉽다

스타트업 창업자의 유형

노르베르트는 아이디어를 하나 가지고 있다. 자라, 그레고르, 코라 그리고 카를도 마찬가지다. 일동은 아이디어를 통일해 실행에 옮기기로 한다. 물론 스타트업의 방식으로 말이다. 왜냐하면 스타트업을 만드는 것은 매우 쉽고, 또 모두가 '그다음 단계의 큰 것'을 꿈꾸고 있기 때문이다. 그러나 스타트업 창업자는 타입이 정말 각양각색이다. 어느 특정 타입이 더 우월하지 않다. 이제부터 여러 유형의 창업자를 차례차례 만나보자.

✓ 자라, 숫자녀 자라는 무엇이든 숫자 중심으로 본다. 실제로 수자원관리청에서 일한다면 완벽한 경리부장이 되었을 것이고, 롤랜드 버거Roland Berger(뮌헨에 있는 글로벌 경영전략 컨설팅 회사—옮긴이)에서는 완벽한 컨설턴트가 되었을 것이다. 자라는 상품 자체에는 아무런 관심도 없다. 오직 숫자와 관련된 것에만 관심이 있다. 머릿속에서 늘 휴대용 계산기를 작동시키는 자라에게 비례법(세 개의 기지수로 제4의 미지수를 구하는 법—옮긴이)이란 마치 스포츠와도 같다. 숫자로 설명할 수만 있다면, 자신감에 차서 그 어떤 경우에도 문제 해결이 가능한 능력자다. 그렇게 숫자

에만 집착하기 때문에 종종 조언을 받아들이지 않는다.

✓ 노르베르트, 초심자 실무 경험이 부족하고, 신입생이며, 머릿속은 아이디어로 가득하다. 현재 작업하고 있는 주제에 최선을 다한다. 노르베르트는 어떤 일이 무조건 잘될 것이라면서 주변을 설득해 친구들과 가족을 짜증나게 만들지만, 결국 자신의 주장을 관철한다. 그러나 정확한 방법은 아직 모르고, 자신의 아이디어 자체에만 굉장히 열중해 있는 상태다. 그래서 자금 계획 같은 기본 사항은 등한시한다. 노르베르트는 감성적이고 열정적이지만, 현실적인 문제에서는 문외한이다.

✓ 그레고르, 괴짜 그레고르는 겉보기에는 그리 자주 만날 수 있을 것 같지 않지만, 스타트업 창업자로 좁혀서 보면 아주 전형적인 유형이다. 컴퓨터 박사인 그레고르는 좀 지루한 사람이고, 야심가이자 한 가지 일에 몰두하는 스타일로 소심하고 움츠러드는 성격을 가지고 있다. 그래선지 꽉 닫힌 차고는 그에게 아주 멋진 장소다. 행동반경 내에 키보드가 없으면 그의 손가락은 신경질적으로 떨린다. 모든 것을 기술적 실현 가능성이라는 측면에서 파악하므로 창업팀 구성에 꼭 필요한 존재이지만, 기술 이외의 문제는 좀처럼 고민하지 않는다. 그의 피는 0과 1로 구성된 것이나 마찬가지라서 고객이 무엇을 원할지는 물론, 시장이라든가 기업에 대해서도 전혀 모른다. 따라서 그레고르는 기술 부문의 마스터로서는 도움이 되지만, 아이디어의 실

행 면에서는 비생산적인 인물이다.

✓ 코라, 쿨하다 몇 년 전부터 전문 분야에서 일해왔다. 그래서 경험이 풍부하고 자신의 업종에 정통해 있으며, 마당발이어서 여유만만하고 능력도 있으며 쿨하다. 업무상의 문제로 모두가 고군분투할 때 코라가 떠올린 아이디어는 문제를 제거해버리는 것이었다. 사실 그런 식의 반응은 너무나 쉽다. 코라가 실제로 자신이 놓치고 있는 것이 얼마나 클지에 대해 과소평가한다는 사실은 더욱더 위험하다. 훨씬 더 좋지 않은 것은 코라의 아이디어가 회피적 사고와 긴밀하게 연결되어 있다는 점이다. 즉, 사업이 막다른 골목에 부딪히면 코라는 더는 해결책을 찾으려 하지 않고, 과거 자신의 이력과 연관된 다른 일을 하기로 마음먹을 것이다. 회피가 동기 요인이 되면 결국 진실은 알 수가 없다. 창업의 동기는 뒤로 가는 마음, 즉 다른 직업을 찾아가려는 마음이 아니라 계속 앞으로 나아가려는 마음이어야 한다.

✓ 카를, 창의적 인물 언제나 그 누구도 생각하지 못했던 것을 생각해낸다. 카를은 관습을 깨부수고, 많은 영역에서 실 잣는 사람의 역할을 하며, 어쩌면 천재일지도 모른다. 비록 카를스루에의 교외에서 자신의 운을 시험하고 있지만, 사실 그는 뉴욕이나 베를린에 살아야 한다.
카를이 열정을 쏟으면서 느끼는 기쁨은 그 경계를 몰라서 그는 자신이 떠올린 아이디어에서 또 다른 아이디어를 다시 발견해내고 생각의 문을 연다. 그래서 다른 사람들도 열정적으로 만들 수 있다. 그러나 사업적 사고에 필요한 숫자 관념이 부족해 사업 계획을 짜는 일은 절대로 불가능하고, 또 그럴 마음도 없다. 게다가 열정이 그리 오래가지 않는다. 즉, 그다음 아이디어를 생각하기 위해 현재의 아이디어는 급하게 다 태워버린다.

모든 것을 완벽하게 숙고하는 사람은 있을 수 없음을 알려주려고 불완전하지만 몇몇 확실한 창업자 유형을 소개했다. 정통한 기술자이자 감수성도 풍부하고, 경제적 계획도 신경 쓰며 시장을 주시하고, 동시에 다른 사람들을 열광시킬 수 있으면서 또 쉽게 포기하지 않는 사람은 세상에 없는 것이나 마찬가지다. 온라인 포털 그륀더스체네에서 '이런 창업자 유형 실제로 있다', 스타팅업starting-up.de에서 '일곱 가지 창업자 유형', 《비르트샤프츠보케》에서 '이스라엘은 어떻게 창업자의 나라가 되었나' 등등을 찾아보면 위에 소개한 것 외에도 엄청나게 많은 창업자 유형을 만날 수 있다.

✓ 통제광 모든 것을 자신이 조종하려 들지만 그 때문에 도리어 스타트업에 대한 통제력을 잃는다.
✓ 구두쇠 어떤 단계에서도 돈을 지출하려 하지 않는다.
✓ 낭비자 모든 단계에서 가능한 한 많은 돈을 지출하려고 한다.
✓ 퇴폐주의자 스타트업 사무실에 놓을 가구를 상품보다 더 중요하게 생각한다.

- ✓ 모범생 모든 것을 적당히 잘 알고 있지만 아주 잘 알고 있는 것은 없다.
- ✓ 섬세한 사람 무엇이 잘못된 것인지 알고 있다.
- ✓ 전략가 체계적으로 앞으로 나아가고 경영학 이론 모델을 몇 가지 외울 수 있으며 야심이 있다. 그러나 계획에 너무 집착한 나머지 상품을 등한시하는 경향이 있다.
- ✓ 비모범생 기술을 싫어해서 그에 관한 것이라면 모두 거부하지만 자신의 아이디어를 위한 소프트웨어 엔진 개발에는 매달린다.
- ✓ 이직자 새로운 시장에서 기존의 사업에서는 얻지 못했던 자신의 가능성을 포착한다.
- ✓ 외톨이 사람들과 섞이는 것을 싫어하지만 새로운 소셜네트워크를 통해서는 일한다.

실생활에서 이러한 창업자 유형을 찾아볼 수 있다. 사람마다 성향의 차이로 함께 일하기 힘든 경우도 있기 때문에 다양한 특성의 사람들로 보완하는 것이 바람직하다. 완벽하게 비슷한 유형의 창업자 두 사람은 오히려 스타트업에 해가 될 수 있다. 하지만 다양한 타입이 모였다 하더라도 실패할 수 있다. 꽤 오랜 시간을 들여 그들 각각의 장점을 비즈니스 관계에 투입해야 비로소 효과를 볼 수 있다.

자기 자신을 전혀 믿지 못하는 사람은 물론이고 공동 창업자보다 자신의 아이디어를 더 믿는 사람은 온라인에서 쉽게 찾아볼 수 있는 도구로 스스로를 테스트해볼 수 있다. 나는 창업자 타입일까? 사업가 자질을 가지고 있을까? 푀르더란트Förderland.de에서 창업자 유형에 관한 가장 중요한 물음을 던졌다.

✓나의 실질적 경험은 창업하고자 하는 업종에 적합한가?
✓직원들을 관리하고 조정하는 업무를 해본 경험이 있는가?
✓상업 혹은 경영 훈련을 받았거나 그와 동등한 경험이 있는가?
✓적어도 처음 몇 년간은 주 60시간 이상 일할 준비가 되어 있는가?
✓가족이 나의 계획을 지지하는가?

창업은 또한 책임을 떠맡는 것을 의미한다. 단지 대단한 아이디어를 갖고 있다는 데 그치지 않고 재정적 준비 및 심리적 자각의 과정까지 의미한다.

스타트업 설립에 관해 알아보려면 매슬로의 욕구 단계설을 살펴보아야 한다. 욕구 단계설은 인간의 욕구와 동기를 단순화해서 설명한 것으로 1970년에 사망한 미국의 심리학자 에이브러햄 매슬로Abraham Maslow가 주장한 사회심리학 이론이다. 이에 따르면 욕구 피라미드 맨 아래에는 생리적 욕구가 있고, 그 위에 안전에 대한 욕구, 그 다음에 사회적 욕구가 있으며, 피라미드의 정점까지 순서대로 개인적 욕구와 자아실현의 욕구가 있다.

스타트업을 설립하기로, 또는 설립을 위해 일하기로 결심한 사람은, 그 과정에서 무료로 음료나 간식을 먹거나 테이블축구 게임을 함으로써 다양한 기초적 욕구, 즉 생리적 욕구를 충족할 수 있다. 또한 사회적 욕구도 계층적이지 않은 이상적 환경에서 다수의 팀 업무와 상냥한 동료들을 통해 충분히 충족할 수 있다. 그러나 자아실현과 개인적 욕구는 기대와 달리 유감스럽게도 대부분의 경우 충족되지 않는다. 그 점에 대해서는 일곱 번째, 열 번째, 열한 번째, 열두 번째 거짓말에서 구체적 예를 들어 설명할 것이다. 스타트업은 건강 관리나 노후 대비 같은 안전에 대한 욕구도 전혀 만족시킬 수 없다. 이 점은 스타트업 종사자들에게 무엇보다도 중요한 문제일 것이다.

'큰일'을 해내려면 큰돈이 필요하다

스타트업이 정말로 쉬운 일인 것처럼 보이는 사례 몇 가지를 살펴보자. 2014년 2월 4일, 하버드대에서 2학기를 보내고 있던 한 19세 대학생이 '페이스북'을 만들었다. 시작은 페이스매시Facemach였는데, 하버드대 여학생들의 사진을 본인의 동의 없이 랜덤으로 보여주면서 평가하도록 하는 서비스였다. 당시 법적인 문제로 논쟁을 불러일으키긴 했지만, 어쨌든 서비스는 성공적이었다. 그렇게 마크 저커버그는 24세의 나이에 자수성가한 인물 중 역사상 가장 부유한 억만장자가 됐다.

2008년 트래비스 캘러닉은 파리에서 무료 택시를 타기 위해 무려 30분을 기다려야 했다. 바로 여기서 '우버' 아이디어가 탄생했다. 우버는 2009년 설립되었고, 2010년 샌프란시스코에서 서비스를 시작했다. 이 스타트업은 창업한 지 3년도 지나지 않아 40억 달러 가치를 지닌 것으로 평가됐다.

2007년 여름, 미국 서부 해안 지역의 임대료가 상승한다. 네이선 블러차직은 자금이 바닥나 조 게비아, 브라이언 체스키와 함께 지내던 공동 숙소를 나와야 했다. 블러차직이 비운 방은 그 즉시 에어매트리스를 포함해 임대됐다. 에어비앤비라는 아이디어의 시발점이었다. 에어비앤비는 2008년 8월 11일에 공식 설립되었고, 8년 후에 벌써 300억 유로의 가치 평가를 받았다.

스타트업 창업자 대다수가 자신들도 이들처럼 쉽게 꿈을 이룰 수 있을 것이라고 생각한다. 그래서 자금 조달만 가능하다면 자신들의 인생도 성공하리라 믿는다. 이들 거대 업체들이 자력으로 성공을 이뤄낸 것은 아니기 때문이다. 마이크로소프트는 2007년에 이미 페이스북의 지분 1.6퍼센트를 2억 4,000만 달러에 구입했다. 그 후 2012년 기업공개를 거치며 그 가치는 160억 달러가 되었고, 2018년에는 5,000억 달러로 평가됐다.

우버 역시 투자자들의 돈을 그런 식으로 불려주었다. 벤치마크 캐피털, 골드만삭스, 구글 벤처스가 2014년에만 10억 달러라는 막대한 투자를 했다.

반면 에어비앤비에 대한 투자는 상대적으로 느린 듯 보인다. 2만 달러 규모의 첫 투자가 2009년 1월 실리콘밸리에 있는 창업자 센터인 와이 콤비네이터Y Combinator에서 이루어졌다. 벤처캐피털 회사 세쿼이아 캐피털Sequoia Capital은 2009년 4월에 약 60만 달러를 투입했고 이후 몇 년간 수억 유로를 더 투자했다. 그중 큰 액수의 투자만 몇 가지 소개하자면, 2011년 1억 1,200만 유로, 2014년 4억 7,400만 유로 그리고 2015년 15억 유로가 투입됐다. 그리고 몇 년 동안 계속해서 수십억 유로가 투자됐다.

스타트업은 정말 그렇게 쉽게 만들어지는가? 사업 아이디어, 차고 그리고 자금원으로? 정말 그렇게 쉽기만 하다면 얼마나 좋겠는가. 실리콘밸리에서 전래된 동화는 희망차게만 들린다. 물론 이 이야기들은 진실을 담고 있다. 그러나 이들 사례는 이례적인 것임을 명심해야 한다. 앞으로도 마찬가지다. 성공한 스타트업을 만나기보다 100세가 넘은 골초 할머니를 만나기가 훨씬 쉬울 것이다.

스타트업은 새로운 자금을 모으려 고군분투한다. 성장하려면 영양분 투입이 필요하기 때문이다. 투자자를 얻기 위한 싸움이 그 어느 때보다 더 치열하다. 미디어, TV 프로그램 그리고 모든 영역에서 이루어지는 사회적 교류가 경쟁을 부추기고 있다. 힙한 이미지를 위해 점점 더 많은 기업이 스타트업 경연대회를 개최하고 있다. 식료품 판매 업체 레베Rewe는 식료품 분야의 혁신적 스타트업을 지원하기 위해 2018년 처음으로 '레베 스타트업 어워드'를 도입했으며, 후원을 원하는 170명의 지원자가 참가했다. 여기서 1등을 차지한 스타트업은 전국적 범위의 레베 시장에서 홍보된다고 한다. 미디어 홍보와 함께 전단지 홍보도 보장된다. 페이스북과 우버 그리고 에어비앤비가 확보했던 자금 조달처에 비하면 작고 볼품없어 보이기는 하지만 말이다.

텔레비전 방송국 스카이Sky도 2016년 '웰컴 뉴 TV 브랜드'라는 스타트업 경연대회를 개최했다. 여기서는 선크림 제조업체 마와이Mawaii가 우승을 거머쥐어 대회의 전 과정이 끝날 때까지 비치발리볼 투어가 열리는 주변 지역에 대한 10만 유로 상당의 미디어 홍보 권리를 얻었다.

'웰컴 뉴 TV 브랜드'는 내가 심사위원으로 참여한 스타트업 경연대회 중 하나였다. 확실히 창업 팀들 간의 엄청난 차이점을 알 수 있었다. 심사위원이 비즈니스 모델에 대해 물었을 때 확고한 답변을 내놓은 팀은 극소수였다. 제대로 답변하지 못하는 팀은 투자자들에게 진정성을 전달할 수 없다.

소매업체와 방송국 외에 에이전시들도 스타트업 경연대회를 개최하는데, 퍼블리시스 그룹Publicis-Gruppe이 그 예다. 퍼블리시스 그룹은 직장 내 공모를 실시했고, 또 2018년에는 인공지능을 테마로 한 외부 공모도 실시했다. 그리고 2018년 쾰른에서 열린 디지털 마케팅박람회Dmexco에서는 이른바 '세븐벤처스피치데이'가 개최되어 이미 시장에서 기틀을 잡은 상황이면서 그다음 성장 단계로 넘어가고자 하는 혁신적 스타트업들을 발굴해냈다. 이 박람회는 방송 홍보 권한을 부상으로 제공했다. 경연에서 우승한 스타트업은 300만 유로 상당의 TV 홍보는 물론, 20만 유로 상당의 온라인 광고와 3만 유로 상당의 TV 및 라디오 광고를 내보낼 수 있었다.

알다시피 세븐벤처스는 방송 그룹 프로지벤자트아인스ProSiebenSat.1의 투자 조직이고, 이미 몇몇 스타트업과 관계를 맺고 있다. 프로지벤자트아인스는 '지분을 위한 미디어Media for Equity'(미디어가 유망한 스타트업의 지분을 받는 대가로 홍보해주는 윈윈 개념의 사업 모델—옮긴이)라는 테마에서 선두주자로 여겨진다. '지분을 위한 미디어'는 기업 지분과 미디어 홍보를 교환하는 것을 말한다. 이런 방법으로 프로지벤자트아인스는 잘란도Zalando나 파르십Parship 같은 기업을 크게 성장시켰다. 이런 식으로 매년 30여 건의 파트너십을 맺고 있다.

좀 더 현대적인 이미지를 구축하기 위해 Dmexco는 이른바 '스타트업 마을'이라는 것도 만들었다. 당연하지만 150개의 혁신적 스타트업이 여기 참여할 수 있다고 한다. 스타트업들은 투자자를 잡기 위해 두 번 무대에 올라 자기 자신을 판매한다.

그런데 투자자를 얻는 방향으로 첫걸음을 내디디려면 우선 비즈니스 아이디어가 옳은 것이어야 한다. 이 말 또한 실제보다는 간단하게 들릴 것이다. 스타트업에서 중요한 것은 새로운 시장을 창출해낼 만큼의 혁신성이다. 즉, 그 '비즈니스 모델'이 확장성을 지녀야 한다. 애매한 관련성만 갖고 있다면 그것은 곧잘 아무 도움도 되지 않는다. 물론 모든 스타트업이 원하는 것은 성장이다. 하지만 확장성은 성장보다 훨씬 더 많은 것을 의미한다. 그것은 더 넓은 규모의 비즈니스 모델로, 그리고 더 바람직하게는 여러 산업을 포괄할 수 있는 모델로 이동한다는 뜻이다. 창업을 준비하는 과정에서 위키피디아를 검색하는 것으로 만족하는 스타트업은 성장의 전망 정도를 의미하는 확장성 면에서는 기뻐할 수 있다. 그러나 스타트업이 가지고 있어야 할 확장성이란, 높은 비용의 추가 투자나 고정비용을 들이지 않고 다른 분야로 비즈니스 모델을 이동시킬 수 있음을 의미하는 것이다.

스타트업을 시작하려면 돈이 필요하지만 처음부터 필요한 자금을 갖고 시작하는 경우는 매우 드물다. 그래서 처음에는 자기 호주머니에서 나온 자본금을 가지고 시작해야 하는데, 대부분은 그것으로 충분하지 않기 때문에 지인이나 친척에게 손을 벌릴 수밖에 없다. 아이디어가 무르익었거나 시제품이 완성되고 나서야 비로소, 물론 쉽지는 않지만, 벤처캐피털리스트 혹은 비즈니스 엔젤을 구할 수 있다.

가장 간단한 자금 조달 형태는 부트스트래핑Bootstrapping이다. 창업자가 재정적으로 완전히 스스로의 힘으로 비즈니스 모델을 시작하는 것이다. 소수의 몇몇 아이디어에나 적합한 방법이다. 이 용어는 영어에서 유래한 것으로, 독일어로는 '슈티펠리멘Stiefelriemen'으로 자신의 머리카락을 잡아당겨 늪에서 빠져나왔다는 허풍선이 남작 뮌히하우젠을 암시한다.

독일재건은행KfW과 같은 은행에서는 비교적 쉽게 창업 자금을 얻을 수 있다. 실업급여 1(독일에서는 실직 후 12개월 동안 이 급여를 지급받을 수 있다—옮긴이)의 수급자라면 독일연방경제에너지부의 지원 프로그램을 통해 1만 8,000유로의 한도 내에서 보다 유리한 조건으로 대출이나 보조금을 받을 수 있다.

비즈니스 엔젤은 스타트업에 투자하는 데 비교적 빨리 지갑을 여는 편인데, 아울러 기업에 컨설팅 및 네트워크도 제공해준다. 초기에는 대개 돈으로 엮이기보다는 이들과 관계를 맺는 것이 더 가치가 있다. 비즈니스 엔젤 입장에서 보면 투자 위험은 엄청나게 크다. 내기로 비유하자면 일종의 판돈인 셈이다. 그러므로 스타트업 한 곳에 너무 큰 금액을 걸지는 않는다. 비즈니스 엔젤을 얻기 위해 그들의 상부 조직인 독일비즈니스엔젤네트워크BAND를 찾아갈 수 있다. 첫 단계는 BAND가 제공하는 '원 페이저One Pager'라는 양식의 첫 페이지를 채우는 것이다.

벤처캐피털리스트 역시 젊은 사업가들에게 컨설팅을 제공하는데, 돈을 제공하는 대가로 회사의 지분을 받는다. 물론 투자자들은 스타트업 각각의 발전 상황에 대해 끊임없이 보고받기를 바란다. 벤처캐피털도 비교적 이른 단계에 스타트업에 투자되는 편이기 때문에 극도의 위험을 감수해야 한다. 하지만 위험을 감수하는 만큼 투자금에 대한 이익률도 높다.

창업자는 크라우드펀딩을 통한 자금 조달을 항상 더 선호한다. 왜냐하면 비즈니스 엔젤이나 벤처캐피털리스트에 비해 설명해야 할 필요성이 덜하기 때문이다. 크라우드펀딩은 대중의 모금으로 이루어진다. 그에 대한 보답으로는 대개 상품 관련 엽서나 경우에 따라서는 완성품이 아닌 시제품 관련 엽서만 제공해도 충분하다.

그리고 인큐베이터도 벤처캐피털로 스타트업을 지원하지만, 그들은 주로 사무실 마련과 그에 필요한 인프라 구축 측면에서 스타트업을 돕는다. 그리고 사업 분석에 관한 도움도 준다.

대학만이 아니라 기업들도 현재 한창 유행 중인 액셀러레이터 프로그램을 제공하고 있다. 인큐베이터와 유사하게 스타트업을 이끌어줄 멘토를 제공하는 것이다. 그 대신 자금을 대는 기업이나 대학은 지분을 취득한다. 독일 액셀러레이터German Accelerator는 주요 액셀러레이터 프로그램 중 하나인데, 실상 독일과는 별로 관련이 없다. 독일 액셀러레이터는 실리콘밸리의 팰로앨토Palo Alto에 위치하면서 독일의 스타트업에 문을 열어주는 역할을 하고 있다.

스타트업이 거치는 단계

하나의 스타트업이 거치는 여러 단계를 잘 살펴보면, 어떤 돈이 언제 어디서 나와 어디로 흘러가는지 분명히 알 수 있다. 이는 롤러코스터 타기에 비유할 수 있다. 왜냐하면 이제 막 설립된 스타트업이 언제나 위를 향하고만 있지는 않기 때문이다.

✓ 아이디어 및 방향 정립 단계 파리에서 택시를 기다릴 때든 임대료가 상승했을 때든 혹은 대학생 기숙사에서든 아이디어는 갑자기 떠오른다. 절친한 친구들과 함께 그 아이디어를 진척시키면서 아주 조금씩 풍성하게 만들며, 구체적 형태로 만들어간다. 대다수 사람은 그들이 떠올린 아이디어가 이미 세상 어딘가에 존재하는지 여부를 조사하지 않는다. 유감스럽게도 창업을 계획 중인 많은 이가 아이디어의 약점에 대해서는 눈을 감은 채 오로지 장점만 바라보려 한다. 그러다 매우 비싼 대가를 치를 수도 있고, 재정적으로 큰 위기를 맞게 될 수도 있다. 그러므로 프로젝트를 시작하려는 바로 그 순간에는 앞으로 자신이 얼마나 많은 시간과 노동을 투자할 수 있는지, 또 얼마나 많은 주말과 자유 시간을 희생해야 할지에 대해서도 반드시 고려해야 한다. 그리고 가족계획 등 가정 내 상황에 따른 위험 요인도 고려해야 한다.

✓ 계획 수립 단계 비록 많은 스타트업이 상세한 계획을 세우지 않

고도 사업을 진행해나갈 수 있다고 생각하지만, 사업 계획은 반드시 마련해야 한다. 상업성이 있는지 탐색하고, 목표 집단을 선정해야 한다. 재정 관련 계획은 처음 세우는 것이니만큼 시간별 계획표 작성 역시 꼭 필요하다.

✓ 시드 단계 늦어도 이때는 돈 문제를 신경 써야 한다. 여기서 '시드'란 자본 공급자가 심는 씨앗을 의미한다. 자금 조달의 초기 단계를 말하는 것으로, 우선 사업 계획을 평가받게 된다. 그리고 무엇보다 시장분석을 통과할 수 있는지가 중요하고, 그것 말고도 적용받게 될 법 형식과 입지 및 가격 모델의 선택도 문제가 된다. 스타트업이라는 한 몸체의 큰 부분이 이 단계에서 구체적인 모양을 잡아가고, 그러고 난 뒤에야 비로소 자금이 천천히 투입될 수 있다. 개인으로부터 투자를 받기란 매우 어렵고, 공공의 지원금을 받으려면 시간이 많이 걸린다. '투자받기'가 마냥 쉬운 일이라면 누구도 그 기준을 충족하려 그토록 노력하지 않을 것이다.

✓ 설립 또는 스타트업 단계 기업 설립에 대해서는 이 단계에 이르러 비로소 논할 수 있다. 이전까지는 모든 것이 어떻게 보면 놀이라고 볼 수 있다면, 지금부터는 이야기가 진지해진다. 시장에 내놓으려 준비 중인 상품을 가능한 한 빨리 완성해 내보여야 한다. 이 단계에서는 유통과 생산 가능성 그리고 마케팅 캠페인을 신경 써야 한다. 그런데 이 가운데 '생산 가능성' 문제가 종

종 등한시되고는 한다. 모든 문제가 정상 궤도에 오르면, 정부와 관련된 문제를 마무리 지어야 한다. 즉, 출자자와의 계약, 보험 가입, 계좌 개설, 자본금 입금, 회사 등기, 사업 신고, 세무 신고 등등의 업무 말이다. 아직까지는 조달한 자금의 액수가 매우 적은 데 비해 하나부터 열까지 자금 지출이 필요한 과정이기에 스타트업 입장에서는 꽤 까다로운 단계다. 그래서 외부로부터의 투자자가 절대적으로 필요하다.

✓구성 단계 또는 성장의 시작 신속한 시장 침투를 위해 이제 판매를 대규모로 확장해야 한다. 얼마나 많은 시장을 잠재적 경쟁자들에게 넘길 것이냐는 바로 이 구성 단계에 달려 있다. 따라서 가능한 한 빨리 승부처에 도달하는 것이 중요하다.

✓성장 단계 또는 확장 시장에 성공적으로 침투한 이후에야 비로소 다음 단계로 나아갈 수 있다. 그다음 단계는 바로 확장의 단계로, 제품군 증대라든가 추가적 세부 사항에 신경 쓰는 과정이다. 과거 페이스북이 '좋아요' 버튼을 만들어낸 것을 떠올리면 이해하기가 쉬울 것이다. 또한 이 단계에서는 사무실을 제대로 갖추는 일이 필수적인데, CRMCustomer Relationship Management(고객관계관리—옮긴이) 시스템을 도입해 판매망을 넓히고 직원도 구해야 한다.

✓출구 단계 가능한 한 빨리 기업공개에 나서거나 기업 지분의 일

부 또는 전체를 유리한 조건으로 팔기 위해 힘써야 한다. 여기서 스타트업은 본질적으로 지속적 비즈니스 모델로서가 아니라 큰돈을 벌기 위해 계획되는 것임을 알 수 있다.

스타트업이 거치는 전 단계를 가볍게 훑어보았다. 그렇지만 한 가지는 분명해졌다. 스타트업 창업이 전통적 의미에서 기업 창업보다 더 쉬운 일은 결코 아니라는 것이다. 물론 보다 쉽게 자금을 확보하려는 생각에서 종종 사업 아이디어만 가지고도 스스로를 스타트업이라 칭하기는 한다. 사실 그렇게 해서 성공을 할 수도 있다. 하지만 그런 방식으로 스타트업을 창업하기란 절대로 쉽지 않다.

만일 스타트업을 시작하는 일이 그렇게 쉽다면 성공률도 더 높을 것이다. 하지만 창업이 쉬울 것이라는 잘못된 믿음으로 스타트업을 시작하기 때문에 일반 기업을 창업할 때보다 실패 확률이 훨씬 높다.

2018년 7월 2일, 리드디지털Lead-Digital.de에서는 스타트업 개시의 어려움을 설명하면서 사례를 하나 소개했다. '내게 사업 아이디어가 하나 있다고 상상해보자. 너무 혁신적인 아이디어여서 창업하면 실패 가능성이 사실상 거의 없다. 그런데 중간에 정부를 상대하는 일처리 과정에서 난관에 봉착한다.'

세 번째 거짓말

실리콘밸리는 새로운 에덴동산이다

+

×

+

×

실리콘밸리 투어; 디지털 순례길

캘리포니아의 실리콘밸리는 스타트업의 빅뱅, 신문화의 요람 혹은 참신한 기업가 정신의 총체로 여겨진다. 샌프란시스코에서 멀지 않은 이 시골 지역은 어떻게 스타트업 운동의 세계적 중심지가 되었을까? 몇몇 차고에서 시작해 크게 성장한 회사들이 있기 때문일까? 그러나 팰로앨토에 자리 잡은 휼렛 패커드Hewlett-Packard가 스타트업이라고 불렸던 적은 없다. 또 페이스북, 구글 그리고 에어비앤비의 본사도 이 지역에 있다.

실리콘밸리는 무엇인가? 어째서 실리콘밸리는 세계 모든 기업이 모범으로 삼는가? 무엇이 이 지역을 스타트업의 온상으로 만들어준 것일까? 그리고 왜 전 세계 모든 경영자는 과거 스타트업으로 출발했던 유니콘 기업에 관심을 가지는 것일까? 실리콘밸리가 대표하는 가치들은 무엇인가? 스타트업은 진정 우리가 동경해 마지않는 새로운 에덴동산일까?

몇 년 전부터 실리콘밸리 투어가 유행했다. 이는 시대에 뒤떨어질까 걱정하는 소심한 경영자들을 위한 부터파르트(과거 독일에서 성행했던 선상 비관세 쇼핑을 목적으로 한 배 여행—옮긴이)를 연상시킨다. 보통은 귀가 얇은 사람들이 그러한 순례 여행길에 오른다. 그리고 현재는 경영자들 사이에서 실리콘밸리 여행이 대유행이다. 경외심으로 가득한 12명의 사람들로 구성된 소규모 그룹에 섞여 구글이나 페이스북 그리고 아직 유명하지 않은 몇몇 스타트업의 본사를 둘러보는 것이다.

그들 중에는 스타트업 스무 곳을 단지 사흘이나 닷새 동안 시찰하는 것을 넘어 거기에 제대로 발을 담그고 싶어 하는 경영자도 있다. 악셀 스프링거 그룹Axel-Springer-Konzern의 유능한 경영진의 한 사람인 카이 디크만도 이런 생각을 가진 사람들 중 선봉에 속했다. 《빌트Bild》의 전 편집장 디크만은 2012년에 2명의 직원을 데리고 2개월 동안 디지털 순례 여행을 떠났을 때 성배를 발견했다고 믿었다. 자신의 짙은 남색 양복을 목양업자들이 입는 후드 스웨터로 바꿔 입었고, 수염은 손질하지 않은 채 무성하게 길렀으며, 괴짜처럼 보이게 하는 안경을 착용했다. 또 아마도 부다페스트에서 맞춤 주문했을 법한 구두는 리넨 소재의 신발로 바꾸어 신었다. 2013년 6월 3일 자 《쥐트도이체 차이퉁Süddeutsche Zeitung》에 따르면, 그들 '교환학생들'은 실리콘밸리에서 올바른 아이디어와 올바른 정신을 가진 올바른 사람들과 이야기를 나누었다고 한다. 디크만 역시 그곳에서 어려움을 회피하지 않고 도전하는 사람들을 보았다고 말했다. 실리콘밸리에서 아이디어는 며칠 안에 현실이 된다. 반면 독일에서는 많은 것이 아이디어를 품고 있는 사람을 방해하고 있다. 디크만은 마치 실리콘밸리에 반한 교환학생인 양 보였다고 신문은 기술하고 있었다.

그리고 점점 더 많은 경영자가 단지 스타트업들이 차례차례 부화하는 차고로만 이루어진 것처럼 보이는 그 땅에 반하고 있다. 독일잡지발행인협회VDZ나 통신에이전시총연합GWA 같은 단체는 국가의 고위직 관료들을 서둘러 실리콘밸리로 보내고 있다. 독일에는 꽤 오래전부터 전 직원을 실리콘밸리로 비행기 태워 보내 긴 주말을 함께 지내도록 하는 광고 에이전시들이 있다. 그렇게 함으로써 직원들이 받은 인상을 모든 사회 채널에 반영하고 있다. 그러한 인상은 특히 벽에 쓰인 글귀나 재미있는 번호판을 단 테슬라 자동차의 사진들 또는 치즈케이크 공장의 치즈케이크 체험 보고서들로 이루어진다.

그러면 이 모든 것이 스타트업과 도대체 무슨 상관일까? 사람들이 그곳, 거룩한 디지털의 계곡에서 실제로 발견하는 것은 무엇일까? 진보와 미래의 실리콘밸리? 실리콘밸리 코드라는 것이 그렇게 간단한 것일까? 미국 서부 해안 지역에서 아침에 어떤 일이 벌어지고 있는지 한번 보자. 그리고 VDZ가 조직한 한 출판경영자 그룹과 함께 아침의 땅인 실리콘밸리로 직접 탐구 여행을 떠나보자.

실리콘밸리에서 첫 문장에 '블록체인'과 '인공지능'을 언급하면서 '알고리즘', '증강현실' 그리고 '실시간 음성 서비스'라는 단어들을 장식처럼 곁들여 사용하는 사람의 말은 좀 자유롭게 번역해서 이런 의미라고 할 수 있다. "안녕하세요." 샌프란시스코와 마운틴뷰 그리고 멘로 파크 사이에서 무책임하게 사용되는 그런 종류의 용어들은 실리콘밸리에서도 더 이상 신선하게 들리지 않게 된 지 이미 오래다.

그럼에도 불구하고 수백만 달러의 봉급을 받으며 미끈한 테슬라를 몰고 5,000달러 임대 아파트에 사는, 어린애 같은 경영진이 종종 선구자처럼 혹은 세상의 디지털 군주처럼 보이고는 한다.

구글, 페이스북, 애플, 링크드인, 에어비앤비 그리고 일일이 열거할 수 없을 만큼 많은 글로벌 기업이 채 30마일도 떨어지지 않은 반경 내에 위치하고 있다 해도 맞을 것이다. '밸리'라는 단어가 사용되었다고 해서 실리콘밸리가 계곡에 자리 잡은 것은 아니다. 일단 이것부터가 벌써 명백한 거짓이다.

이 가짜 계곡, 즉 실리콘밸리는 샌프란시스코만 남부에 위치하는데, 약 70킬로미터 떨어진 산호세까지 길게 뻗어 있으며, 야생의 영감을 주는 태평양과 접해 있지 않고 내부의 온건한 만에 자리 잡고 있다. 지리적으로 '계곡'은 산호세 남쪽에서야 비로소 시작해 홀리스터 방향에 있는데, 물론 그 지역은 실리콘밸리의 바깥이다.

산마테오와 팰로앨토에 있는 페이스북의 멘로 파크, 마운틴뷰의 구글 그리고 애플의 쿠퍼티노 사이의 유일한 도로인 고속도로 101은 각 방향 차선이 여섯 개로 드라이브하기에 가장 적당한 곳으로 보인다. 그런데 '계곡'이 유일한 거짓이 아니라는 것을 증명하듯 그 도로마다 교통 정체가 심해지고 있다고 한다. 셀 수 없이 많은 전기 자동차가 수 킬로미터마다 한 대씩 도로 가장자리에 세워져 있기 때문이다.

실리콘밸리에 비자발적으로 세워져 있는 전기 자동차 말고는 사실 미래 지향적으로 보이는 것이 그리 많지 않다. 황폐한 고속도로와 햇볕에 그을린 언덕, 주변에 드문드문 건물이 보일 뿐이라서 가슴을 떨리게 하기는커녕 고루하고 지루하며 불만스럽기만 한 풍경이다. 이따금 오라클Oracle의 사무실 구역이 갑자기 나타나고, 또 이따금 파랗고 노란 이케아IKEA의 거대한 건물과 마주친다. 이곳의 그 어떤 것도 루트비히스부르크-탐Ludwigsburg-Tamm이나 발도르프Walldorf 혹은 SAP가 있는 비슬로흐Wiesloch의 모습과 다르지 않다.

그러나 사람들은 현재 실리콘밸리의 모든 것이 미래 지향적으로 계획된 것으로 알고 있다. 그리고 앞으로도 당분간은 그렇게 알 것이다. 모든 스타트업의 모범인 GAFAM, 즉 구글, 아마존, 페이스북, 애플과 마이크로소프트만이 6,000억 달러 매출을 달성하고 1,000억 달러 이상의 수익을 내고 있다. 물론 그것은 조세 규범의 조력에 힘입은 바도 있다. 참고로 아마존과 마이크로소프트는 실리콘밸리에서 북쪽으로 약 1,300킬로미터 떨어진 시애틀과 그 주변에 본사를 두고 있다.

투자자들의 라스베이거스

실리콘밸리 사람들은 오늘날 실리콘밸리가 전 세계에 미치는 영향력을, 요하네스 겐스플라이슈Johannes Gensfleisch가 1450년에 인쇄술을 발명한 것에 종종 비유한다. 겐스플라이슈는 구텐베르크Gutenberg라는 상표명을 획득했었다. 구글이나 페이스북의 O처럼 실리콘밸리에서 대개 한시적으로만 일하는 사람은 비록 구글에도 또 페이스북에도 소속되어 있지 않을지라도 누구나 스스로를 시스템의 버팀목이 되는 요인이라 느낀다.

실제로 스타트업은 분위기가 각양각색이다. 상당수는 이미 몇몇 자금 조달처를 구해 계좌에 여윳돈을 넣어두고 과감하게 활동하고 있는데, 그 덕분에 미래가 2~3개월은 더 보증된 듯 보인다. 그 외의 스타트업들은 고군분투하며 다른 기업에 더부살이를 하며 명백한 불행에도 억지로 즐거운 표정을 지어 보이고 있다. 그러다가 열정의 불꽃은 결국 꺼지고 만다. 또 다른 스타트업들은 확신에 차서 아이디어를 발표하며 급성장을 예언하고, 자신들의 사업 아이디어를 세상 모든 문제의 해결책이라고 선전한다. 그리고 자신들의 금괴를 보관하기 위한 창고를 빌리고 다양한 가구를 배치해놓은 사무실을 갖추고는 거기에 휴지통은 두지 않는다.

수백만 혹은 수십억 달러의 부를 거머쥔 성공적인 스타트업 창업자는 무슨 팝스타라도 되는 양 칭송을 받는다. 우버의 수장 트래비스 캘러닉이 바로 그러한 사람으로, 그의 재산은 50억 달러 이상으로 추정된다. 그러나 그의 부는 쇠약해진 택시업자들과 우버 택시 운전사들의 희생으로 얻어진 것이다. 《FAZ》에 의하면, 운전사들은 매일 12시간 노동에 시달리면서도 매달 4,000달러조차 손에 넣지 못하고 있다. 우버는 2018년에 이미 600개 이상의 도시에서 서비스를 제공했다. 하지만 그 팽창은 점점 한계에 다다르고 있다. 예를 들어 이스라엘에서는 오직 택시 면허를 보유한 사람만이 승객을 태울 수 있다. 창업자 친화적인 지역인 텔아비브마저 그런 것이다.

실리콘밸리는 제법 오래전부터 투자자들의 라스베이거스로 여겨져 왔다. 스타트업에서 중요한 것은 지속적인 상품 개발 아이디어가 아니라 허세라든가 루즈 오 누아르rouge ou noir(red or black, 곧 '빨강 또는 검정'이라는 의미로 술 마실 때 하는 카드 게임—옮긴이), 또는 자본가의 투자를 고무하는 일이다. 그러나 여기서 단지 최대한의 이윤 증가만이 중요한 것은 아니다. 만약 조지 오웰George Orwell이 지나치게 고무된 메커니즘을 가진 자본주의를 고안해낼 수 있는 상상력을 가졌더라면 아마도 실리콘밸리를 발명해냈을 것이다. 벤처캐피털리스트들은 매년 1,400여 개 기업에 270억 달러를 쏟아붓는다. 그러나 독일에서는 900여 개 기업에 단지 10억 유로 정도의 소소한 금액만이 지원되고 있다.

기억을 좀 상기시켜본다면 지금 우리는 이곳 실리콘밸리에서 아직 답을 찾고 있다. 도대체 실리콘밸리의 장점이 무엇인지, 스타트업의 모범이 무엇이기에 다들 가치 창조의 체인을 그에 맞춰 정렬하려고 하는지 계속 탐구해보자.

과거에는 샌프란시스코의 IDG 벤처스 소속이었으나 현재는 유명한 리지 벤처스Ridge Ventures 소속의 팻 케닐리 같은 벤처캐피털리스트는 매년 약 1,000개의 스타트업과 젊은 창업자들을 평가한다. 케닐리는 특히 투자 결정을 쉽게 하는 것으로 유명한데, 2017년 91개 기업에 투자했고 그중에는 안티 애드블로커 소프트웨어Anti-Adblocker-Software나 혁신적 브래지어를 시장에 내놓은 기업 등이 포함되어 있었다. 증권거래소에서 어떤 기업에 돈을 투자할지 구별 기준이 없는 것과 마찬가지다.

모든 발명가가 스타트업으로 모이는 이유는 무엇일까? 누구도 이제 자기 자신의 이름으로는 사업 아이디어의 질을 보증받을 수 없기 때문이다. 베르너 지멘스Werner Siemens, 고틀리프 다임러Gottlieb

Daimler, 카를 벤츠Carl Benz, 클라우스 힙Claus Hipp, 리처드 그루너Richard Gruner 그리고 존 야John Jahr는 자신의 이름으로 사업을 보증한다. 그러나 실리콘밸리에서 이름은 아무 역할도 할 수 없다. 마크 저커버그나 스튜어트 버터필드가 아닌 사람도 용기를 낼 수 있다. 왜냐하면 플리커Flickr, 슬랙 그리고 페이스북은 쉽게 돈을 버는 슬롯머신과 같기 때문이다. 거의 모든 스타트업이 명칭을 정할 때 신조어를 사용한다. 그것은 쿨해 보이는 문자의 결합이라고 할 수 있는데, 대부분 어떤 의미도 갖고 있지 않거나 장황한 설명 문구의 약어다. '모든 대화와 지식의 검색 로그Searchable Log of All Conversation and Knowledge'를 짧게 줄여 슬랙이라는 이름을 만들었듯이 말이다.

제대로 콘텐츠도 갖추고 있지 않은 실리콘밸리의 미디어에 수많은 사람이 접근하는 것을 보면, 당연히 니더라인(라인강의 하류 지역—옮긴이)의 출판업자 입장에서는 스스로가 초라하고 매력 없이 느껴진다. 그 미디어들은 높은 가치의 품질이나 환경적 안정성 그 어느 것도 보장해주지 않음에도 불구하고 얼마나 많은 광고 수익을 내고 있는지 모른다. 실리콘밸리에서는 컵으로 마시는 것이 아니라 병째 마신다고 할 수 있다. 실리콘밸리에서 시작된 이 일은 일종의 디지털 도취이며, 전 세계가 취해 있다.

그런데 왜? 다임러나 지멘스, 도이체 반Deutsche Bahn(독일 철도—옮긴이)이 스타트업 망상에 감염된 것인가? 쿨해 보이는 요소 때문일까? 빨리 돈을 벌게 해준다는 매력 때문일까? 모든 스타트업이 대량으로 제공하는 무료 초콜릿바 뒤에, 또 외견상으로는 평등해 보이는 두Du(서로 반말을 쓰는 것—옮긴이) 뒤에 숨어 있는 완벽한 자본주의 때문일까?

디즈니랜드 같은 페이스북

이제 멘로 파크에 있는 페이스북의 본사로 들어가보자. 그 알록달록한 복합 건물은 굉장히 넓은 주차장으로 둘러싸여 있다. 가운데에 있는 2~3층 정도의 건물은 쇼핑센터로 운영되고 있는데, 사실 디즈니랜드의 영향을 받은 것이다. 월트 디즈니의 중역을 지낸 페이스북의 최고운영책임자 셰릴 샌드버그Sheryl Sandberg의 아이디어였을 것이다. 맞다. 이곳의 모든 것이 다채롭고 근사하다. 이곳에 있으면 어느 가구 업체의 놀이방에 간 아이가 된 기분이 살짝 들기도 한다. 실제로 이런 확성기 방송도 들을 수 있다. "놀이방에서 마크 어린이가 기다리고 있습니다……."

비교적 작은 그 휴게실은 햇볕이 잘 들어온다. 높은 벽면에는 착시효과를 일으켜 3차원적 영감을 깨우는 예술작품이 하나 걸려 있다. 작은 소파의 맞은편 벽에 고정되어 있는 스크린은 끊임없이 페이스북의 광고 영상을 보여준다. 페이스북으로 성공을 거둔 기업가가 아주 젊다는 것을 알 수 있다. 전 세계에서 찾아오는 사람들. 모두 웃고 즐거워하며, 사랑이 가득하다.

실리콘밸리의 모든 기업이 공통적으로 적용하는 사항으로, 페이스북을 방문하려면 제공된 아이패드로 등록을 해야만 한다. 페이스북은 방문객들에게 많은 신경을 쓰고 있다. 벽 옆면에 다섯 개의 아이패드를 나란히 붙여놓아 등록이 이루어질 수 있게 해둔 것이다. 이런 식으로 한 그룹 한 그룹씩 그 소셜미디어 회사의 본사를 둘러보고 있다. 무엇이 단 몇 년 만에 관광객의 물결을 페이스북으로 흘러 들어가게 만들었는지 눈을 크게 뜨고 살펴보려는 경영자들과 스타트업을 시작하려는 사람들을 위한 서커스 관람이자 동물원 견학과 비슷하다.

일종의 보행자 전용 구역은 넉넉한 간격으로 배치되어 있는 건물들 사이로 구불구불 이어져 있다. 데이브 에거스Dave Eggers의 《더 서클The Circle》을 읽어본 사람은 문득 그 책의 25쪽이나 125쪽 혹은 225쪽을 보고 있는 느낌을 받을 것이다. 겉보기에 자유분방해 보이는 기업을 탐색하다 보니 그 책 속에 들어와 있는 기분이 든다. 아이스크림을 먹는 젊은이, 커피를 들고 가는 사람 등 사방이 즐거운 얼굴을 한 사람들로 가득하다. 페이스북에서 셀 수 없이 많은 '좋아요'를 받는 짧은 동영상처럼 모든 것이 좋아서 공감을 불러일으킨다. 아, 맞다. 직원들의 평균 연령은 28세다.

샌프란시스코의 대도시권에 있는 모든 사무실과 마찬가지로 여기에도 책상 위로 대부분 숫자 1 모양의 풍선이 여기저기 둥둥 떠 있다. 1년 동안의 협력과 우정을 기념하는 것이다. 또 드문드문 숫자 2 모양의 풍선들도 책상 위로 보이고, 3 모양의 풍선은 아주 드물게 보인다. 더 높은 숫자는 표시하지 않은 것으로 보인다. 페이스북은 여기서 1만 명의 직원들을 고용하고 있다는데, 해외 직원 수는 그보다 2배 이상 많다. 모든 직원은 6개월에 한 번씩 자신의 능력을 충분히 발휘하고 있는지 재평가를 받는다. 매일매일 채용과 해고가 이루어지는 셈이다. 그럼에도 젊은 사람들은 그런 제도를 공평한 것으로 받아들인다. 과연 그것이 유럽에서도 모범이 될 수 있을까? 채용과 해고의 공평성, 그것이 스타트업의 모범일까?

페이스북은 언론 매체를 매우 심도 있게 활용한다. 따라서 마찬가지로 자신의 홍보 시스템 쇄신에도 관심이 있다. 우리의 그룹 견학도 그 일환인 것이다. 그런데 페이스북의 시스템은 정말로 가치가 있을까? 어쨌든 그 '저널리즘 프로젝트'는 기업 규모의 계획이다. 미국 선거 이후 페이스북이 가짜 뉴스 유포로 비난이 거세지자, 2017년에 이미 추진했던 것으로 사실 새로운 것은 아니다. "미국 선거는 많은 사람에게 기상 신호와 같은 것이었습니다. 우리에게도 마찬가지입니다." 페이스북의 경영자 피터 엘킨스 윌리엄스의 설명이다. 그럼 그의 설명 이후에 앞으로 얼마나 많은 실천이 뒤따를지 한번 지켜보자.

어쨌든 명예훼손, 사기, 스팸 등으로부터 사용자를 보호하는 문제는 현재의 가장 큰 도전으로 여겨진다. '도전', 우리는 항상 도전을 하고 있지 않은가. 또한 '도전'은 아무 곳에서나 사용할 수 있는 유행어이기도 하다. 모든 것은 무조건 어떤 모든 문제에 대한 도전이다. 그러나 실리콘밸리에서 '문제'라는 단어는 그들이 사용하는 어휘에서 삭제됐다. 따라서 남은 것은 도전뿐이다. 모든 스타트업은 도전이고, 도전 말고는 아는 것이 없다.

페이스북의 '이달의 음료'인 한센스 만다린 라임Hansens Mandarin Lime을 제공받은 후, 우리는 건물에 딸린 인쇄소 옆을 지나간다. 인쇄소 안에서는 직원들의 동기 유발을 위한 포스터 또는 엽서가 만들어진다. 가장 사랑받는 표어는 '대담해져라', '오픈 마인드를 가져라' 그리고 '먼저 행동하라' 등이다. 이런 포스터와 엽서는 여기저기에 걸려 있는데, 그 표어들은 이미 정문 출입구 로비에 있는 리셉션 데스크의 뒤쪽 벽면에 잔뜩 붙어 있다. 컴퓨터 모니터 화면, 기둥, 문 등 사방팔방에서 그렇게 굉장한 의미를 담은 문구들을 볼 수 있다. 공교롭게도 세계에서 가장 큰 인터넷 회사 중 하나가 부속 인쇄소를 가지고 있고, 가상의 세상을 살고 있는 그 직원들이 이런 1차원적 문구들을 진지하게 받아들인다는 것에 사실 약간의 재미를 느꼈다.

그 인쇄소에서 몇 걸음 더 가면 오락실이 있다. 모든 직원에게 무료로 개방한다. 이곳은 동네 술집의 뒷방 분위기를 풍기며 내부에서는 곰팡이 냄새도 조금 나는 것 같다. 무료 음료수와 간식이 갖춰져 있고, 시리얼과 과일도 있다. 오락실 바로 옆에 입주해 있는 상주 미용사만 요금을 받는다.

돈이면 안 되는 일이 없지만, 페이스북에서는 딱히 그렇지도 않다. 이곳에서는 모든 것이 놀이처럼 즐겁고, 사람을 미소 짓게 한다. 그리고 모두가 그것을 누리고 있다. 스타트업 열병을 앓고 있는 그룹은 이 같은 방문을 통해 일종의 비즈니스 모델이 포함된 특강을 받는 것이나 마찬가지다. 그리고 페이스북의 상품 마케팅 담당자인 벤 페스코는 내가 포함된 출판발행인 그룹에 '출판업의 수익 창출', '즉각적인 기사들Instant Articles', '직접 판매', '고객 네트워크' 그리고 '콘텐츠의 브랜드화' 등에 대해 말해주었다.

미래에는 그렇게 하면 되는 것일까? 좀 평범하게 들리지 않는가? 페이스북에 있는 사람들은 페이스북의 경영자들이 다른 곳에서는 신이라 불리는 것과 비슷한 존재라는 사실을 이해해야 한다.

페이스북이 위치한 이 넓은 대지는 매우 평화로운 분위기를 풍긴다. 햇빛이 환하게 비추고, 사람들은 시간 제약을 받지 않는 듯하며, 디지털은 다시 어디론가 사라져버린 것처럼 보인다. 캠퍼스 바깥은 아미시파와 모르몬교 신도가 뒤섞인 인상을 준다. 군데군데 갈색을 드러낸 녹지대 위에는 다음과 같은 경고 문구가 있다. '꽃들은 당신의 친구입니다.'

구글, 수형자들을 모아놓은 강제 노동수용소

이 지역의 모든 기업이 그처럼 평화로워 보이는 것은 아니다. 그 예로, 근처 마운틴뷰에 위치한 구글은 건물이 너무 근엄해 보이는 탓에 더 위협적으로 느껴져 마치 모스크바 KGB(구소련의 국가 보안 위원회—옮긴이) 본사의 현대적 변종을 보는 듯한 착각을 불러일으킨다. 혹은 소설《모모》에 등장하는 회색의 시간도둑들이 그 건물에서 튀어나올 것만 같다. 잘못을 저질렀는가? 그렇다면 다채로운 구글 디자인을 가지고 작업하는 건축가들이 있는 내부로 들어가자. 또 다른 어린이들의 천국에 온 것을 환영한다.

구글의 주소 엠피시어터 파크웨이Amphitheatre Parkway는 101번 고속도로의 마운틴뷰 장소표지판을 지나서 나오는 출구표지판에서 먼저 볼 수 있다. 구글의 본사는 구글플렉스Googleplex라고 불리는데, 구글Google과 콤플렉스Complex의 합성어이자 구골플렉스Googolplex를 암시하기도 한다. 구골은 10의 100제곱이다. 더글러스 애덤스Douglas Adams가 이미 1979년에 소설《은하수를 여행하는 히치하이커를 위한 안내서》에서 '구글플렉스 스타싱커Googleplex Starthinker'라는 용어를 썼다는 사실은 그냥 참고로만 알아두자. 마찬가지로, 공원처럼 보이는 대지는 본래 수형자들을 수감했던 강제 노동수용소였다.

구글은 물론 더 이상 스타트업이 아니다. 마크 저커버그가 하버드대에서 공부를 더 할 것이라 말하고 있고 아직 스타트업으로서의 시간도 꽤 많이 남아 있는 페이스북과 달리 누구도 더는 구글을 스타트업으로 생각하지 않는다. 구글은 이미 성숙했고, 아마존과 경쟁 중이다. 단지 구글이 자신의 유튜브 서비스를 아마존에 제공하지 않는 것만을 이야기하는 것이 아니다. 무엇보다 중요한 것은 음성 제어 서비스이다. 아마존의 알렉사Alexa(아마존이 개발한 음성인식 인공지능 소프트웨어—옮긴이)가 마이크로소프트의 코타나Cortana(마이크로소프트가 개발한 음성인식 인공지능 소프트웨어—옮긴이)와 숙명적 싸움을 벌이는 사이, 구글은 독점적으로 시애틀의 잠 못 드는 이웃들에게 서비스를 제공하고자 한다.

"구글, 오늘에 대해 모든 것을 알려줘." 구글 검색의 전략적 파트너 개발 관리자인 알렉스 파인버그는 자신의 스마트폰을 향해 그렇게 외친다. 그러자 시간, 날씨 그리고 뉴스에 관한 정보가 들려온다. 알렉스는 "우리는 무조건 가장 유용한 서비스를 제공하고자 합니다"라고 설명한다. 구글의 다른 모든 직원과 마찬가지로 알렉스 역시 절대 자신의 성과 함께 불리길 원하지 않는다. 이어서 알렉스는 낯설게 들리는 한 단어를 말한다. "독립적인." 뭐라고? 구글에서 독립적이라니? 구글 보이스Google-Voice는 어떤 기준으로 정보를 찾아 모으는 것일까? 구글의 비즈니스 모델은 사실 독립적이지 않은, 가능한 한 종속적인 탐색을 시작하는 것 아니었던가? 의존성은 탐색이 아닌, 질병이라고 생각한다. 그리고 구글은 아마도 그 중간에 위치할 것이다. 질병과 비슷한 그 어떤 것쯤으로.

구글은 세상을 완전히 변화시킬 꿈에 관한 작업을 하고 있다. 그것은 바로 실시간 번역이다. 갑자기 모든 사람이 세계의 모든 사람과 이야기를 나눌 수 있고, 서로의 말을 이해할 수 있다고 상상해보라. 그 서비스는 이미 실현 가능성이 높은 것으로 여겨진다. 그리고 이후의 버전에는 부모가 자신의 청소년 자녀와 대화를 나눌 때 필요한 실시간 번역 기능까지 추가될지도 모르겠다.

그러나 구글은 여전히 자신이 가장 잘할 수 있는 일을 하고 있다. 바로 데이터를 수집하는 일이다. '마운틴뷰'라는 명칭은 어디에서도 보일 만큼 거대한 데이터의 산이라는 의미를 담은 듯하다. 게다가 구글은 꾸준히 대시보드Dashboards를 개발하고 있다. 구글에서 맷 빌라카트가 이끄는 프로젝트 퓨즈Project Fuse(2017년 출판업자의 고객 이해에 도움이 될 데이터 솔루션 제공을 목표로 시작한 프로젝트—옮긴이)로 풍부한 데이터를 가진 출판업자들이 입맛에 맞는 데이터를 제공받고 있다. "구글은 출판 사업의 진정한 발전을 도와주는 파트너가 될 것입니다"라고 빌라카트는 말했다. 아, 이 사람은 스타트업의 배양자다. 여기서 지금 바로 스타트업을 창업하자. 실리콘밸리에는 남을 돕고 싶어 하는 사람들이 얼마나 많은가! 어쨌든 모범적이다.

의사 결정의 테러리스트, 엘리먼트 데이터

이제 진정한 스타트업이라 할 엘리먼트 데이터Element Data를 이야기해보자. 모든 것은 데이터다. 숨을 쉬는 것만으로도 데이터가 생성된다. 무언가를 바라보거나 마우스를 클릭하거나 또 무언가를 살짝 건드리기만 해도 마찬가지로 데이터가 발생된다. 인간은 더 이상 살과 피로 이루어진 존재가 아니라 무수한 0과 1의 조합으로 구성된 존재다. 인간은 더 이상 존엄성을 가진 존재가 아니라 구매의 욕구를 가지고 있는 존재다. 또한 살아 있는 유기체가 아니라 살아 있는 알고리즘이다. 모든 만남은 포옹이자 데이터의 포옹이며, 미래를 향한 과거의 융합이다. 모든 인간적인 사고는 인공지능을 위한 데이터를 제공한다. 인간의 모든 것이 철저히 분석되고 낱낱이 해부된다. 모든 인간이 철저히 흡수되어 그 실체는 여러 부분으로 해부된다. 그것이 데이터가 되고, 이 과정은 일종의 인간학습 혹은 기계학습이라 할 수 있다. 인간은 얼마 지나지 않아 스스로 만들어낸 로봇이 될지도 모른다.

데이터는 여전히 인간을 도와주려고만 한다. 그래서 인간의 삶이 얼마나 더 나아질 수 있는지를 알려주고자 한다. 아니, 인간이 아니라 데이터를 파는 사람이라고 표현하는 편이 더 정확하겠다. 데이터 판매자는 소비의 테러리스트나 마찬가지다. 최종 소비자가 더 나은 결정을 내리려면 반드시 데이터를 이용해야만 한다. 스타트업의 비즈니스 모델로 매우 우호적이고 친밀하며 또 자비로운 기업처럼 느껴지는 엘리먼트 데이터는 창업한 지 이제 막 1년이 되었고,

시애틀의 고품격 비즈니스 위성도시 벨뷰에 위치하고 있다.

엘리먼트 데이터의 공동 창업자 사이러스 크론은 말한다. "삶은 여러 결정에 따라 정해집니다." 크론은 앞서 이미 두 차례나 스타트업을 성공시킨 경험이 있고, 미국의 (선거 전략에 디지털 데이터가 이용된다는 면에서) 정치적 디지털 전략가 50위 안에 들어가 있다. 엘리먼트 데이터의 소프트웨어는 18세 이상 미국인의 97퍼센트에 해당하는 사람들의 통신 데이터와 이메일, 소셜미디어 프로필, 신용카드 사용 등으로부터 나오는 정보를 모두 취합해 평균 3,500개 이상의 사용자 특성을 알아냈다. 크론은 "공식적 시장에서 각각의 특성을 이용할 수 있습니다. 구매는 누구나 가능합니다"라고 말한다.

엘리먼트 데이터는 무더기 데이터 속에서 이제 막 의사결정을 앞두고 있는 특정한 사람을 골라내는 고유한 알고리즘을 찾아낸다. 크론의 스타트업은 누가 SUV를 구입하고자 하는지 그리고 누가 바하마 여행을 계획하고 있는지 또는 누가 임신할 예정인지도 알고 있다. 또 누가 파트너와 결별했는지 혹은 새로이 사랑에 빠졌는지 등등 그때그때의 감정적 상황을 포착해 기록하고 있다. 데이터는 석 달마다 갱신된다. 그리고 각 개인들의 성명은 기록되지 않는다고 크론은 확실히 말하고 있다.

창업 후 약 1년 반 만에 엘리먼트 데이터는 손익분기점을 돌파하여 직원 수가 45명으로 늘었다. 본래 엘리먼트 데이터의 소프트웨어는 긍정 및 부정의 간단한 목록으로 시작된, 개인적 용도로 개발된 것이었다. 이렇듯 그 시작부터 스토리가 단순했기에 엘리먼트 데이터를 전형적 스타트업이라고 부를 수 있는 것이다. 누구나 이해할 만한 상황의 평범한 일상적 이야기는 굉장히 중요해 보인다. 그러한 상황으로부터 어떤 문제를 발견할 수 있고, 그것이 도전으로 이어진다. 스타트업은 그렇게 설립되는 것이다.

여러 번 스타트업을 설립해본 경험이 있는 크론은 건물 11층에 있는 자신의 사무실에서 벨뷰를 내려다본다. 인접한 마이크로소프트의 본사 건물이 바로 눈에 들어온다. 마이크로소프트는 과거 크론이 근무했던 곳이기도 하다. 시애틀과 실리콘밸리의 스타트업 창업자들의 전형적인 모습은 그들이 아마존이나 마이크로소프트, 구글 혹은 페이스북과 같은 글로벌 기업에서 일한 적이 있다는 것이다. 즉, 그곳에서 지도적 위치에 있었으나 실제로 큰 영향력을 발휘하지는 못했던 사람들이다. 다른 말로 하면, 크고 대단하고 엄청나게 파격적인 아이디어는 절대 그러한 대기업에 주지 않고, 자신만의 금고에 저장해놓는다는 말이다. 그런 까닭에 스타트업 창업자들은 대화를 시작하자마자 기꺼이 스스로 설립했던 스타트업의 숫자를 이야기한다. 뭐라고요? 벌써 세 번이나 스타트업을 설립했었다고요?

마이크로소프트 양로원

벨뷰 옆에 위치한 메디나는 워싱턴호를 끼고 시애틀을 마주보고 있다. 그곳에서 마이크로소프트의 창업자이자 자수성가의 상징인 빌 게이츠는 자신의 평범했던 부동산의 가치를 거의 1억

5,000만 달러 가까이 올려놓았다. 소프트웨어 거물의 본사는 그곳에서 약 13킬로미터 떨어진 레드먼드에 위치해 있는데 교통이 원활한 편이므로 15분 정도면 도착할 수 있다.

마이크로소프트의 캠퍼스는 200헥타르 면적에 세워진 100개의 건물로 구성되어 있는데, 숲 한가운데에 자리를 잡고 있으며, 나무 소재의 평범한 디자인을 채용하고 있어 마치 슈페사르트(독일 남서부의 산맥—옮긴이)에 있는 현대식 양로원을 합쳐놓은 것 같은 인상을 준다. 전 세계에서 근무 중인 직원 11만 4,000명 중 절반이 이곳에서 일한다. 직원들이 건물에서 건물로 회의를 하려고 이동할 때는 버스나 전기 택시를 이용할 수 있다.

건물 내부로 들어서면 보다 진취적인 인상을 받을 수 있다. 방문객들은 디지털 폭포나 3D 지도, 움직이는 조종석(조종석 모형처럼 보이는 장치에서 컴퓨터 작업을 한다) 그리고 미래식 설비를 완벽하게 갖춘 주택 등 다양한 구경거리들로 깜짝 놀랄 것이다. 미래식 주택 공간에서는 사진 촬영이 완전히 금지되어 있다. 물론 거기서 사진을 찍는다 하더라도 아마 이케아 카탈로그에 나온 사진과 그다지 큰 차이는 느끼지 못할 것이다. 일단 부엌과 거실에 단풍나무 마루가 깔려 있어 흡사 스웨덴의 가구 업체에 와 있는 느낌을 준다. 하지만 이런 자연 소재들에 하이퍼 테크놀로지를 첨가하여 포스트 유물론적 결합을 시도한 디자인이라고 표현하는 것이 맞을 듯하다. 전자식 게시판이 미리 콘서트 표를 주문하고, 가족과의 의사소통이 자동화되며, 부엌 벽에는 컴퓨터로 재배하는 식물이 걸려 있다. 쇼핑 목록이 이미 작성되어 있고, 모든 사진은 스크린에서 재생

된다. 거실은 더 파격적이다. 전체 벽면이 전자식 인터랙티브 스크린으로 되어 있어 아이들이 맘껏 그림을 그릴 수 있고, 동영상 감상 시 360도 파노라마 효과를 보여줄 수 있다. 이곳은 매우 인상적이어서 누구든 발을 들이면 한동안 움직일 수가 없을 정도다. 그런데 만일 그랬다가는 주위의 잡지들이나 21권의 책들 속에 '빅데이터의 인간 얼굴'이라는 표제와 함께 등장하게 될 수도 있다. 농담이 아니다.

마이크로소프트는 미래형 사무실로 변해가는 과도기의 모습도 보여준다. 이곳에서 컴퓨터는 더 이상 책상 위에 놓이는 것이 아니다. 즉 모든 업무가 거대한 태블릿 PC로 이루어진다. 어찌 보면 당연한지도 모르겠다. 플립차트 역시 인터랙티브 스크린으로 만들어져 있어 다른 회의실들과 네트워크로 연결할 수 있는데, 회의 중에는 당연히 다양한 장소의 모습이 360도 비디오로 전송되어 회의자들이 동시에 한 공간에 있는 느낌을 갖도록 해주는 것은 물론, 모든 관계자가 협의하면서 디자인이나 스케치를 하고 또 서류를 작성하거나 수정할 수 있다. 전체가 놀라운 기술 코타나나 알렉사와 연결되어 있다.

그런데 여기서 전체란 무엇일까? 그것은 스타트업과 어떤 관련이 있는 것일까? 또 마이크로소프트가 보여주려는 것은 무엇일까? 아주 간단하다. 마이크로소프트는 미래를 기념하고 있는 것이다. 그리고 스타트업들이 바로 미래다. 마이크로소프트는 여러 건물 구역에 엄청난 규모의 개발자 팀을 두고 함께 일하고 있다. 일종의 스타트업 도시를 만들어 독자적으로 팀을 육성하고 있는 것이다. 좋은 아이디어이지 않은가.

마이크로소프트는 그 고루한 양로원 같은 곳에서 시대에 뒤떨어지지 않으려 한다. 그리고 진취적 기상을 증명해 보이려 하고 있다. 그런데 그것은 오직 개방과 협력을 통해서만 가능하다. 4년 전 스티브 발머가 14년간 지켰던 CEO 자리에서 물러나고 사티아 나델라가 최고경영자가 된 이후, 마이크로소프트는 그 어느 때보다 더 자주 파트너들과 협력해 일하고 있다. 예를 들어, 이웃한 아마존과의 협력도 오직 긍정적으로만 받아들이고 있으며, 어도비Adobe와도 클라우드에 관해 협력하고 있다. 참고로, 사티아 나델라와 어도비의 CEO 샨타누 나라옌은 인도에서 같은 학교를 다닌 적이 있다. 재미있지 않은가? 그런 일이 있을 수 있다니, 인도는 생각보다 그렇게 크지 않은 나라인 것 같다. 레드먼드에서 중요한 주제는 이런 것들이다.

- ✓ 합병 디지털 업적의 결합
- ✓ 클라우드 클라우드를 이용하는 방향으로 움직이고 있는 출판 산업과도 관련이 있다.
- ✓ 보이스 음성 제어 및 가상 비서
- ✓ MR 증강현실AR과 가상현실VR의 합병현실Merger Reality
- ✓ 데이터 여전히 '새로운 석유'라고 여겨진다.
- ✓ 인공지능 현재 디지털 혁신가들 사이에서 유행하는 용어

솔직히 말해, 이 모든 주제가 전혀 놀랍지 않다. 마이크로소프트

가 미래에 제공해줄 수 있는 것이 과연 이뿐이란 말인가.

마이크로소프트의 팀들은 총 여섯 시간에 걸친 프레젠테이션을 진행하면서 블록체인 기술이라든가 지능형 클라우드 플랫폼 구축, 또 유지관리 요소 등 미래에 대한 진지한 아이디어를 논의한다. 한 스타트업 팀은 런피앱Run-Pee-App이라는 것을 개발했는데, 영화 감상 중 화장실에 가도 되는 타이밍을 알려주어 중요한 장면을 놓치지 않게 해주는 앱이다. "기계들은 인간의 그런 의사까지도 인식할 수 있어야 합니다"라고 제임스 휘태커는 말한다. 그의 티셔츠에는 '굉장한 일을 하라'라는 문구가 적혀 있는데, 이는 서부 해안 지역 사람들의 셔츠에서 유독 자주 볼 수 있다. 휘태커는 이제 겨우 시작일 뿐이라고 말한다. 기계학습은 인간을 도와 테러리스트를 식별해낼 수 있게 해주고, 기후변화를 막을 수 있게 해주거나 자살하려는 사람을 구해줄지도 모른다.

의견 교환으로 얻은 다양한 영역의 데이터를 취합하는 일은 마이크로소프트가 큰 비중을 두고 있는 업무에 속한다. 마이크로소프트의 자회사 링크드인은 그 작업을 특히 중요시한다. 링크드인의 본사는 샌프란시스코의 중심부인 2번 가에 있는데, 시애틀에서 비행기로 두 시간 거리다. 건물의 외관은 미술관을 연상시키며, 구겐하임 미술관이 좋아할 만한 로비를 갖추고 있다. 전 세계 31개 사무실에 1만 1,000명의 직원들이 200개 국가에 걸쳐 5억 명에 달하는 회원을 위해 애쓰고 있다. "글로벌 인력을 위해 경제적 가능성을 개발하십시오." 독일 출신 경영본부장 요헨 클라인크네히트는 직원들에게 그렇게 주문한다. 또 '전 세계의 전문가를 서로 연결해 보다 생산적이고 성공적인 결과를 만들어내는 것'이 링크드인의 사명이라고 말한다. 이 말은 마치 평화 선언처럼 들린다.

좋은 말이지만, 물론 이것은 마케팅의 어법이다. 그런데 우리가 알지 못하는 사이 링크드인과 마이크로소프트 아웃룩의 통합이 이미 시작됐다는 사실이 흥미롭다. 그렇게 되면 우리는 이메일을 받을 때마다 발송자가 어떻게 생겼는지 그리고 어떤 배경을 가지고 있는지 확인할 수 있게 된다. 다음 행보는 세일즈포스Salesforce와의 통합일 수 있다는 소문이 링크드인 내부에서 돌고 있다.

에어비앤비 유스호스텔

곧바로 또 하나의 진정한 스타트업을 살펴보자. 이 기업은 파괴적 혁신의 전형적 예로 여겨지는 한편, 기존 비즈니스 모델의 파괴자라고도 불린다. 바로 숙박 중개업체 에어비앤비다.

그사이 글로벌 기업으로 훌쩍 성장한 이 비즈니스 모델의 어떤 점이 그토록 획기적인 것일까? 베를린에 장벽이 아직 서 있던 때에도 숙박 중개업소는 존재했다. 물론 그때는 인터넷 거래를 할 수 없었지만, 지금은 또 인터넷 거래가 그리 특별한 장점도 아니다. 우리가 지금 실리콘밸리에서 사업 경영의 마법이 일으키는 그 무엇인가를 탐색하고 있다는 데 주목하자. 그러므로 에어비앤비는 우리에게 답을 주어야 한다. 에어비앤비는 확실히 놀랄 만한 한 걸음을 내디뎠기 때문에 그 답 역시 우리를 깜짝 놀라게 할 것이다. 데이터를 바탕으로 한 에어비앤비는 실제로 구텐베르크가 인쇄술을 발명했던 것과 같은 성과를 지속적으로 만들어내고 있다.

에어비앤비는 2017년 시범 프로젝트로 미국에서 허스트Hearst 출판사와 손잡고 서비스 홍보를 위한 잡지를 발행했다. 35만 부 중 20만 부는 회원들에게 배부되었고, 4만 부가 판매대에서 권당 4달러의 가격에 팔려 나갔다. 일부러 에어비앤비에 대해 다루지 않고, 독자로 하여금 여행에 대한 갈망을 불러일으키며 자극하고 꿈꾸게 하는 내용을 실었다고 한다.

에어비앤비의 오프라인 프로덕션 매니저 벤저민 카스만은 2015년 8월 31일 이후로 자신의 페이스북 페이지를 더 이상 업데이트하지 않고 있는데, 그의 표현에 따르면 '커피테이블 잡지'로 에어비앤비의 목표 집단을 확대하고 고객들의 직접 체험을 촉진할 수 있다는 아이디어를 신뢰하고 있다. 그 아이디어는 동영상 등 특별한 경로를 거쳐 디지털적으로 갱신될 예정이라고 한다. "잡지를 홍보에 활용하는 것이 브랜드에 도움이 됩니다"라고 카스만은 말한다. 그래서 2018년에는 미국판만 해도 네 번에 걸쳐 발행했고, 영국에서도 초판 발행을 목전에 두고 있다. 또 다음 해에는 유럽을 목표로 하고 있는데, 언젠가는 전 세계로 확대할 계획이다. 스타트업이란 바로 이런 식으로 만들어가는 것일까?

어쩌면 잡지를 활용하는 시도가 예상보다 더 대단한 것이었는지도 모른다. 이전에 스타트업들은 성공하기 위해 특히 디지털 측면을 심화하는 데 주력했다. 공교롭게도 파괴자라고 불리는 에어비앤비는 이 과정에서도 역시 파괴의 방식을 선택하고 있는 것이다. 인쇄를 멈추지 않고 있으니 말이다. 미디어를 이용한다는 사고방식, 소위 잘나간다는 비즈니스 모델이 우리를 깜짝 놀라게 하는 것은 바로 그런 이유일 수 있다.

에어비앤비의 새 사옥은 2017년에야 비로소 완공되었지만, 잡지가 인상적이었듯 새로운 회사 건물도 영감을 불러일으키는 외양을 갖추고 있다. 그 건물은 역사적으로 매우 흥미로운 곳에 자리 잡았고, 쇼플레이스 스퀘어Showplace Square로도 유명하다. 과거 그곳에서는 가구나 장식 그리고 장식품이 생산되었고 전 세계 사람들이 찾아와 거래를 했었다. 거래된 물품은 곧바로 기차에 실려 항구로 수송되었는데, 지금도 그 레일이 건물까지 이어져 있다.

그곳은 샌프란시스코나 실리콘밸리를 통틀어 최고의 장소다. 모든 회의실이 각각 다른 디자인으로 꾸며져 있는데 이집트, 멕시코 또는 상하이의 거실을 모방한 것이다. 협의 공간으로서 유목민 텐트와 볼풀을 마련해놓고 있으며, 동양적 소품과 낡은 폭스바겐 버스도 가져다놓았다. 이탈리아식 빌라의 원형을 충실히 재현해 지었고, 건물 최상층에는 심지어 완전한 형태의 목선까지 있는데 그 뱃머리는 뉴욕 구겐하임 미술관의 나선을 연상시키는 로비의 허공 위로 돌출되어 있다.

에어비앤비 본사 건물은 책상에 앉아 일할 필요가 없는 청춘들을 위한 일종의 유스호스텔이다. 여기 직원들은 랩톱을 꼭 안고 동료들과 함께 볼풀로 가서 편견에 사로잡히지 않은 아이디어를 떠올린다. 바로 여기서 스타트업의 맹아가 싹트는 것처럼 느껴진다. 젊은이들은 아무런 격식에도 얽매이지 않고 상상의 나래를 맘껏 펼칠 수 있을 것이다. 좋은 점도 없고, 나쁜 점도 없다. 단지 지금 이 공간만이 있다. 이런 공간이 에어비앤비에는 저기에도 있고, 거기에도 있으며, 또 저쪽이나 그쪽에도 있다. 모든 것이 그 건물에 반영되어 있다. 앞서 살펴본 대로 건물의 실내 디자인이 굉장히 색다르다. 그리고 바로 그 점이 에어비앤비라는 브랜드에 완벽하게 딱 들어맞는다는 것을 인정하지 않을 수 없다. 다들 본받아야 하지 않을까?

로봇을 위한 종합병원, 시냅스

미국의 서부 해안 지역에서 사람들을 놀라게 하는 것은 디지털 거대 기업들이 보여주는 성과만이 아니다. 이와 똑같은 일을 영세한 스타트업들이 해내고 있다는 점도 매우 놀랍다. 아직 생긴 지 얼마 되지 않은 회사들을 보아도 스타트업 문화가 과연 무엇인지 알 수 있거나 추측해볼 수 있으니 말이다.

시애틀 6번 가에 있는 시냅스Synapse는 마치 로봇을 위한 종합병원처럼 보인다. 다양한 색과 크기의 케이블 릴이 벽면을 가득 채우고 있고 그 사이에는 로봇의 손도 보인다. 그 외에도 전선들, 납땜인두, 플러그, 글루건 그리고 현미경과 3D 프린터, 핀셋, 전자레인지를 연상시키는 여러 장비가 수두룩하게 배치되어 있다. 또 여기저기 구석진 곳에서는 회색 덮개들이 보이는데, 은밀한 프로젝트가 진행되고 있으니 절대 접근하지 말라는 의미다. 오래되어 보이는 작업실과 최신식 기술이 뒤섞여 모든 것이 즉흥적으로 이루어진다. 이곳에서는 디지털을 잘 아는 여러 명의 다니엘 뒤젠트립(디즈니의 만화 캐릭터—옮긴이)이 상상력을 십분 발휘해 작업을 하고 있다.

안면 인식 기술의 가속화를 위해 힘쓰고 있는 약 100명의 직원이 이곳에서 기계들과 관련된 가상학습 방법을 개발하고 있다. 그러나 무엇보다도 사물인터넷을 위한 발명이 이루어진다는 사실이 중요하다. 예를 들면, 2017년 도플러 원Doppler One이라는 제품이 시장에 출시되었는데 그것은 일종의 보청기로 앱을 경유해 주파수를 조절함으로써 잡음을 제거해주는 장치였다. 또 유용한 데이터를 읽어주는 티켓 판독기도 개발했으며, 필립스 헬스케어를 위한 앱으로 작동 가능한 칫솔이나 나이키를 위한 웨어러블 장치도 발명했다. 과거 언젠가 시냅스의 기술자들이 한 걸음 한 걸음마다 데이터를 생산해내는 인터랙티브 운동화 개발을 시도한 적이 있는데, 16개월이라는 개발 기간과 거액의 비용만 쓰고는 결국 실패하고 말았다.

시냅스 같은 기술 지향적 스타트업의 등장은 인상적이다. 쉽게 말해 주문형 스타트업이라 해도 좋을 것이다. 그들은 독창적 아이디어를 도전적 실험과 결합해 주문받은 상품을 개발한다. 다시 말해 글로벌 기업들을 위해 납품 기한 내에 놀라운 발명품을 만들어내는 스타트업 안의 스타트업이다. 글로벌 기업들에는 비교적 적은 비용과 최소한의 위험으로 경쟁력 있는 팀을 확보할 기회가 되고, 스타트업 입장에서는 기본 소득을 보장받음으로써 자금 조달처 확보에 대한 압박에서 어느 정도 벗어날 수 있다는 이점이 있다.

과시형 인간을 위한 빅브라더

실리콘밸리를 품고 있는 시애틀과 샌프란시스코는 퍽 별난 사람들을 끌어당기는 매력이 있다. 예를 들어 누군가가 게이머를 관찰하는 것이 꽤 흥미로운 일이라 생각한다 해도, 여기에 장난으로라도 맞장구쳐줄 사람은 없을 것이다. 2011년 등장한 스타트업 트위치Twitch는 진정한 스타 게이머들을 양성해냈다. 현재 스타 게이머들은 팬클럽도 보유하고 있다. 그렇다. 스타트업들은 가끔 다른 이라면 꿈도 못 꿀 시장을 창조해내고 있음을 인정할 수밖에 없다. 컴퓨터게임을 구경하는 사람들을 이용해 돈을 벌다니! 어떻게 그런 생각을 할 수 있을까?

약 1년이 지나자 트위치는 이미 매달 4,500만 명의 게임 시청자를 확보한 것으로 나타났고, 스타트업 창업 후 3년이 흐른 2014년 말에는 아마존이 주로 비디오게임 방송에 이용되던 트위치의 실시간 동영상 스트리밍 사이트를 9억 7,000만 달러에 사버렸다. 트위치의 공동 창업자이자 최고운영책임자인 케빈 린Kevin Lin은 "사람들은 능수능란한 게이머들을 구경하는 것을 좋아합니다"라고 말한다. 트위치는 게이밍 시대의 소셜네트워크다. 그들은 이미 오래전부터 직접 게임도 개발해왔고, 자금 확보를 위한 다수의 광고 플랫폼도 물론 구축해놓고 있다. 협력업체들은 스트리밍 서비스에 광고를 넣을 수 있는데, VIP 회원은 광고를 보지 않고도 게임 동영상을 감상할 수 있다.

그런데 게임이 진짜가 됐다. 2016년 말부터 IRLin real life 메뉴에서 개인의 실제 일상생활을 공유하고, 그것을 소재로 대화를 나누는 것이 가능해졌다. 과시하기 좋아하는 사람들을 위한 빅 브라더(조지 오웰의 소설 《1984》에서 유래된 말로 독재 권력을 의미—옮긴이)가 된 것이다. 독일에서는 아직까지 트위치의 인지도가 높지 않지만, 미국에서는 넷플릭스, 구글 및 애플 다음으로 유명한 데이터 통신 회사다.

트위치는 끊임없이 새로운 아이디어를 새로운 사업과 접목하는 스타트업의 예다. 게이머들을 위한 다양한 이벤트도 계속 생각해내고 있다. 즉, 아무리 황당무계한 아이디어일지라도 3년 안에 10억 달러 가까운 돈을 벌어줄 정도로 성공시킬 수 있음을 보여주는 사례다. 트위치는 2017년에 게임 동영상 스트리밍 서비스로 10억 7,000만 달러를 벌어들임으로써, 7억 달러를 번 유튜브를 앞지르는 데 성공했다. 트위치는 게이머를 매출을 올리는 데 활용하고 있다. 즉, 유능한 게이머는 관람료를 내놓는 자신만의 팬을 보유하고 있다. 트위치에서 게임 동영상을 공유하고 있는 드레이크 같은 팝스타나 연예인들은 수백만 명의 시청자를 끌어들여 수백만 달러의 매출을 올려주고 있다.

어떤 스타트업이 성공하고 또 어떤 스타트업이 실패할지는 판단하기 어렵다. 1995년 시애틀에 설립된 마드로나 벤처스Madrona Ventures 같은 거물급 벤처캐피털리스트가 그 분야에서는 전문이다. 마드로나는 아마존의 초창기 투자자들 중 하나였고, 그 투자는 확실히 성공적이었다. 금융업자들은 어떤 스타트업이 창업한 지 12개월만 지나면 성공할지를 알아본다고 한다. 그러므로 늦어도 18개월 내로 성패에 대한 판정을 내린다. 마드로나의 공동 창업자인 댄 리Dan Li는 스타트업들의 3분의 1은 수익을 내고 있다고 주장한다.

미국 서부 해안 지역에서 프레젠테이션을 잘할 수 있고, 달변에 능한 사람은 미래가 아주 밝다. 따라서 아이디어를 가진 사람은 상대방에 대한 관심을 표현하기 위해 이렇게 말한다. "다음에 또 봅시다!"

실리콘밸리 투어로 배운 것

이제까지 실리콘밸리에 대해 살펴보았다. 이곳을 어리석은 계곡Sillycon Valley이라 조롱하는 사람도 적지 않다. 그렇다면 이 같은 추측이 난무하는 계곡에서 우리가 실제로 배울 수 있는 것은 무엇일까? 어째서 실리콘밸리가 스타트업 문화의 기준이 되는 것일까?

《빌트》의 전 편집장 카이 디크만은 2012년 팰로앨토를 방문했을 당시 우선순위의 변동에 관한 이야기를 한 적이 있다. 자신의 편집국에 기술자, 즉 기자 대신 프로그래머가 더 필요하다는 사실을 깨달았다는 것이다. 또 기사를 작성할 때 전통적 의미의 저널리스트는 이제 절대적으로 필요한 존재가 아니라고도 말했다. 디크만의 말을 해석하자면, '사용자 유래 콘텐츠', 다시 말해 독자가 직접 지껄여대는 헛소리들이 실제로 《빌트》 지에 실린 것보다 더 수준 높은 글일 수도 있다는 말이다. 그것이 디크만이 실리콘밸리 방문을 통해 배운 것이었다.

사용자가 직접 작성하는 기사들 말고도 미디어 분야에서 은밀히 이루어지고 있는 발전은 또 있다. 바로 표절이다. 이런 종류의 저널리즘은 세련된 표현으로 '뉴스 큐레이팅'으로 일컬어진다. 즉, 저널리스트가 힘들게 조사한 기사를 그대로 복사해 자신의 소유물로 만드는 것이다. 그러나 완벽하게 표절하는 것도 아니고 오로지 핵심만 가져가 친절하게도 원래 출처를 인용한다. 물론 인용하는 것 자체가 나쁜 것은 아니다. 하지만 타인의 탐구와 편집에 대한 노력을 무시하고 비즈니스 아이디어로서 뉴스 큐레이팅에 사용하는 것은 명백히 범죄의 테두리 안에 들어가는 것이다. 사용자 유래 콘텐츠와 뉴스 큐레이팅이라는 두 가지 플라세보 저널리즘 방식과 가짜 뉴스들이 바로 언어의 바실루스균을 훨씬 더 빠르게 퍼뜨릴 수 있음은 자명하다.

물론 오래전부터 스타트업도 그런 방식으로 형성되어왔다. 예를 들어보자. 스마트 뉴스Smart News는 2012년 일본에서 먼저 설립되긴 했지만 몇 년 후에는 미국으로도 진출한 회사다. 짤막한 미디어 뉴스를 취급하는데, 뉴스의 원래 출처인 피해자들을 친절하게 파트너라 칭하면서 그 대가로 용돈을 주고 있는 셈이다. 이에 대해서는 이다음에 이어지는 내용 '일본의 에덴동산'에서 더 자세히 살펴볼 참이다. 아무튼 스마트 뉴스의 비즈니스 모델은 마치 파트너의 주머니에서 지폐가 두둑이 든 돈지갑을 꺼내서 쓰고는 파트너에게 거스름돈을 돌려주며 달래는 것처럼 보인다.

2011년 말 캘리포니아에 설립된 스타트업 서카Circa는 훨씬 더 심하다. 창업자 맷 갤리건은 "우리는 통신 분야의 CNN이 될 것입니다"라고 말한다. 이것이야말로 진정 어리석은 계곡다운 사고방식이 아닌가? 간단히 비교해보자.

- ✓여러 출처에 따르면 서카는 11~50명의 직원을 고용하고 있었다. 그사이 더 많아졌을 수도 있다.
- ✓CNN은 1980년에 220명의 직원을 데리고 시작했지만, 현재는 전 세계적으로 약 1,500명의 정직원을 고용하고 있으며, 별도로 굉장히 많은 프리랜서와 특히 숙련된 저널리스트 인맥을 보유하고 있다.

CNN이 현장에 나가 직접 조사와 투자를 하는 반면, 서카는 주로 베끼는 수준에 그친다.

마음에 들지는 않지만, 갤리건이 부적절한 발언을 한 것은 아니다. 한번 상상해보자. CNN은 마치 밤에도 주말에도 쉬지 않고 공부해 좋은 점수를 받는 성실한 학생과 같다. 반면 서카는 아무것도 개의치 않고, 시험 시간에는 CNN 옆에 앉아서 좋은 성적을 얻기 위해 커닝을 하는 학생이다. 과장이 심하다고 생각하는가? 전혀 그렇지 않다. 《쥐트도이체 차이퉁》이 언젠가 서카를 방문한 적이 있는데, 아침 시간이었음에도 불구하고 그곳에는 단 한 명의 기자만 근무하고 있었다고 한다. "사업을 하고 있는 척하는 것이다. 일종의 쇼윈도처럼……. 실리콘밸리에서는 콘텐츠가 무시당하는 일이 매우 빈번하게 벌어진다."

디크만은 어쨌든 처음에는 실리콘밸리에서 배운 것에 대해 별다른 이야기를 하지 않았다. 많은 이가 그의 실리콘밸리 견학이 악셀 스프링거 그룹을 위한 홍보 전략이라며 비웃었던 것이 조금도 놀랍지 않다. 물론 거기에는 질투도 담겨 있다. 그러나 오랫동안 지켜본 결과, 디크만의 순례길은 기대에 못 미치는 성과를 낸 것으로 보인다. 그럼, 그 결과를 살펴보자.

디크만은 몇 년 동안 여전히 네트워크 달변가로서 인정받았다. 몇몇 강연회에도 등장했다. 미디어 업계는 실리콘밸리에서 온 메시아가 전하는 말을 경청했다. 앞날을 위한 작은 약속에도 사람들은 큰 희망을 품었다. 그리고 실리콘밸리가 걸어놓은 거룩한 마법의 본질은 정확히 그것이다. 즉, 실리콘밸리가 남긴 인상이 이곳에 전달되어 미래를 위한 요리의 재료가 되는 것이다. 이곳에서 추가되는 요리의 재료는 단지 물뿐이다.

《디 차이트die Zeit》에 따르면, 디크만은 2017년 실리콘밸리의 택시 서비스 제공자 우버와 유럽 사이에서 '문화적 통역' 역할을 담당할 중재자가 되기로 결심했다고 한다. 결국 경영자가 환상에 빠져 실리콘밸리 여행을 다녀온 후 얻게 된 것은 단지 헝클어진 수염과 후드스웨터 그리고 운동화뿐인 것인가.

왕들의 계곡을 지배하는 군주주의 메커니즘

실리콘밸리를 지배하는 사고방식은 많은 것을 말해

준다. 실리콘밸리의 스타트업 성향을 사회적인 것이라고 생각하는 사람은 개인의 발달 단계로 치자면 사춘기는 아주 멀고, 심지어 세 살 아이를 우러러보아야 할 정도임에 틀림없다. 단지 페이스북과 스냅챗, 인스타그램이 소셜미디어라고 불리는 것이지 그 뒤의 경제와 관련된 생각은 사회적 기업가 정신과는 무관하기 때문이다.

페이팔Paylpal의 공동 창업자이자 스타트업 전문가인 피터 틸Peter Thiel이 블레이크 매스터스Blake Masters의 도움을 받아 펴낸 《제로 투 원Zero to One》을 언급하는 것이 도움이 될 것 같다. 피터 틸은 실리콘밸리를 지배하는 자의 거울 속 모습을 암시하는 '우리는 공산주의적인 〈스타트렉〉보다 자본주의적인 〈스타워즈〉를 선호한다'라는 문장에서 굉장히 솔직하게 자신의 정치적 태도를 표명하고 있다.

독일 국영방송은 그 책에 대해 논평하면서 작가가 시종일관 사회적 기업가 정신을 질책하고 있다고 말한다. 고용 및 해고의 원칙(독일이 시행 중인 불공정한 해고로부터 직장인을 보호하는 원칙—옮긴이)이여, 영원하라. 미국의 사회망은 너무 엉성해 직장에서 한번 운이 없었던 사람은 종종 그 운을 붙잡을 기회를 얻지 못한다. 심지어 오바마 케어 같은 연약한 어린 식물조차 싹을 틔운 지 얼마 되지도 않아 잔인하게 짓밟혔다고 알려져 있다. 그리고 실리콘밸리는 모든 직원에게 미소를 지어주지만, 만약 직원들이 일의 성과를 내지 못하면 그 웃음을 거두어버린다. 직원에게 실제로 책임이 있든 없든 그것은 상관이 없다. 그리고 자비란 없다. 당장이라도 책상을 비워야 한다. 유감스럽게도 오늘 당신을 위한 풍선은 없네요!

사회적 안전장치는? 어림도 없다! 나이가 몇인지, 회사에서 얼마나 오래 근무했는지는 전혀 상관하지 않는다. 심지어 그동안 회사의 성공에 얼마나 큰 기여를 했는지도 따지지 않는다. 중요한 것은 지금이다. 그리고 만일 지금의 순간이 잠깐이라도 쓸모없어지면, 어제까지의 성공은 오늘 전혀 인정받을 수 없다. 어떤 직원이 그 가치를 인정받지 못하는 순간, 자본주의 권력은 그 이빨을 드러낸다. 사무실마다 놓인 탁구대는 동물원의 원숭이 우리에 있는 인조 덩굴식물과 다름없는 것이다.

실리콘밸리에 있는 기업들의 가장 중요한 목표는 매년 높은 수익률을 확보하는 것이다. 심지어 피터 틸도 인정하듯 다른 모든 것은 중요하지 않다. 사회적 책임이라든가 지속성, 자원, 환경 등은 고려하지 않는다. 테슬라와 양심이 결여된 자율주행차의 위선적 태도는 더욱더 놀랍다. 기후변화로 인한 재앙도 그저 가상의 세계나 극장에만 존재하는 듯 여긴다. 즉, 기후나 감정 그리고 지성과 같이 경제에 해가 되는 것은 그게 무엇이든 심각한 문제로 다루지 않는다.

왜냐하면 실리콘밸리는 왕들의 계곡이기 때문이다. 독일 국영방송은 계속해서 다음과 같이 말한다. “사람들은 현대의 왕들이라 불리는 존재들을 숭배하고 모욕한다. 그러나 기업들은 아무리 별나고 기이하다 해도 창업자를 필요로 한다.” 왕들이란 곧 군주들이다. 따라서 틸은 독점을 숭배한다. 왜냐하면 경쟁은 최소한의 이윤만 허락하기 때문이다.

왕들의 계곡을 비유적으로 매우 훌륭하고 진실하게 설명하고 있으므로 독일 국영방송의 논평을 그대로 발췌해 인용하려 한다. ‘혁신을 믿고 있는 실리콘밸리 기업가들의 단순함을 알고자 하는 사람은 분명 그것을 발견해낼 수 있다. 피터 틸과 공동 저자 블레이크 매스터스는 진부함과 탁상공론에 빠져 있으며, 포스트잇 메모에 적기 좋은 기본 원칙들을 나열할 뿐이다. 그리고 솔직히 말해, 굉장히 일차원적이다. 아마 사람들은 스타트업 투자를 위한 조사 분석 과정에서 트위터의 도움을 받아야 한다고 추론할 것이다. 어쨌든 추론은 허점이 많고 일관적이지 않다.'

과거 일본의 스타트업

스타트업 열풍이 단지 실리콘밸리에서만 불고 있는 것은 아니다. 이스라엘에도 꽤 한참 전부터 스타트업 중심지로 여겨진 텔아비브가 있고, 또 스타트업 관광객이 많이 찾는 비슷한 위상의 도시도 있다. 그리고 미국 서부 해안 지역에서 나이가 좀 있는 사람들이 서핑보드를 눈앞에 두고 앉아만 있을 때, 진정한 전문가들은 싱가포르를 찾아가고, 그보다 더 수준 높은 전문가들이라면 이미 예전보다 훨씬 더 미래형으로 변모한 상하이를 방문한다.

서쪽으로 간 사람은 누구든 동쪽에서 온다. 뚱딴지처럼 들리겠지만, 이 격언은 아래 사실을 말하는 것이다. 얼마 전까지만 해도 일본은 모든 기술혁신의 본보기로 여겨졌다. 소니Sony는 워크맨을 만들어냈고 또한 바이오Vaio 등을 강력한 브랜드로 성공시켜, 1980년대의 애플이었다. 당시 극동이라는 말은 진보와 동의어였다.

그러나 이미 오래전에 그 주도권을 극서 지역이 넘겨받았다. 이제는 실리콘밸리가 디지털 전환과 관련 있는 모든 것에서 세계의 중추로 여겨진다. 일본은 서쪽의 일반적 기업 문화에 결코 그러한 정도의 거대한 영향을 미쳤던 적이 없다. 하지만 여전히 일본으로부터 생각보다 많은 자극을 받고 있다. 애플의 창업자 스티브 잡스가 일본 기업 소니의 영향을 받아 터틀넥을 입은 것이 그 시작으로, 페이스북의 창업자인 마크 저커버그도 즉시 그것을 따라 했다. 일본의 스타트업 영역으로부터 어떠한 영향을 받고 있는지 알아보기 위해 이제 벚꽃이 피는 나라로 시선을 돌려야 할 것 같다. 도쿄는 인구 3,500만 명인 세계에서 가장 큰 도시다. 일단 일본과 친해지기 위한 시도부터 해보자.

도쿄에서 단번에 방향을 잡기란 보통 어려운 일이 아니다. 신주쿠시에는 교통표지판이 충분히 설치되어 있지 않다. 일본 글자들은 천장과 기둥, 벽들에 빽빽이 쓰여 있고 모든 방향에서 튀어나온다. 대부분 디지털로 작동하며, 점멸하는 중간중간 잠깐씩 신뢰할 수 있는 로마자가 나타난다. 러시아워에는 3만 명 넘는 사람들이 도쿄 서쪽에 위치한 미로 같은 신주쿠역을 이용한다. 매분 3만 명의 사람들이 마치 컴퓨터가 제어하는 것처럼 14개의 지하철 노선 및 도시철도 노선, 또 사방에서 36개 선로 위를 달리는 셀 수 없이 많은 기차를 통해 이동하고 있다. 분주하게 움직이는 군중 한가운데에 서 있노라면 쳐다보고만 있어도 길을 잃어버린 기분이 든다. 세계에서 가장 큰 이 역에는 200개의 출구가 있지만 그 위치를 알지 못하는 사람이라면 거의 찾을 수가 없다. 그렇지만 모든 것이 서로 잘 들어맞고 정확히 조직되어 있다.

일본을 강대국으로 만든 것은 그런 완벽함일까? 그 조직력이 기술적 진보에 자주 반영되는 것일까? 스타트업과 새로운 미디어에는 어떠한 영향을 미쳤을까? 여기서 다시 독일잡지발행인협회의 작은 파견단이 바로 그 점을 체험하려 한다. 환영합니다. 아니, 이렇게 말하는 편이 낫겠다. 곤니치와('안녕하세요'란 의미의 일본어 인사말—옮긴이), 디지털 출판업자들과 함께 여행을 떠나봅시다.

스타트업을 방문하기 전에 먼저 전통 미디어에서 출발하자. 출발지는 아사히신문사라는 미디어 회사다. 매일 아침 거의 700만 부의 신문을 찍어내 팔고 있으며, 밤에 200만 부와 300만 부를 추가로 발간해 판매한다. 1879년 원래 황색신문(저속하고 선정적인 기사를 주로 다루는 신문—옮긴이)을 발간하려고 설립된 아사히신문사는 발간부수가 세계 2위인 일간 신문이다. 1위는 요미우리신문으로 역시 도쿄에 위치하고 있으며, 일간 판매부수는 1,200만 부로 그중 900만 부 이상이 아침에 팔려 나간다. 이는 공교롭게도 오늘날에도 인쇄 신문이, 스타트업이 간절히 원하는 세력 범위를 여전히 확보할 수 있음을 의미한다.

아사히신문사로 가기 위해 쓰키지시죠築地市場역에 내리면 세계에서 가장 큰 수산물 시장인 쓰키지 시장의 나란히 늘어선 생선 판매대에서 악착스럽고 끈질기게 풍겨오는 비린내가 먼저 반겨준다. 인접한 현대식 신문사는 은행들과 보험회사들 사이에서 좋은 위치를 차지하고 있다. 멀지 않은 곳에 있는 48층 건물은 거대 광고 대행사 덴쓰dentsu이다. 입구에는 2015년 3월 9일에 신문사를 방문했던 앙겔라 메르켈 총리의 사진이 커다랗게 걸려 있다. 라이언 다케시타는 환영식이 끝나자마자 "신문은 아직 죽지 않았습니다"라고 말한다. 다케시타는 신문사를 디지털 미래로 이끌어갈 미디어 연구실의 책임자로, 이제 신문은 새롭게 재정의되어야 한다고 주장한다.

또한 진부하게 들리지만 신문사의 본질이 '정보 수집'에 있으며, 수집된 정보들로 독자에게 지식을 전하는 이야기를 만든다고 말한다. 하지만 아사히가 단순한 이야기만 작성하는 것은 아니고, 유치원 부지 조성에 관한 정보든 지진이나 반려동물에 관한 정보든 상관없이 '데이터 저널리즘'을 촉진하고 있으며, 2020년 도쿄 올림픽 게임을 위해서도 데이터뱅크를 준비하고 있다고 말한다.

글쎄, 그다지 혁신적이고 미래적으로 들리지는 않는다. 그런데 그 아사히 제작자는 계속해서 '소셜 유래 콘텐츠', 즉 소셜미디어를 통해 정보를 제공하는 독자들에 대해 설명한다. 카이 디크만이 실리콘밸리에서 배웠어야 했던 것과 달리, 일본인들은 사용자가 미디어를 채우기를 바라지 않고, 저널리스트 팀이 내용을 제어하기를 원한다고 한다. 그 점은 미국의 가짜 업체들과 비교할 때 매우 중요하면서도 동시에 멋진 차이 아닌가. 예를 들어, 어째서 경찰차들은 항상 깨끗한지에 관한 질문이 소셜미디어에 올라오면 신문 편집자들이 즉시 조사에 착수하는 것이다. 아사히신문사는 새로 구축한 크라우드펀딩 플랫폼에 큰 기대를 걸고 있다. 특히 디지털 시장에 새로운 비즈니스 모델을 소개하는 경우 온라인보다 인쇄된 신문이 더 많이 활용된다. 그 일간지의 종이 버전은 잠재적 투자자에게 더 높은 신빙성을 준다.

그것이 일본이 앞으로 보여줄 미래일까? 혹은 과거가 될 것인가?

인쇄된 신문이 기초로서, 즉 1차원적 토대로서 스타트업이 투자를 받는 데 도움이 될까? 일본은 미디어의 디지털 전환을 통해 보여주어야 할 모습을 오랫동안 보여주지 못했다. 확실히 소니나 테크닉스Technics, 히타치Hitachi 등 예전의 세계적 브랜드들이 그 가치를 잃어버린 지도 꽤 오래되었다는 사실이 눈에 띈다. 여기 자국에서조차 말이다.

실리콘밸리가 사실상 시각적인 면에서 아주 우직하고 순박한 모습을 보여주는 반면, 이곳은 소수의 오피스 빌딩만으로 디지털 세계 패권이라는 권력을 기념하고 있다. 도쿄는 건물이 끝도 없이 나란히 줄 서 있는 뉴욕 같은 느낌을 주며, 또 서로 경쟁하는 듯한 고층 건물들과 두 개의 마천루로 구성된 시청 청사, 빛나고 번쩍거리는 전자상가들로 초현대적인 인상을 선사한다.

"일본은 그동안 나이 든 주역들이 회사를 떠난 문제로 괴로워하고 있습니다"라고 듀크 창은 말한다. 그리하여 현재는 소심한 새로운 경영진 세대가 영향력을 발휘할 수 있는 자리에 앉아, 일본은 완전히 원칙주의적인 나라가 되었다고 비판한다. 게임 제작사 타이토Taito에서 마케팅을 담당하고 있는 창은 하와이 토박이로 일본인과는 어쩔 수 없는 거리감이 있을 것이다. 그럼에도 불구하고 일본인을 동포나 마찬가지로 잘 이해하고 있다. 창은 일본 사람은 정확하고 신뢰할 만하다고 설명한다. "일본 사람에게 겉모습은 중요하지 않습니다. 그렇지만 그들은 새로운 생각을 거의 관철할 수가 없습니다. 왜냐하면 누구도 위험을 감수하려 들지 않기 때문입니다. 누구도 주목받는 것을 원하지 않고, 모두들 로봇처럼 일합니다. 또 일본인들은 시간을 낭비하지 않고 싶어 하며 그래서 너무 빨리 행동합니다." 이 말은 사실이다. 도쿄 23구 중 한 동네를 느릿느릿 거닐어보면 멈추지 않고 바쁘게 이동하는 군중과 부딪치기 일쑤다. 어두운 색상의 옷을 입고 쉬지 않고 뛰는 듯 헤치며 지나가는 사람들. 익숙해지려면 시간이 좀 필요한 그림이다.

유일한 예외는 시의 북쪽에 있는 도게누키 지조とげぬき地蔵 거리다. 그곳에서는 참선의 일종인 느림의 깨달음을 얻을 수 있다. 스가모 정류장으로부터 그리 멀지 않은 그곳에서 은퇴 후 연금 생활자들을 주 고객으로 삼고 있는 유일한 쇼핑가는 수백 미터쯤 지나야 만날 수 있다. 그 쇼핑가는 일본에 있는 모든 종류의 약과 휠체어 그리고 단조로운 의류를 파는데, 말하자면 일본의 바트 뵈리스호펜(독일 바이에른주에 있는 온천 도시—옮긴이)이다. 딸깍거리는 지팡이 소리를 들을 수 있다는 점도 비슷하다. 노인들은 매달 4일, 14일, 24일이 되면 온천이 있는 절의 경내 좁은 보행로로 곧장 모여든다. 숫자 4는 곧 죽음을 의미하므로 날짜를 바꿔야 하지 않을까.

이곳과 완전히 반대되는 모습을 한 도시는 동부에 위치한 하라주쿠역에서 발견할 수 있다. 좁은 거리인 다케시타도리竹下通り에서는 18세 이상의 젊은이들이 그 정신없는 거리의 목표 집단에 들어간다. 이 거리에는 가라오케 문화를 위한 노래방과 아울러 세련된 의상과 헬로 키티 오락기 등이 준비되어 있다. 사춘기 청소년들이 주로 모여드는 이곳에서 각종 브랜드가 신상품을 테스트한다. 어쨌든 그런 방법은 혁신적이고, 동시에 스타트업의 과장된 태도와는 거리가 먼 것 같다. 또한 젊은 고객은 소위 '안테나숍'에서 실

험 대상자로 이용된다. 원래 이 안테나숍들은 20년 전 지역 상품을 홍보할 목적으로 생겨난 것이다. 이들 가게 중 다수는 후쿠시마 지역에서 나온 물건도 거래하고 있다. 더 자세히 살펴보자.

목표 집단의 거리, 이곳은 그런 명칭으로도 불린다. 앞서 언급했듯 도쿄는 3,500만 명이 거주하는, 세계에서 가장 큰 대도시이지만 건물마다 주소판을 찾기 어렵고 거리명도 잘 보이지 않는다. 몇몇 중심지의 명칭은 1964년에 개최된 도쿄 올림픽 때 정해진 것이었다. 그 밖에 호텔이나 사무실을 찾아가는 것도 운이 좋아야 가능하다. 주소는 쓰키지 지역 5-3-2에서 보듯 숫자 체계로 이루어져 있는데, 도쿄에서 더 정확하게 표현하려면 그 위에 104-8011을 보태야 한다. 이 장소는 바로 아사히신문사가 있는 곳이다. 한 지역 내에서 번호는 건물들의 준공 연도에 따라 정해진다는 것을 기억해야 한다. 이 결점 때문에 도쿄의 회사들이 건물 외부 정면마다 전광판을 설치해 그 존재를 알리려 하는가 보다. 마치 빛을 뿜어내는 거대한 크기의 명함을 연상시키는 각 건물의 명칭이 '나 여기 있어요!'라고 절규하는 듯하다.

마침내 진정으로 혁신적인 일본의 스타트업을 찾아가려면 좀 더 도시를 헤매야 한다. 상점들이 양쪽으로 늘어선 거리에 설치된 확성기에서는 시끄러운 음악이 진동하는 반면, 모든 지하철역에서 감성적 분위기의 일본 음악이 흘러나와 거대한 플립게임(슬롯머신의 일종—옮긴이) 속 핀볼이 된 기분이 든다. 많은 사람이 타인에게 감기를 옮기지 않기 위해 마스크를 착용한다. 그보다는 이명증 예방을 위한 귀마개를 가지고 다니면 더 좋을 텐데.

정확히 하라주쿠 아크네 지역과 쇼핑의 중심지 시부야 사이에 위치한 새로운 미디어들 중 가장 유명한 업체인 스마트 뉴스가 보인다. 스마트 뉴스가 위치한 진구마에다이神宮前第 빌딩은 도쿄에서 가장 화려한 자동차 매장 건너편에 있다는 것만 알고 있으면 쉽게 찾을 수 있다. 아우디Audi는 유리성을 떠올리게 하는 초현대적 디자인의 장점을 십분 활용하고 있다. 2006년에 문을 연 이 빌딩은 '빙산'이라는 명칭으로 불리며, 거의 모든 도쿄 시민이 그 명칭을 알고 있고 그것을 독일어 슬로건 '기술을 통한 진보'와 연결 짓는다.

스마트 뉴스는 전형적인 스타트업으로 뮌헨 슈바빙München-Schwabing에 있는 보통의 아파트 안에 위치한 회사처럼 보인다. 그러나 실내는 마치 팰로앨토에 있는 스타트업의 복사판처럼 꾸며놓았다. 한쪽 구석에는 스낵바가 마련되어 젊고 개성 있는 직원이 무료로 영양 보충을 할 수 있다. 약 5×10미터 크기의 공간에는 직원들이 앉을 수 있도록 해먹이 계단식으로 여러 개 설치되어 있다. 단지 쿨할 뿐 특별할 것 없는 인테리어다. 그저 스타트업이라는 느낌만 주는 것이다.

앞서 언급한 바와 같이 스마트 뉴스는 기사들을 모아놓는다. 2012년 일본에서 사업을 시작했으며 그 3년 뒤에는 미국에도 진출했다. 일본에서는 100개 이상의 미디어 회사들과 파트너 관계를 맺어 협력하고 있다. 전통적 미디어에 트래픽을 가져다주는 발전기라 할 수 있다. "거기서 돈은 왔다 갔다 하지 않습니다"라고 말하는 스마트 뉴스의 경영인 아쓰오 후지무라는 사업 개발을 담당하고 있다.

스마트 뉴스의 비즈니스 모델은 이렇다. 미디어 파트너는 각각 고유의 채널에서 판매하는 광고로 수익을 얻는다. 그리고 하나의 미디어로 특정되지 않는 콘텐츠에는 스마트 뉴스가 직접 광고를 넣어 판매한다. 스마트 뉴스 앱의 다운로드 횟수는 1,400만 건에 달하고 1억 2,600만 명이 스마트 뉴스 회원으로 가입되어 있으며, 실제 이용자는 500만 명 이상이다. 그런데 이 스마트 뉴스의 아이디어도 플립보드Flipboard 앱과 흡사한 것을 보면, 역시 완벽하게 혁신적인 것으로는 보이지 않는다.

미래의 일본을 발견하기 위해 다음으로 이제 막 70주년을 맞은 유서 깊은 출판사 가도카와로 가보자. 가도카와는 짙은 색 유리창으로 이루어진 현대식 고층 빌딩 안에 위치해 있다. 이곳의 회의실은 모두 세계에서 가장 높은 산의 이름에서 따왔다. 나는 유럽 사람이므로 몽블랑이라는 회의실로 들어가본다. 집행 임원 오사무 오타가 포함된 9명의 중역과 12명의 손님이 매우 천천히 명함을 교환하고 있다.

곧이어 가도카와 경영진이 두 가지 주제로 발표한다. 바로 d매거진과 조지아Georgia이다. d매거진은 레들리Readly와 유사한 시스템으로, 인터넷을 통해 잡지를 배포하는 정액제 서비스다. 레들리가 독일에서 1,300여 종의 외국 잡지와 200여 종의 독일 잡지를 매달 9.99유로에 제공하는데, 일본에서는 유로로 환산해 매달 4유로 정도에 50개 가까운 출판사로부터 153종의 잡지를 제공받는다.

가도카와의 두 번째 혁신 주제인 조지아는 젊은 세대의 휴대폰에 매주 무료로 배포해주는 휴대폰용 라이프스타일 잡지다. 애틀랜타(미국 조지아주의 주도—옮긴이)라는 이름으로 이미 예상하고 있을 수도 있겠지만 조지아는 코카콜라의 자금 지원을 받고 있다. 조지아 서비스는 전형적인 휴대폰용 CP 상품이며, 2018년 현재까지 다운로드 횟수는 1,500만 회에 달한다. CP는 기업 출판Corporate Publishing의 약어로, 유료 내용물 혹은 고대 독일어로 표현하자면 일반 기사나 보도 속에 끼워 넣는 불법 광고를 의미한다. 물론 조지아는 스마트폰에서만 서비스가 가능하다. 이런 주의 사항은 아마 다른 모든 국가에서는 쓸모가 없을 것 같은데, 일본인들은 종종 세계의 여느 나라 사람들과 완전히 다르다. 왜냐하면 일본 사람들은 아직도 폴더폰을 좋아하기 때문이다. 심지어 특별히 일본만을 위한 폴더폰이 제작되고 있을 정도다. 그런 습성이 전혀 혁신적이지는 않지만, 어딘가 상징적으로 보이기는 한다.

폴더폰이든 아니든 상관없이 일본의 모든 휴대폰에는 지진 관련 앱이 기본으로 설치되어 있다. 후쿠시마 재난이 발생한 2011년 이후 이것은 의무 사항이 됐다. 일본에서는 발밑의 흔들림을 감지해 경고하는 앱이 매우 발전했다. 지진이 발생하면 2분 안에 정확한 강도와 잠재적 쓰나미의 발생 가능성 및 진앙의 위치 정보가 모든 지역에 통고된다.

지진 앱들, 옷을 입은 채 뛰는 사람들, 제대로 제공되지 않는 거리 이름. 도쿄는 여러 면에서 다르다. 그리고 독일보다도 더 시간 엄수를 중요시한다. 약속 시간에 3분만 늦어도 모욕감을 느낀다. 이것이 회의실마다 커다란 시계가 걸려 있는 이유다. 손님들에게 너무 높은 탁자와 너무 낮게 조정된 사무 의자를 들이밀고, 커피나 차는 거의 제공하지 않는다.

대신에 모든 손님에게 물이 담긴 플라스틱 병을 대접한다. 물론 컵은 주지 않는다. 손님을 왕처럼 대우하고, 독일인 방문객들에게 아침식사로 오스트리아산 맥주를 대접하는 실리콘밸리와는 전혀 다른 모습이다. 독일도 실리콘밸리와 같지 않은가?

또 다른 스타트업을 살펴보자. 이 스타트업은 집안일에 대해 잘 알고 있는 쿡패드Cookpad이다. 쿡패드는 겉보기에는 그저 셰프코흐Chefkoch 같은 아주 평범한 요리 관련 포털처럼 보인다. 그러나 쿡패드는 좀 더 두드러지는 비즈니스 모델을 가지고 있다. 첫 번째로 6,000만 명의 일본인이 쿡패드를 사용 중이다. 즉, 일본인 둘 중 하나가 이용하는 셈이며, 완전히 무료로 제공되는 서비스다. 그런데도 그중 170만 명의 회원은 프리미엄 유저라 해도 좋을 만큼 열정적이다. 그들은 매달 300엔, 즉 2.40유로를 지불한다. 이 금액은 어떤 서비스에 대한 대가일까? 그 대가로 그들이 받는 혜택은 랭킹순으로 레시피를 볼 수 있다는 것뿐이다. 정기 구독자를 위한 두 번째 부가 혜택은 레시피를 세 개가 아니라 3,000개까지 저장할 수 있다는 점이다. 레시피는 회원들이 직접 제공한다. 스타트업 쿡패드의 사고방식은 무엇일까? 쿡패드의 콘텐츠는 회원들 간에 자체적으로 생산되기에 그 과정에서 어떤 비용도 소비되지 않는다. 그것이야말로 쿡패드 입장에서 대성공이라고 할 수 있다. 다시 말해 레시피에 대한 편집상의 연구가 이제는 정말 별로 필요하지 않은 것이다.

무료 문화는 스타트업의 징후다. 모든 것이 독자적으로 채워지고, 상품이 저절로 만들어지며, 콘텐츠 역시 스스로 생성된다는 것은 재미있는 사고방식이다. 투자자들은 그 뒤에 얼마나 많은 표절이 숨어 있는지, 또 얼마나 많은 가짜 뉴스를 밖으로 유포하는지 등에는 전혀 관심이 없다.

사용자들이 쿡패드에 제공하는 내용은 실제로 유용하다. 쿡패드를 만드는 사람들은 어쨌든 꽤 열심이다. 그들은 엄청난 빅데이터 기반을 갖추고 있어 그것을 이용해 그때그때 목표 집단의 생활에 맞추어 대응할 수 있다. 또한 미디어의 과장 보도를 불러일으킬 만한 히트 음식을 종종 만들어내기도 한다. 그런 까닭에 새삼 다양한 출판사들과 손잡고 책이나 잡지를 출판하기도 한다. 해외사업 본부장인 도모야 야스다는 "잡지에도 레시피가 나와 있기는 하지만, 우리는 온라인에서 똑같은 것을 무료로 제공할 수 있습니다"라고 설명하고 있는데, 이런 성공에 스스로도 놀라워하는 듯 보인다. 사용자 유래 콘텐츠를 출간하는 것은 가치 있는 일이다. 출판 사업 실험 후 1년 6개월 만에 600만 권 이상의 책이 출간됐다. 약간 거꾸로 돌아가는 세상처럼 느껴진다.

그런데 젊은 기업가들이 부엌 친화력을 가지고 이용할 수 있는 전통적 미디어 채널이 출판물만은 아니다. 그들은 텔레비전 방송과도 협력하고, 인기 스타를 불러 각종 이벤트를 진행하거나 독자적인 시상식도 개최한다. 예를 들면 전자상거래를 통해 부엌 가전을 판매하기도 하는데, 그런 식의 부업으로 벌어들이는 수입이 연간 1,000만 유로는 된다. 대부분의 수입은 쇼핑 목록이 적힌 레시피 카드라든가 지역별 맞춤 코드 및 홍보 활동 등 슈퍼마켓과의 협력 관계에서 발생한다.

쿡패드는 모범적인 일본 스타트업으로서 고전적이든 오래되었든 혹은 새롭든 상관없이 필요하다면 모든 미디어 채널을 활용한다. 이는 미디어에 대한 새로운 접근 방식이다. 쿡패드 자체가 스타트업을 시도했던 것은 아니다. 이 회사는 오래전에 설립된 기업이다. 그러나 스타트업의 사고방식, 즉 복잡하지 않은 스타일로 운영되고 있다.

미디어를 이용하는 방식에서도 일본 사람들은 다른 나라 사람들과 구별된다. 일본에서 구글은 별로 중요한 것으로 인정받지 못하고 있다. 일본 사람들 대다수는 야후를 통해 구글에 접근한다. 또한 싱과 같은 것도 없고, 링크드인도 구직 중이라는 느낌을 줄 수 있어 간혹 마지못해 이용할 뿐이다. 일본인은 그런 서비스를 귀찮게 생각하는 것 같다. 일본에서는 거의 똑같은 서비스를 제공하는데도 불구하고 왓츠앱이 아닌 라인Line이 애용되고 있다. 마찬가지로 유튜브 대신 디완고Dwango가 5,000만의 회원을 보유한 가장 중요한 비디오 플랫폼이다.

일본 내에서 네 번째로 발행부수 규모가 큰 《니혼게이자이신문》은 온라인상의 유료 콘텐츠 사업이 엄청난 성공을 거둔 것에 기뻐하고 있다. 이 경제 신문은 닛케이라는 명칭으로 유럽에도 잘 알려져 있는데, 매일 300만 부씩 찍어낸다. 그사이 43만 명의 유료 이용자를 확보하여 일본에서 가장 큰 규모의 '정기구독 뉴스 사이트'를 보유하고 있다. 그러나 휴대폰 사용자를 대상으로 한 점유율은 겨우 21퍼센트에 머물고 있다. 닛케이의 디지털 관리자 야스히로 구니토모는 "우리 독자들에게는 개인용 컴퓨터가 여전히 우세를 차지하고 있습니다"라고 설명한다. 이는 닛케이의 경우도 마찬가지이지만, 신문의 목표 집단이 기업인들이어서 정보 제공이 사무실 내의 고정된 컴퓨터를 통해 이루어지기 때문이라고 말한다.

일본의 모든 서점이 잡지를 판매하는데, 독일처럼 그 판매 공간이 비좁지 않다. 그리고 음반 가게나 비디오 가게에서도 잡지를 구입할 수 있다. 맞다. 예상하고 있겠지만, 현대적 대도시 도쿄는 레코드 음반을 예전보다 더 많이 팔고 있다. 독일은 음반의 판당 가격이 60~100유로 정도다. 또 도쿄에는 비디오 가게도 있다. 각 동네마다 매우 큰 규모의 비디오 가게가 있는 것이다. 복고 감성이 다시 유행 중이다.

그렇지만 도쿄에는 도박장이 훨씬 더 많다. 일본 사람들의 놀이를 좋아하는 습성은 아주 대단해 보인다. 심지어 어린아이들도 헬로 키티의 모습으로 꾸며진 슬롯머신을 한다. 타이토Taito Corporation 같은 게임 제작사들은 디지털 전환에서 굉장히 중요한 역할을 하고 있다. 그들 덕분에 컴퓨터 프로세서가 더 빨라졌고 모니터 화면은 더 얇고 선명해졌다.

일본인들은 여전히 발명에 큰 재능을 가지고 있다. 도쿄에 있는 두 개의 거대한 전자상가에서는 혁신 기술이 은밀히 테스트되고 있다. 또한 장난감 업체조차 좀 심하게 표현하자면 동물실험처럼 어린이를 대상으로 한 실험을 하고 있는 것처럼 보인다. 사방에 널린 전자 장난감들에 어린아이들의 눈이 휘둥그레진다. 그러나 일본에 스타트업만 있는 것은 아니다. 대기업은 대기업대로 미래를 대비하기 위해 혁신적 팀을 다양하게 구성해 많은 시간과 공간, 또 경제적 지원을 쏟아붓고 있다. 도쿄의 스타트업 밀도는 확실히 다른 도시들보다 낮은 수준이다. 이곳에서는 새로 생긴 모든 기업이 의무적으로 스타트업이 되어야 할 필요가 없다.

일본은 세계에 관심이 많다. 아마 이 같은 이유로 일본 사람들이 책을 많이 읽는지도 모르겠다. 일본의 거의 모든 기업가가 솔직하게 사업 교류에 대한 관심을 표현하고 오픈 마인드를 지닌 것처럼 보인다. 쇼를 하고 있을 시간은 없다. 그래서 실리콘밸리와는 완전히 다르다.

네 번째 거짓말

스타트업이 세상을 바꾼다

스타트업은 과거에도 늘 있었다

이 사람은 미디어 혁명을 불러일으켜 단기간에 전 세계를 휩쓸었다. 이를 가능케 한 것은 주석과 납 그리고 안티몬의 합금이라는 화학적 발견을 비롯하여 여러 가지 발명을 통해 획득한 높은 기술적 우수성이었다. 눈 깜짝할 사이에 인간의 활동반경이 넓어져 다수의 공동체를 형성하거나 그때까지 불가능했던 직접 체험도 할 수 있게 됐다. 이 모든 것은 구텐베르크로 알려진 요하네스 겐스플라이슈가 인쇄술을 발명한 덕분이었다. 이 역시 스타트업이라고 할 수 있을까? 어쨌든 구텐베르크는 1450년 이후 세상을 결정적으로 바꿔놓았다.

또 다른 한 사람은, 그 전까지는 단지 최대 열 시간 동안만 작동했던 이 물건에 대해 몇 가지 특허를 신청했다. 이 사람이 볼 때 그 물건은 미미한 효과를 얻기 위해 너무 많은 전기를 쓰고 있었다. 토머스 앨바 에디슨Thomas Alva Edison은 실제로 사용할 수 있는 전구의 탄생을 위한 돌파구를 마련하는 데 성공했다. 그렇다면 이 또한 스타트업일까? 어쨌든 에디슨도 1880년 이후로 세상을 결정적으로 바꿔놓았다. 에디슨이 독일에서 특허권을 획득한 후 곧바로 일반전자회사Allgemeine Electricitäts-Gesellschaft, 줄여서 AEG가 설립됐다. 이 사실은 지나가는 이야기로만 언급되는데, 아무튼 AEG는 일종의 스타트업이었다. 2015년 6월 20일 자의 《베를리너 모르겐포스트Berliner Morgenpost》(베를린에서 발행되는 일간신문—옮긴이)는 다음과 같이 언급하고 있다. '베를린의 첫 번째 스타트업-에밀 라테나우Emil Rathenau 그리고 AEG.'

고대인들은 거의 동시에 동일한 아이디어를 가지고 있었다. 6,000년 전 그들이 바퀴를 발명하면서 그 아이디어로 모든 것을 움직이게 만들리라는 것을 서로 독립적이고 까다로웠던 문명들은 전혀 예상도 할 수 없었다. 스타트업일까? 어쨌든 기원전 4000년경의 그 문명들이 세상을 바꾸었다.

확실히 그런 식으로 인간은 영원히 앞으로 나아갈 수 있을 것이다. 예를 들어, 카를 벤츠는 차고에서 전형적인 스타트업을 시작해 자동차를 발명해냈다. 또 윌리엄 길버트는 전기를 발명했다. 그리고 1837년 이후로 찰스 배비지와 에이다 러브레이스는 컴퓨터를 발명했는데, 그들은 현대 기술의 선구자이자 개척자이다. 또한 인터넷의 원형 아르파넷Arpanet은 1969년에 시작되었으며, 1989년부터 월드 와이드 웹WWW이 상업화되면서 세상을 결정적으로 바꿨다. 그런데 이 모든 것이 과연 스타트업이었을까?

물론 당시에는 분명 스타트업이라는 개념이 존재하지 않았다. 하지만 세상을 바꿀 중요한 어떤 것, 어떤 생각은 과거에도 언제나 존재했다. 석기시대에도 있었고, 로마인들에게도 있었으며, 현대에도 있다. 그리고 오늘날 일반 기업은 거의 설립되지 않는다. 왜냐하면 모든 기업이 스타트업이어야 하기 때문이다.

다시 한 번 지멘스를 예로 들어 살펴보자. 《타게스슈피겔der Tagesspiegel》(베를린의 일간신문—옮긴이)은 2018년 10월 31일 자 신문에서 지멘스가 베를린에서 6억 유로를 쓰려 한다고 밝혔다. 현대적이고 혁신적인 기업 캠퍼스를 건설하기 위함이라는 것이다. 투자를 받아내려면 당연히 대화 속에 '스타트업'이라는 단어가 반드시 포함되어야만 했다. 따라서 스타트업 및 대학을 위한 지멘스 타운을 건설하려 했던 지멘스의 최고경영자 조 케저는 "실리콘밸리에 아직 차고도 존재하지 않았을 때 여기 독일, 특히 베를린에서는 창업이 이루어지고 있었습니다"라고 말하며 질투와 사실, 지혜가 혼재된 감정을 표현했다.

그렇다면 낡은 비즈니스 모델은 무엇이고 스타트업은 무엇인가? 낡은 것과 새로운 것 사이의 차이는 어디 있는 것일까? 신문은 500년 전에 시작되었으므로 낡은 것인가? 고유의 웹사이트 및 앱과 아울러 페이스북, 인스타그램, 유튜브, 팟캐스트 등 모든 채널로 기사를 전송해주는 신문이 바로 성공적인 디지털 변환의 대표적 예가 아닌가? 성공적인 스타트업 창업을 위해서는 또 다른 무엇이 필요한 것일까? 신문은 생각하기에 따라서는 중세의 왓츠앱이라 할 수 있다. '치둥에Zidunge'[중세 쾰른 지방에서 사용되었던 차이퉁Zeitung(신문)의 고어—옮긴이]라는 용어는 알림, 뉴스 혹은 소식을 일컫는 말이었지만, 근대 독일어에서는 전달자Messenger라는 의미다. 이제 이해가 되었는지?

다시 한 번, 스타트업은 정확히 무엇인가? 앞서 나는 스타트업을 정의해보려는 시도를 했다. 그러나 솔직히 말하면, 오늘날 모든 이가 스타트업만을 설립하고 있다.

피젯 스피너Fidget-Spinner(장난감 이름—옮긴이)는 진정한 의미에서 반디지털 운동이다. 그리고 그동안 마찬가지로 스타트업이라고 자칭해왔다. 미국인 캐서린 헤팅어는 1993년 처음으로 이 스스로 회전하는 손가락 장난감에 대해 특허를 신청했다. 당시 헤팅어는 회사 창업의 기대를 품고 있었지만, 2005년에 특허권을 포기했다.

그런데 2017년, 이 장난감이 먼저 미국에서 팔리기 시작하더니, 이후 유럽에서도 유행을 탔다. 수백만 개의 회전 장난감이 싼값에 팔려 나갔고, 급기야 다수의 학교에서 이 장난감을 금지하기에 이르렀다. 피젯 스피너 열풍에는 과연 어떤 의미가 숨어 있을까? 디지털에 대한 환상으로 항상 사람들은 더 발전된 내일을 위해 매달릴 수밖에 없고 결국 쉽게 초조해지고 신경질적이 된다. 계속해서 이메일을 체크해야 하고, 셀 수 없이 많은 왓츠앱 단체방을 관리해야 하며, 인스타그램 사진들에 '좋아요' 클릭도 해야 한다. 또 자신을 알리기 위해 페이스북도 해야 하고, 트위터에 재미있는 말도 써 넣어야 하며, 동시에 스냅챗도 빼놓을 수 없다. 그 외에도 슬랙, 싱, 링크드인 같은 것이 앞으로도 계속 생겨날 것이다. 따라서 사람들은 가혹할 정도로 스트레스를 받고 있고, 그래서 이 회전 장난감이 스트레스 해소에 유용하다고 말한다. 그렇다면 차라리 스마트폰 사용을 줄이는 것이 더 쉬운 방법 아닐까? 애초 소위 소셜미디어라고 하는 것들의 환상에 사로잡히지 않으면 되지 않을까? 그런데 과연 이것이 말처럼 쉬울까? 오늘날에는 소셜미디어를 이용하지 않으면 생활이 불가능하지 않을까?

피젯의 운동에는 주목할 만한 추가적 방향 전환이 있었다. 바로 피젯 큐브Fidget-Cube이다. 이것은 마음대로 누르고 돌리고 문지를 수 있는 여섯 개의 다른 면을 가지고 있는데, 심지어 원할 경우에는 소음도 발생시키지 않을 수 있다. 손가락의 긴장만을 풀어주는 완전히 쓸데없는 이 물건의 자금 조달을 위한 광고도 제작됐다. 그리고 이제 이 장난감이 디지털이라는 특성을 전혀 가지고 있지 않다는 점이 문제로 떠오른다.

다른 스타트업들이 투자를 받아 시작하듯이 매슈 매클라클런과 마크 매클라클런 형제도 1만 5,000달러의 투자를 원했다. 참고로 그들은 원래 실리콘밸리 출신이 아니라 덴버 출신이다. 이 젊은 두 형제가 디지털 투자에 대한 욕구가 충만한 투자자들에게 자신들의 아이디어를 어떻게 제시할지 상상해보자. 디지털 투자를 확보하려면 무엇보다 기술적 정교함이 중요하다. 그들은 어떤 결과를 냈을까? 신뢰를 얻지 못하고 거절당했을까? 쫓겨났을까? 아니, 그 반대였다. 두 형제는 계획을 실현시키기 위한 크라우드펀딩을 시작했고, 매우 짧은 시간 동안 15만 4,926명의 후원자로부터 650만 달러를 확보했다. 이후, 매클라클런 형제는 자신들이 제작한 손 장난감을 개당 25달러에 팔고 있다.

다시 설명해도 피젯 큐브는 그 여섯 개의 면이 각각 별개의 손가락 놀이 비슷한 것들로 디자인된 일종의 주사위일 뿐이다. 그 외에 특별히 의미 있는 기능은 없다. 고작 이런 것을 위해 15만여 명이 650만 달러를 투자하다니? 과연 피젯 큐브가 세상을 바꿀 만큼 현대적인 스타트업이란 말인가? 아마 같은 사람들에게 굶주린 이들의 사진을 보여준다 해도 그렇게 큰 기부는 하지 않을 것이라고 확신

한다. 그런데 현대사회에서 전혀 무가치한 주사위를 보여주자 지갑을 연 것이다.

이는 '스타트업'에 대한 생각 때문에 가능했던 일이다. 10년 전이라면 누구도 주사위 따위에 돈을 투자하지 않았을 것이다. 만약 과거에 가난했던 헤팅어가 자신의 아이디어로 자금 조달을 받기 위해 투자자들과 접촉했더라면, 온 세상으로부터 비웃음을 샀을 것이다. 즉, 오늘날에는 무엇이든 스타트업이라고 칭하기만 한다면, 쉽게 투자받을 수 있다.

그러나 이 방법이 언제나 유효한 것은 아니다. 특히 스타트업 성향이 아주 뚜렷하게 드러나 처음부터 자금 문제의 활로를 뚫게 되는 경우가 그렇다. 왜냐하면 곧 또 그렇게 쉽게 돈이 들어올 것이라는 생각만으로 일을 벌이기 때문이다. 한 예로 리베르타 모터사이클Liberta Motorcycles을 살펴보자. 이 업체도 자신이 스타트업임을 내세웠다. 리베르타 모터사이클은 극동 지역에서 오토바이를 제작할 계획을 가지고 있었다. 그 생각은 소프테일Softails 및 아이언Irons으로 수익을 올리고 있는 할리데이비슨Harley-Davidson 오토바이를 연상시키는 것이었다. 돈 걱정은 크지 않았는데, 많은 사람이 면허증을 보유하지 않은 채로 오토바이를 타고 돌아다니려 한다는 것이 문제였다. 그리고 그 때문에 이미 그 도시에는 오토바이들이 절대적으로 충분했다.

리베르타 모터사이클은 여러 미디어 및 광고 업체 등 우수한 투자자들을 확보하고 있었다. 또한 당시 페이스북의 최고경영진도 이 스타트업에 참여하고 있었다. 언론 홍보 작업이 매우 전문적으로 진행되었고 판매량도 증가했지만, 손익분기점은 결코 가까워질 것 같지 않았다. 이는 마구 써버린 비용 탓이었는데, 함부르크 하펜시티 한가운데에 굉장히 아름답게 꾸며놓은 차고의 임대료만 해도 엘프필하모니Elbphilharmonie(함부르크에서 가장 높은 건물이자 콘서트장—옮긴이)보다 비쌀 정도로, 상상을 초월한다. 요컨대, 리베르타 모터사이클은 눈에 띄는 스타트업이었고, 그래서 투자자들을 손쉽게 확보할 수 있었다. 보통 스타트업들이 그러하듯 아마도 자금은 충분히 마련할 수 있었을 것이다. 그것도 예상보다 빠른 시간 안에 말이다. 2013년 8월에 판매를 시작한 후 2014년 말 그들이 파산할 때까지 약 150대의 오토바이가 팔려 나갔다.

파산 후 업자 두 사람이 판매권 및 부품공급권을 인수했다. 물론 일부러 그러는 것은 아니겠지만, 겉으로 보기에는 전통적 기업들이 스타트업을 강탈해 가는 셈이다. 솔직히 이야기해보자. 그 스타트업은 세상을 바꿀 만한 힘을 가질 수 있었을까? 레트로 스타일 오토바이로?

세계에서 가장 혁신적인 스타트업들

설립된 모든 기업이 일단 스타트업이라 자처할 수 있으나, 그들 중 대다수는 분명 세상을 바꾸는 데 기여할 수 없는 회사들이다. 스타트업의 종류는 셀 수 없이 많으며, 세계에서 가장 혁신적인 사업 아이디어 등등으로 순위가 매겨진다.

비즈니스인사이더Businessinsider.de는 세상을 실제로 바꾸었다고 인정받는 기술을 보유한 61개 기업 리스트를 올리며 '세계에서 가장 혁신적인 스타트업'이라 소개하고 있다. 이 리스트에는 단지 실리콘밸리 출신만 있는 것이 아니라 아프리카나 남미, 놀랍게도 유럽 출신 기업도 포함되어 있다. 그럼 어떤 점을 우선 살펴봐야 할까? 세상을 바꾸는 스타트업을 꼭 비난할 필요는 없어 보인다는 것부터 살펴봐야 하지 않을까? 사람들은 어떤 아이디어들이 세상을 바꿀 만한 것으로서 한눈에 감지될 수 있는지 궁금해할 테니까 말이다. 그럼, 몇몇 혁신적 스타트업을 간단히 살펴보자.

- ✓ 1928 다이아그나스틱스Diagnostics 스웨덴의 생명공학 스타트업이며, 보다 발전된 수준의 전염병 진단 플랫폼을 개발했다. 인류가 고마워할 만한 업적이다. 그러나 세상을 바꿀 만한 좋은 단초가 될 수 있을까?
- ✓ 아그로스마트Agrosmart 브라질의 스타트업으로, 센서 및 다양한 데이터를 이용해 농부들이 농업경영을 더 잘 수행할 수 있도록 도와준다. 이 스타트업 역시 유익하고 그럴듯하게 들리지만, 과연 세상을 바꿀 수 있을까?
- ✓ 어필 사이언스Apeel Sciences 실리콘밸리에 위치한 스타트업으로, 과일 등 식품의 유효기간을 늘릴 수 있는 식용 보호막을 개발했다. 사실상 매우 훌륭한 기술이지만, 이 또한 마찬가지로 세상을 바꿀 수 있을까?

세상을 바꿀 가장 혁신적인 스타트업을 소개하는 그 의심스러운 리스트에서 오직 세 개의 기업만 예로 들어봤다. 이제 우리가 직접 성의를 다해 새로운 세계 질서를 창출해낼 만한 잠재력을 가진 스타트업을 가려내보자.

- ✓ 베스트마일BestMile 인공지능 개발자? 스마트 기기들의 안전 시스템? 자율주행자동차를 위한 소프트웨어? 맞다. 베스트마일은 이미 이런 기술들로 무언가 변화를 주고 있음에 틀림없다.
- ✓ 모던 메도Modern Meadow 휴대폰에서 이용 가능한 증강현실? 이 기술로 이미 찍은 사진에 웃는 모습을 적용할 수 있을까? 블록체인 기술 기반의 유료 플랫폼? 유전자 신속 검사? 공정한 선거를 위한 블록체인? 혹은 모던 메도는 동물을 이용하지 않고 가죽을 생산해내는 기술로 세상을 바꿀 스타트업일까?

그 밖에도 그륀더Gründer.de의 '2018년에는 이 스타트업들을 주시해야 한다'라든가 피어 그륀더Für-Gründer.de의 '올해의 독일 스타트업 상위 50개 업체' 같은 순위 발표를 발견할 수 있는데, 볼 때마다 상당히 유사하다는 느낌이 든다. 심지어 다른 외국 포털을 검색해봐도 마찬가지다. 예를 들어, PC매그PCmag.com의 '모바일 박람회Mobile World Congress에서 이목을 집중시킬 혁신적 스타트업 11개 업체' 또는 포브스Forbes.com의 '가장 혁신적인 애그테크Ag-Tech 스타트업 25개 업체' 그리고 이노브8티브innov8tiv.com의 '가장 혁신적인 스타트업들' 등을 보면 대체로 유사하다는 것을 알 수 있다.

모두 충분히 예측할 수 있고 또 놀라울 것도 없는 순위처럼 여겨진다. 사람들이 스타트업에 너무 많은 기대를 걸고 있는 것은 아닐까? 스타트업이 지속 가능한 세상으로 발전시켜줄 것이라는 기대가 무리한 것이었을까? 물론 구글은 전 세계 모든 언어의 실시간 번역 서비스로 엄청난 변화에 기여할 수 있다. 각종 소셜네트워크와 메신저 서비스 역시 사람들 상호 간 교제에 영향을 끼쳤다. 유감스럽게도 긍정적 영향만 미친 것은 아니지만 말이다. 그러나 현재 세계에서 가장 혁신적인 스타트업들이 썩 기대에 못 미치는 아이디어를 갖고 있다 해도, 물론 그것이 안타까운 일이기는 하지만, 우리는 세상의 변화를 좀 더 참고 기다려야만 한다.

혁신은 상대적이다

우리의 고찰이 어쩌면 너무 일방적인 것일 수도 있겠다. 왜냐하면, 예를 들어 자동차의 경우 완벽하게 자율주행이 가능하기까지는 다수의 스타트업에서 생산된 여러 가지 아이디어가 필요하기 때문이다. 이 역사는 이미 6,000년 전에 바퀴의 발명과 함께 시작되었는지도 모른다. 그러나 현대의 젊은 기업가들은 제품의 사업성을 키우는 일에 지나칠 정도로 세심하게 신경 쓰고 있다. 어떤 스타트업이 결국 돌파구를 마련하는 데 가장 중요한 역할을 했을까는 따지지 않는 것이다. 그것은 물론 중요한 문제가 아니다.

의료 분야를 비롯해 스타트업이 시장을 형성하는 다른 모든 영역에서도 그렇다. 어느 한 스타트업의 작은 성과가 전 인류에 큰 업적이 될 수도 있다. 혁신은 분명 상대적인 것이다. 그리고 혁신적인 비즈니스 아이디어들은 창업자가 원래 생각했던 것과는 완전히 다른 방향으로 발전될 수도 있음을 잊지 말아야 한다. 그 예로 소셜네트워크의 발전을 살펴보자.

앞서 언급했듯 마크 저커버그는 대학 시절에 동기들의 외모 순위를 매기는 프로그램인 페이스매시를 개발했다. 그 프로그램은 합법이냐 위법이냐의 경계선에 아슬아슬하게 걸쳐져 있었지만 결국 페이스북의 전신이 됐다. 그의 아이디어는 썩 괜찮은 것이었고 본격적인 접근이었다. 전 세계에 흩어져 있는 가족이나 친구들과의 연락이 좀 더 쉬워졌고, 그들과 경험을 공유할 수 있게 되었으며, 앞으로도 무궁무진한 발전 가능성이 있다. 그러나 저커버그와 그의 페이스북 이용자들이 예상하지 못한 것들이 있다. 여태껏 전적으로 자신만의 생각에 갇혀 혼자라고만 생각했던 다수의 괴짜들이 페이스북은 물론 다른 소셜네트워크로 모여들었다는 것이다. 그 괴짜들은 갑자기 용기를 얻게 되고, 이로 인해 은둔에서 벗어나 조금씩 자신을 드러내기 시작한다. 인종차별주의자나 음모론자 등 기존에 사회적으로 고립되어 있던 사람들이 모여 점점 더 과감하게 대중 앞에 모습을 드러냈다. 불행히도 이 현상은 눈에 띌 정도로 점점 더 심해지고 있다. 또한 정치 정당이 자신들과 견해가 다른 이들을 공개적으로 비난하려는 목적으로 소셜네트워크를 악용하기라도 한다면 민주적 공존이 위태로워지고 국가 전체가, 심지어 전 세계가 혼란에 빠질 가능성이 있다. 만약 그렇게 된다면 소셜네트워크는 더는 긍정적이지 않다. 소셜네트워크는 그저 미국의 한 대학에서 악의 없이 시작된 스타트업에서 출발한 것일 뿐이다. 그리고 처음에는 전혀 혁신적으로 보이지 않았던 하나의 아이디어로부터 비롯됐다.

그렇다면 혁신은 무엇인가? 스타트업의 혁신과 관련해 유행하는 격언을 몇 가지 소개한다. 데이터는 미래의 원재료다. 혁신은 미래의 원재료다. 이것은 몇몇 포털에서 찾아볼 수 있는 문구다. 클라우드 기술은 혁신으로 간주된다. 덕분에 모든 이메일은 미니 클라우드가 되어 그 내용을 어느 곳에서든 불러올 수 있다. 모든 이가 혁신을 이루려 한다. 그래서 더더욱 스타트업 설립을 원한다. 단지 그 하나만으로도 쉽게 투자를 받을 수 있기 때문이다. 요즘 세상에 어느 누가 혁신적이지 않은 보통의 기업에 투자를 하겠는가?

다섯 번째 거짓말

스타트업은 모든 면에서 다르다

스타트업을 포장하는 '파괴적인' 용어들

사업 아이디어가 스타트업에서 절대적으로 중요한 것은 아니다. 더 중요한 것은 그 아이디어를 어떻게 포장하느냐다. 그런데 때때로 제품이나 기타 사업 아이디어를 표현하기에 적합한 단어를 찾을 수 없는 경우가 있다. 그래서 쉽게 이해는 안 되지만 썩 그럴듯하게 보이는 새로운 말들이 만들어진다. 투자자들은 어떤 스타트업에 대해 잘 이해가 되지 않을 때에만 돈을 쏟아붓기로 마음먹는다. 사람들이 이해할 수 없는 것이라면 괜찮은 것임에 틀림없다. 굳이 이해할 필요는 없다. 스타트업은 그런 식으로 출발한다. 그러려면 일단 스타트업처럼 보이게 말해야 한다.

기본적으로 스타트업은 파괴적 아이디어를 추구하는 것처럼 보인다. 따라서 모든 스타트업의 사업 계획에 '파괴'라는 단어는 필수적으로 들어가야 하는 요소다. 사업 계획 세우기는 오래전부터 이미 해온 방식이기 때문에 스타트업들이 무시하기 쉽고, 또 대부분 등한시하고 있다. 그러나 달라져야 한다는 게 중요하다. '파괴성'을 지닌 스타트업이라 함은 모든 것을 다르게 바꿀 수 있음을 말한다. 아예 세상을 새로 발명할 수 있다면 그 경우가 가장 바람직할 것이다. 여기서 '파괴성'이란 어쩌면 사춘기 특유의 반항과 비슷할 수 있다. 엄마, 아빠에 대항해 아주 용기 있게 일어서는 것과 같다. 그런 형태가 스타트업의 완벽하게 쿨한 시작이다.

온전히 허황된 생각만 아니라면, 파괴적 사고방식은 굉장히 매력적일 뿐 아니라 엄청난 경제적 잠재력을 보여줄 수 있다. 우버는 승객 보험 적용 등의 문제가 생기기 전까지 택시 분야의 파괴적 혁신 업체로 간주되었고, 에어비앤비는 숙박 분야에서 파괴적 혁신 업체로 간주됐다. 역시 나중에 대도시의 임대료 상승과 도심 내 인구 감소가 문제 되었지만 말이다. 파괴적 혁신 업체로 인정받는 이유는 무엇일까? 투자자들 입장에서는 에어비앤비를 통해 숙박비가 하루 200달러인 뉴욕시의 방 하나짜리 아파트를 30일간 임대해 한 달에 6,000달러를 벌어들이는 것이므로 한 번에 월 3,000달러로 임대하는 것보다 훨씬 더 유용해 보인다. 이처럼 우버와 에어비앤비의 최초 아이디어는 훌륭한 것이었다. 물론 훌륭한 아이디어를 생각해냈다고 해서 끝나는 것은 아니다.

그럼에도 파괴적 혁신은 큰 장점이 있다. 파괴적 혁신을 해내는 기업들 덕분에 기존 업체들도 옳은 대안을 찾고자 노력하기 때문이다. 오랫동안 잘 운영해온 기업들이라면 결국 그런 흐름에 동조하지 않을 수 없다. 생각해보라. 택시 산업이 갑자기 얼마나 유연하게 바뀌었는가. 숙박업계는 또 얼마나 고객 지향적으로 바뀌었는가. 모두 실리콘밸리 출신 파괴자들 덕분이다. 파괴적 혁신은 공유경제 세대를 자극해 자동차 산업을 전면적으로 바꿀 것이고, 결국 기존에 파괴적 혁신을 해왔던 업계를 붕괴시킬 것이다. 파괴적 혁신은 분명 또 다른 파괴적 혁신을 파멸시킨다.

이제 스타트업들이 프레젠테이션을 할 때 반드시 집어넣어야 할 유행어가 될 블록체인은 그 원동력으로서 중요성이 있다. 앞으로 몇 년 뒤에는 블록체인 기술이 전부처럼 여겨지는 세상이 될 것이다. 그런 다음 전 세계가 블록체인을 이해하게 되면 마법은 사라지고, 블록체인 기술 역시 투자자들의 관심 밖으로 멀어질 것이다.

미래의 파괴적 혁신 기술을 감별해내는 데 언제나 앞서가는 맥킨지는 블록체인이 어떤 역할을 할 수 있는지에 대해 이렇게 설명한다. 블록체인은 돈을 이동시키고 안전하게 지켜주며 빌려주기도 하는데, 그뿐 아니라 돈 거래가 이루어지도록 하기도 하며 돈을 확인해주기도 한다는 것이다. 아직은 잘 이해되지 않는 이야기일 것이다. 물론 여기서 말하는 돈은 비트코인Bitcoin 같은 암호화폐를 가리킨다. 맥킨지의 설명대로라면 블록체인은 곧바로 은행의 존재를 위협하는 파괴적 혁신이다. 계속해서 맥킨지는 "P2P 기술로서 암호화폐의 소유자는 금융 서비스 업체의 도움 없이도 그 암호화폐를 송금할 수 있다"라고 설명하며, 블록체인의 장점은 그런 독립성 원칙에 있다고 한다. 2018년 1월 8일 자《광고와 판매》에는 스타트업들이 기억해두면 좋을 전문용어에 대한 설명이 추가로 실려 있다. P2P, 즉 동등 계층 간 통신망은 교차 통신이라고도 일컬어지며, P2P 네트워크에서는 모든 컴퓨터가 동등하다고 한다.

'블록체인'이라는 용어는 이미 너무 많이 알려져 있으므로, 스타트업들이 보다 관심을 끌어내려면 '분산원장'에 관해 이야기해야 한다. 이 용어를 사용함으로써 바로 자신의 시장가치를 높일 수 있기 때문이다. 여기서 분산원장은 '분산된 회계 원장'을 말하는 것으로, 분산된 데이터베이스나 블록체인을 의미하기도 한다.

새로운 스타트업 세상을 근사하게 표현하기 위한 수단으로 신조어와 이해하기 어려운 단어들만 이용되는 것은 아니다. 다음과 같은 글귀들도 표준적으로 활용된다. "기존의 비즈니스 모델들은 장기적으로 사라질 위험에 직면하고 있다." 하지만 '기존의 비즈니스 모델들'은 물론 스타트업들이 앞으로 창출하고자 하는 구체적인 산업 분야에 의해서만 대체될 수 있음을 명심해야 한다. "중요한 것은 실현 가능성 여부가 아니라, 언제 그렇게 될 것이냐다"라는 문구 역시 공허한 협박일 뿐이다. 변화의 가능성을 전혀 의심치 않고 무조건 확신하면서 단지 그 시기만을 관심의 대상으로 삼는데, 인간이 신이 아닌 이상 어떻게 장담할 수 있단 말인가. 그런데 스타트업은 언제나 시대를 앞서가는 것으로 여겨지기 때문에 예로 든 글귀들은 적어도 스타트업 관련 프레젠테이션에서는 완벽하게 어울린다.

스타트업들이 전적으로 일반적인 기업 콘셉트를 포장하기 위해 자주 사용하는 미사여구는 아직도 많다. '글로벌 엘리트 업체들이 두려워할 만한 비즈니스 모델'이라든가, '기존의 비즈니스 모델을 시대에 뒤떨어진 것으로 만들게 될 발전', '훨씬 더 광범위한 적용 가능성' 등이 그러한 예다. 그뿐 아니라 미래에는 모든 것이 달라지리라는 암시를 줄 수도 있다. 전체적으로 스타트업의 가치를 포장하는 표현은 언제나 다음 내용과 관련된다. 작업의 자동화, 즉 우리가 현재 알고 있는 작업 프로세스는 더 이상 필요불가분의 요소가 아니며 모든 것이 디지털화된다는 것이다. 또한 스타트업 조직의 모든 것이 효율적이거나 능률적이고 사회에 큰 영향력을 미칠 뿐 아니라 각각의 산업에도 거대한 영향을 미친다는 내용이다. 물론 하루아침에 그렇게 된다는 것은 아니고, 대체로 그 시기를 조금 앞당길 수 있다는 이야기다. 앞으로 무슨 일이 일어나든지 간에 우리는 항상 새로운 디지털 혁명의 시작을 바라보고 있을 것이다. 언제나 새로운 스타트업이 등장하고 있으니 말이다.

물론 스타트업은 훨씬 더 허풍스러운 단어들을 사용한다. 모든 것을 기계학습이나 AI, 즉 인공지능으로 표현하고 있다. 지리 데이터가 통합되어야 하고, 개발자Frontend-Developer(웹 프로그래밍에서 사용자에게 보이는 영역을 담당—옮긴이)는 자신의 작업을 잘 이해해야 하며, 고객 경험의 전체 구조가 고려되어야 하는데, 그 모든 면에서 스크럼Scrum이 가능한 한 최대로 적용되어야 한다. 스크럼은 애자일 소프트웨어 개발을 위해 고안된 프로젝트 관리의 현대적 방법론을 말한다.

이제 우리도 스크럼에 대해 실질적으로 알아보아야 하지 않을까? 그럼 아주 조금만 설명해보자. 왜냐하면 스크럼이란 단어 역시 쿨한 인상을 주기 때문에 전통적 기업 문화를 포장하는 데 자주 쓰이는 스타트업 유행어이기 때문이다. 스크럼을 사용하면 기존에 그러했듯 관리자들이 지시하는 방식이 아니라 새로운 방식으로 많은 변화를 이루어낼 수 있다고 한다. 스크럼은 전형적인 스타트업적 사고로 거기에 많은 규칙은 존재하지 않는다. 규칙의 핵심은 다섯 가지 활동과 세 가지 산출물 그리고 세 가지 역할이다. 요구 사항과 해결 방안의 대부분이 처음에는 불명확하지만, 반복적이고 점진적인 방식을 거쳐 결국에는 모든 것이 개발된다는 점이 중요하다.

기업의 경영진이나 관리자들은 개발 자체가 아닌 구체적 성과물로 나타나는 개발을 원하기 때문에 종종 스크럼의 개념이 잘못 해석되고 있기는 하지만, 스크럼은 긍정적 부수 효과를 가져온다. 그것은 바로 투명성이 가장 중요시된다는 점이다. 대부분의 기업 문화는 이 투명성을 결여하고 있다. 그러나 스크럼에서는 모든 직원이 진행 과정을 명백히 알 수 있도록 운영되어야 한다. 스크럼 과정에서는 어떠한 부담 조항이나 의무 사항도 존재하지 않으며, 요구 사항을 참여자가 직접 정하도록 되어 있다. 어쨌든 진정한 의미에서 진화된 방법론이다. 이러한 접근법으로 기업들은 단번에 참여자나 고객이 지향하는 바에 도달할 수 있고, 그에 맞춰 비즈니스 모델을 조정할 수 있다.

지금까지 살펴본 스타트업 용어만으로는 아직 부족한가? 그렇다면 컨설턴트들이 즐겨 사용하는 용어를 좀 더 소개해본다. '고객 퍼널Funnel AARRR'이라는 용어는 특히 근사한 인상을 줄 수 있다. 이 용어가 의미하는 것은 '획득Acquisitiion, 활성화Activation, 유지Retention, 추천Referral, 수익Revenue'이다. 심지어 어떤 스타트업은 맨 앞에 '인식Awareness'을 추가해 'AAARRR'로 만든다. 과연 무엇을 의미하는 말일까? 이것은 '고객 구매 퍼널Customer-Purchase-Funnel(고객이 제품 구매에까지 이르는 단계를 구분하는 방법론—옮긴이)'을 말하는 것이거나, 과거 독일에서 사용되던 '아이다AIDA'를 뜻한다. AIDA 모형은 '인지Attention, 관심Interest, 욕망Desire, 구매Action'의 약어로 통용되었는데, 즉 고객의 관심을 불러일으켜 구매로 이어지게 하는 전략을 의미했다. 그러나 현재는 크루즈 여행을 떠나거나 오페라 관람을 하러 갈 때 말고는 AIDA에 대해 말하는 사람이 없다. 스타트업은 AIDA보다 대단해 보이는 '고객 여정', 즉 미디어를 통한 잠재적 고객 여정에 대해 이야기한다.

스타트업은 그 현장을 보다 지적으로 포장하기 위해 칼 포퍼Karl Popper의 격언을 즐겨 인용한다. 대부분 경험적 반증주의(가설이나 이론이 더 우수한 가설이나 이론에 의해 대체되어 과학이 발전한다는 과학관—옮긴이)에 관한 것인데, 쉽게 말해 시행착오의 방법이다. 그렇다, 적절한 인용으로 보인다. 포퍼는 반증가능성이라는 구획 기준과 반증의 방법으로 구획문제 및 귀납문제(과학과 비과학을 구별하는 방법에 관한 문제—옮긴이)를 해결하기 위해 소위 비판적 경험주의 이론을 발전시켰다. 지금 과학 이야기를 하겠다는 것은 아니고, 이 책에 조금이나마 과학적 인상을 남기는 것도 좋을 것 같아 간단히 위키피디아를 검색해 알아낸 지식을 덧붙여본다. 스타트업다운 사고방식이지 않은가.

이 주제에 대해 더 진지하게 알고 싶다면 검증주의 이론을 반증주의로 대체한 칼 포퍼의 여정을 파고들어야 할 것이다. 사이언스블로그ScienceBlog 사이트의 해석에 의하면 이론은 반증될 수 있어야 하며 실험을 통해 경험적 검증을 거쳐야만 한다. 이 책만이 아니라 스타트업 업계 전체에서 잘못 이해하지 않도록 포퍼의 말을 직접 인용해야겠다. 이 격언은 사이언스블로그에서도 찾아볼 수 있는데, 확실히 스타트업으로 진입하는 것과 관련한 힌트를 담고 있다. 포퍼는 《탐구의 논리Logik der Forschung》 서문에서 이미 "어떤 문제의 해답을 발견했다고 믿을 때마다 그 해답을 고수하려 해서는 안 되며, 오히려 모든 수단을 동원해 그 해답을 뒤집기 위해 노력해야 한다"라고 기술하고 있다.

또 다른 스타트업 전문용어로 KPIs, 즉 '핵심성과지표Key-Performance-Indicators'를 소개한다. 이 용어를 언급하면 언제나 철저하게 갖춰진 훌륭한 계획을 가지고 있다는 인상을 줄 수 있다. 물론 실제 내용과는 무관한 말이다. KPIs는 시장, 고객, 리더, 투자자를 필요로 한다. 모두가 그것을 필요로 하고 간절히 바라지만, KPIs가 정확히 무엇인지 설명할 수 있는 사람은 거의 없다. KPIs에는 하루 동안 1인당 발생 매출이 포함될 수 있다. 즉, 고객 1인당 매출이나 직원 1인당 매출, 계획된 업무일과 관련하여 계산된 수치는 물론, 웹사이트 방문자당 혹은 구매자당 비용이나 리드당 비용 등등 KPIs에 들어갈 수 있는 지표는 무궁무진하다. KPIs는 이처럼 임의적이며 바로 그런 이유로 훌륭하다.

'고객 중심'이라는 이상

당연히 스타트업은 무엇보다 스스로의 아이디어로 주목받는다. 파괴적 혁신 능력과 세계 지배의 가능성 역시 스타트업을 빛나게 하는 요소이다. 그런데 스타트업은 고객으로부터 자금을 확보해야 한다는 사실을 깨닫지 못하고 있다.

따라서 제국주의적인 스타트업들에게 고객은 외계인 취급을 당하고 있다. 2009년에 와서야 일련의 연구자들이 그 사실을 깨달았고, 이후 고객을 모든 활동의 중심에 둔 채 관심을 가지고 바라보기 시작했다. 고객 하나하나를 경영의 최고 가치로서 바라보고, 모든 활동을 고객에게 맞추고자 하는 새로운 기업 목표가 생겨난 것이다. 그 이후 스타트업 문화에 고객 중심이라는 가치가 자리를 잡아갔다.

고객 중심, 그것은 무엇인가? 고객을 중심에 둔다는 것은 어떤 의미인가? 그 중심은 어디를 말하는 것인가? 다른 누구도 아니고 어째서 고객을 중심에 두는 것인가? 지금까지는 왜 고객을 외계인과 같은 존재로 생각할 뿐 잘 대우하지 못했던 것인가? 이와 관련한 실제 에피소드를 소개한다. 독일의 어느 대기업은 이미 연간 10억 명 이상의 고객을 확보하고 있음에도 새로이 디지털 선도 조직을 운영하면서 고객 중심 가치를 선언했다. 그 디지털 조직의 임원들은 언론과의 인터뷰에서 고객 중심이라는 말이 대체 어떤 의미인지, 모든 기업의 활동은 기본적으로 고객을 향한 것이 아닌지에 대해 질문을 받았다. 이처럼 공격적인 질문을 받자 해당 임원들은 눈에 띄게 당황하며 즉답을 피해, 답변은 최고경영자에게로 넘어갔다. 이 최고경영자는 최근 몇 달 사이에 실리콘밸리를 다녀왔다고 한다. 그리고 거기서 '고객 중심'이라는 가치를 발견했는데, 이는 모든 스타트업이 중요시해야 하는 것이라고 주장했다. 그런데 그의 회사는 스타트업과는 전혀 상관이 없는 대기업이지 않은가? 최고경영자는 자신의 회사를 포함해 혁신적인 기업에 구식 비즈니스 모델과 현대적 스타트업이라는 구분은 없다고 대답했다.

그렇다면 어째서 고객 중심인가? 지금까지 실리콘밸리의 창업자들은 고객에 대한 숙고 없이 기술만을 가지고 간단하게 사업을 시작했었다고 한다. 즉, 누구도 고객을 고려하지 않았다. 그러나 현재는 정반대로 고객 중심 가치가 실리콘밸리의 트렌드가 되었다고 한다. 고객 중심 문화는 절대적 요건처럼 여겨지게 되었고, 이제 곧 유럽에도 전파될 것이라는 설명이었다. 이 얼마나 심오한 깨달음인가. 아마 고객들도 기뻐할 것이다.

린 경영과 스타트업 이론

본격적인 이야기로 들어가기에 앞서 먼저 알아두어야 할 것이 있다. '린Lean'을 포함하고 있는 경제 용어에는 아주 세심한 주의를 기울여야 한다는 점이다. 예를 들면 특정 성분이 포함된 약을 복용해도 되는지 의심스러운 경우에는 반드시 의사나 약사에게 물어보아야 하는 것과 같은 이치다. 린 경영Lean Management이라는 용어를 들으면 일단 매우 친절할 것 같아 의지하고 싶으면서도 슬림한 느낌을 준다. 실제로 그것은 임원들의 수를 이상적으로 줄이는 것을 의미한다. 물론 대다수 무능한 임원들을 말이다.

린은 2008년부터 스타트업 분야에서도 유명해졌다. 에릭 리스Eric Ries라는 사람이 전 세계에 자신이 생각해낸 '린 스타트업'이라는 이론을 전파하기 시작했고, 동명의 책을 집필해 2011년에는 베스트셀러 작가로 등극까지 했다. 그러나 스타트업이 모든 것을 확 바꿔놓는 것이라 해도 세상을 아예 새로 창조하는 것은 아니듯, 린이라는 개념도 전에 없던 아주 새로운 것이 아님을 주목해야 한다. 린 경영법은 이미 20세기 중반 일본에서 먼저 도입한 것으로, 도요타는 오늘날에도 여전히 린 경영의 선두주자로 인정받고 있다.

어쨌든 에릭 리스는 어떤 면에서 장 자크 루소를 떠올리게 한다. 이는 루소의 철학적 사상 때문이라거나 언제나 해석이 분분한 "자연으로 돌아가라"라는 명언 때문은 더더욱 아니다. 바로《에밀 혹은 교육에 관하여Émile, ou De l'éducation》때문이다. 루소의 교육 방법론이 담긴 이 책은 완벽한 가정교육을 위한 안내서라고 할 수 있다. 그런데 루소는 자신의 다섯 자녀를 고아원에 위탁했다. 소위 린 스타트업이라 칭하는 에릭 리스의 주장도 그와 다를 것이 없어 보인다. 이미 실패한 주제를 다시 언급하고 있기 때문이다. 미안하지만, 그 이야기는 나중에 다시 다뤄보려 한다.

리스와 그의 동료들은 목표 집단에 대한 아무런 분석 없이 첫 스타트업을 시작해 실패하고 말았다. 과거 스타트업들이 고객을 전혀 고려하지 않았음을 보여주는 실례라 할 수 있겠다. 리스가 실패한 이유는 또 있다. 생산 과정을 통틀어 너무나 많은 시간과 에너지가 낭비되었기 때문이다. 이후 리스는 전형적인 실리콘밸리 스타트업인 데어There Inc라는 회사의 소프트웨어 개발자로 근무했다. 그 회사는 성공의 역사에 이름을 남길 수 없었던 세컨드 라이프Second Life와 유사한 가상의 3D 온라인 세계를 구축하고 있었다. 데어는 2010년 문을 닫았었으나 2년 뒤 월정액으로 유료 서비스를 재개했다. 하지만 그의 이력이 대단한 성공 신화로는 보이지 않는다.

그럼에도 불구하고 리스가 주장하고 있는 린 스타트업은 좋은 평가를 받고 있다. 유디스 겐츠Judith Gentz가 도이체스타트업Deutsche-Startups.de에서 '린 스타트업의 여덟 가지 특징'이라는 기고로 밝히고 있듯 그것은 과학적 이론이 아닌, 실패 확률을 낮춰주는 조직 운용과 관련된 실용적 접근법에 불과하기 때문이다. 자칭 '서비스로서 소프트웨어를 개발하는 회사들'의 수장인 유디스 겐츠는 함부르크에서 스타트업 분야에 종사하고 있으며, 린 스타트업이라는 주제로 강연을 하고 있다.

이 '린'이라는 것의 이면에 숨은 뜻은 무엇일까? 창업자들은 기본적으로 자신의 비즈니스 아이디어가 성공할 것이라는 전제에서 출발한다. 스타트업이든 전통적인 회사든 혹은 버튼을 만드는 회사든, 어떤 회사든 상관없이 말이다. 유디스 겐츠에 의하면, 린 스타트업의 창업자들은 자신들의 비즈니스 모델로 막연한 가정에 불과하던 것을 처음부터 성공적인 것으로 만들 수 있다고 믿는다고 한다.

또한 다른 사람들도 그렇게 믿도록 만들어야 한다. 창업자는 자신의 비즈니스 모델에 대해 불확실한 추측만 할 뿐이고, 투자자와 은행은 그렇게 막연한 것에 기대를 건다. 자신의 고유한 비즈니스 아이디어를 실제로 그런 식의 태도와 그런 식의 신념으로밖에 보여줄 수 없다니 우습지 않은가! 일단 정식 회사로서 출발만 하면 스타트업에는 모든 것이 용인되는 것 같다. "그렇기 때문에 린 스타트업은 사업 성공을 위한 탐구의 일환으로 비즈니스 모델에 대한 다양한 가정에 근거한 실험이나 테스트를 항상 진행하고 있습니다"라고 겐츠는 설명한다. 그리고 이러한 가정은 끊임없이 업데이트될 것이다. 성공적인 비즈니스 모델을 찾기 위한 실험이라니? 과연 다임러나 지멘스 그리고 독일 군대가 그런 태도 방식으로 조직을 운영하려 할까? 너무나도 비전문적인 방식 아닌가? 그런 면에서 보면 린은 스타트업에 대해 갖는 진부한 환상이나 다름없어 보인다. 혹은 그저 스타트업은 모든 것을 단순화하면 된다고 말하고 있는 것 아닌가?

물론 겐츠는 린 스타트업을 설명하면서 고객 분석이라든지 고객과의 약속, 상품의 다양화, 수익 및 결산 모델, 판매 채널, 서비스 구조 등도 언급하기는 한다. 그러나 린 스타트업이 어떤 것인가는 이미 확실히 설명이 된 것 같다. 겐츠도 린 스타트업의 핵심을 설명하면서 이렇게 말하고 있다. "사무실 내부에 진실은 없습니다. 그러니 건물 밖으로 나가세요."

스타트업 사무실 안에 진실이 없다면 무슨 설명이 더 필요하겠는가? 게다가 그것이 린 스타트업 방식의 핵심이라니 말이다. 어쨌든 믿을 수 없을 만큼 솔직하고 자기비판적인 말이다. 추측하건대, 그런 식의 어법은 아마 금융이나 정치 그리고 유흥가 같은 다른 영역에도 적합할 것이다. 물론 잠재적 고객에게 말을 걸고, 시장조사를 하고, 또 사람들의 행동을 분석하고, 스타트업의 현재를 점검하라는 의미로 해석할 수도 있다. 그렇게 해석하면 사무실을 나서는 것이 사실상 도움이 된다. 하지만 더 많은 정보와 투명성 그리고 궁극적으로는 더 많은 진실을 사무실 안으로 가지고 들어오기 위해서만 밖으로 나갈 가치가 있는 것이다.

내가 단지 비판만 하는 것은 아니다. 린 시스템을 따르고 있는 몇몇 기업은 나쁘지 않은 성과를 거두고 있음을 밝혀둔다. 린 방식에도 여러 가지 장점은 있기 때문이다. 특히 상품 개발 초기부터 적용할 수 있다는 점이나 경영학의 전통적 메커니즘을 다루고 있다는 점이 그렇다. 게다가 린을 주장하는 사람들은 일반적으로 스타트업에 대해 많은 관심과 노력을 기울인다. 그것은 이미 아주 큰 발전이다. 그리고 결정적으로 '사람들이 진정으로 원하는 것을 만들어라'라는 린 스타트업의 기본 원칙은 모든 기업에 깨달음을 준다. 사실 얼마나 많은 기업이 결국 시장에 나서기 위해 다양한 방법론을 찾아 헤매며 완벽을 기하고 있는가.

바캠프와 해커톤

사업으로 발전시킬 만큼 실행력이 충분한 아이디어를 가진 사람이 몇 명 있다고 가정해보자. 이들은 아이디어를 더 발전시키기 위해 모임을 조성할 것이다. 그러나 스타트업 문화에서는 일이 그런 식으로 진행되지 않는다. 스타트업에서는 언제나 이와 정반대 방식으로 진행된다. 스타트업에서는 아이디어를 가지고 있지 않아도 모임이 조성된다. 그리고 '조성'이라는 단어조차 오히려 방해가 된다. '더 발전시킨다'라는 말도 마찬가지다.

그렇다면 다른 점은 무엇일까? 아주 간단하다. 스타트업은 바캠프Barcamp의 가치를 정확히 알고 있다는 것이다. 바캠프는 원래 인터넷 영역에서 생성된 개념으로, 컴퓨터나 웹과 관련된 문제를 다루며 인위적 계획이나 조직 없이, 또한 어떤 정해진 절차나 주제에 구애받지 않을 때 최선의 효과를 발휘할 수 있다. 즉, 내용 등 필요한 것이 모두 즉석에서 독자적으로 만들어진다. 바캠프는 또한 종종 언콘퍼런스Unconference나 임시 언콘퍼런스라고 일컬어지기도 하며, 일종의 개방된 워크숍을 포함하고 있는 공개 학회라고 할 수 있다. 물론 그 목적은 정보 교환에 있다.

바캠프의 역사에 대해 알아보려면 미국 작가 팀 오라일리Tim O'Reilly를 언급하지 않을 수 없다. 팀 오라일리는 1992년 인터넷에서 첫 번째 책을 발표했는데, 1년 후에는 글로벌 네트워크 내비게이터Global Network Navigator라는 최초의 온라인 포털을 개발해 처음으로 인터넷 광고를 게재했다. 이 포털은 1995년 AOL에 매각됐다. 오라일리는 밀레니엄 초기에 일정 수의 사람들을 캠프에 초대해 의견을 교환했다. 캠프에 초대받은 사람들은 일명 '오라일리의 친구들Friends of O'Reilly(FOO)'이라고 불렸다. 푸FOO 캠프에 초대받지 못한 사람은 그와 비슷하지만 모든 사람에게 공개된 모임인 바캠프에 참여할 수 있었다. 최초의 바캠프는 2005년 8월 실리콘밸리의 팰로앨토에 있는 소셜텍스트Socialtext라는 기업의 사무실들을 이용해 개최됐다.

그 이후 누구나 자신만의 바캠프를 개최했다. 심지어 전통적 기업에서도 바캠프 같은 자유로운 회의 방식이 점점 유행했다. 성공적인 스타트업이 되려고 쓴 방법이 이렇듯 일반 기업에도 도움이 되고 있는 것이다. 쿨해 보이기 위해, 그리고 지적 자극이 가득한 밤을 지새우기 위해서라도 바캠프가 개최될 때는 그곳이 어디든 침낭을 챙겨 가는 것이 좋다.

바캠프의 방식은 사실 전통 방식의 세미나와 유사하다. 단지 사전에 계획되지 않는다는 점만 다를 뿐이라 바캠프는 주로 오픈 스페이스 방식으로 진행된다. 즉, 참여자들이 현장에서 자신이 생각하는 주제를 홍보하며 즉석에서 팀을 구성하고자 노력한다. 또한 서로 지식과 경험을 교환하면서 가치 있는 결론이나 구체적 방책을 찾아낼 수 있도록 그 어떤 한계나 제한도 미리 정해져 있지 않고, 또 예측도 할 수 없다.

바캠프에서는 진행자가 중요한 역할을 한다. 어떤 결과가 나오든 간에 진행자는 최종적으로 모든 참여자의 성공을 축하해줘야 하는 임무를 띠고 있다. 바캠프를 마무리할 때는 반드시 여기서 논의된 모든 계획을 공개적으로 발표해야 한다. 그건 그렇고 어째서 그토록 많은 기업이 바캠프 자체를 필수적인 것으로 여기게 되었는지는 잘 이해가 되지 않는다.

해킹Hack과 마라톤Marathon의 합성어인 '해커톤Hackathon'이라는 대회는 좀 더 일에 가깝다. 해커톤 역시 바캠프와 마찬가지로 여러 사람이 모이는 것이기는 하나 소프트웨어나 하드웨어의 공동 개발을 목표로 하는 것이며, 핵데이Hack-Day, 핵페스트Hackfest 혹은 코드페스트Codefest라고 불리기도 한다. 이 대회는 미리 계획을 세워 진행하기 때문에 바캠프보다 짜임새가 있다. 해커톤에서는 다양한 분야의 전문가들이 모여 팀을 구성해 대회 마지막에는 대부분 좋은 결과물을 만들어내는데, 상금을 받을 수도 있다. 예를 들어, '테크크런치 디스럽트 콘퍼런스TechCrunch Disrupt Conference' 같은 소셜 게이밍 해커톤 대회는 우수한 결과물에 대해 25만 달러의 상금을 준다.

변화를 원하거나 혁신적 아이디어를 발견하고자 하는 전통적 기업에 해커톤은 매우 유용한 해법이 될 수 있다. 물론 해커톤을 개최하는 기업은 사전에 원하는 주제와 목표를 설정해놓아야 한다. 하지만 해커톤이 최종적으로 무언가를 변화시켰든 아니든 참가자들의 긴 인생 여정에 남는 것은 노트북에 붙일 스티커 하나뿐이다.

여섯 번째 거짓말

스타트업은 매우 자유분방하다

넥타이의 종말과 스타트업의 유니폼

기업의 경영인들은 수십 년 동안 어두운 색상의 양복을 입고 사무실로 출근했다. 그 모습이 꼭 펭귄을 연상시킨다. 딘DIN 규격(독일의 산업 표준—옮긴이)과 마찬가지로 누구도 감히 어길 수 없는 규칙처럼 여겨졌다. 그런데 그 획일적 모습에 대한 압박감이 꽤 오래전부터 점차 줄어들었다. 스타트업들이 직장인도 얼마든지 자유롭게 옷을 입을 수 있음을 보여준 것이다. 그런데 그들은 정말로 자유로워졌을까?

우선 대기업의 고위 경영진이 스타트업의 쿨함을 따라잡으려고 얼마나 안간힘을 쓰고 있는지가 눈길을 끈다. 얼마 전까지만 해도 직장 생활에서 직급이 올라갈수록 넥타이는 필수 요소였다. 넥타이는 그렇게 권력의 과시인 동시에 사업 파트너에 대한 존중의 표시였다. 예를 들어, 지금도 대다수 은행은 창구 직원들이 보통은 넥타이 차림으로 근무한다. 마찬가지로 직급이 높을수록 어두운 색상의 양복을 입는다. 그래서 고위 경영진이 모여 있는 모습은 영락없이 펭귄 무리와 닮아 보인다. 로리오(독일의 코미디언—옮긴이)의 유행어처럼 크리스마스트리를 '예전에는 금속 실'로 장식했듯 과거에는 더 많은 사람이 넥타이를 맸다. 획일적 유니폼은 활동을 제약한다. 따라서 옛날처럼 넥타이를 강요하는 문화가 사라지고 있는 것은 참으로 다행이다.

솔직히 말해 스타트업 역시 직원들에게 머리부터 발끝까지 또 다른 식의 유니폼을 강요하고 있다. 우선 신발부터 캔버스화나 운동화만 신어야 하고, 청바지에 표어가 새겨진 티셔츠를 입도록 한다. 그리고 쿨하게 기른 수염과 역시 쿨해 보이는 헤어스타일을 원한다. 여기서 쿨하다는 것은 가능한 한 신경 쓰지 않은 것처럼 보여야 한다는 말이다. 그래야 몇 날 며칠을 밤낮없이 차고에서 일에 몰두했다는 인상을 심어줄 수 있기 때문이다. 특히 캘리포니아는 가뭄으로 늘 물이 부족할 뿐 아니라 차고에는 보통 수도 시설도 없어 몸단장은커녕 위생에 신경 쓸 여유조차 없는 것이다.

언제부터인가 다임러의 디터 체체 등 대기업 CEO들이 스타트업에서 유행하는 현대적 커리어 룩을 따라 하고 있다. 최소한 부분적으로라도 말이다. 《쥐트도이체 차이퉁》은 그들을 '보다 자유분방한 기업의 수장'이라 명명했으며, 《프랑크푸르터 알게마이네 차이퉁》은 '권력의 표상이었던 넥타이의 종말'이라는 표제 아래 기사를 냈다. 18세기 이야기를 하고 있는 것이 아니다. 그 기사는 2015년 12월, 비교적 최근에 작성된 것이었다.

《프랑크푸르터 알게마이네 차이퉁》 기사를 좀 더 소개한다. '실리콘밸리로부터 배운다는 것은 승리하는 법을 배운다는 의미다. 오늘날 경영인은 넥타이를 매지 않는다.' 2019년 5월까지 거의 30만 명의 직원과 함께 약 1,500억 유로 상당의 매출을 달성한 글로벌 기업을 이끈 디터 체체 같은 사람이 실리콘밸리로부터 넥타이를 푸는 법을 배웠다니 인상적이지 않은가.

이 경제 신문은 다임러 같은 기업의 기사를 작성하면서 다른 내용은 전혀 다루지 않고 CEO가 갑자기 넥타이를 매지 않는 것만을 물고 늘어졌다. 어쨌든 스타트업이 기존 기업이나 경영자들의 사소한 겉모습에까지 영향력을 미치고 있다는 사실을 알 수 있다.

그러나 체체가 보여준 모습을 통해 그가 보스턴의 혁신적 스타트업 이미지를 아무런 저항 없이 순순히 받아들였다는 것도 알 수 있다. 다임러는 그 자체가 전통이자 발명가 정신 및 혁신을 대표하는 기업이다. 특히 메르세데스 벤츠는 자동차를 발명한 장본인이다. 그런데 갑자기 그 모든 것이 더는 가치가 없어진 것인가? 다임러는 가상의 스타트업 차고가 만들어낸 플라세보효과를 적용해보는 중인가? 《더 서클》의 작가 데이브 에거스라면 아마도 이런 것을 '왕을 위한 홀로그램'이라 부르지 않을까?

또 다른 예로 뉘른베르거 보험회사를 살펴보자. 바람직하게도 이 회사의 마케팅 부문에서 개혁의 바람이 불기 시작했다. 이 보험회사의 외근 사원이 배부하는 서류의 내용만 보아도 시대에 맞지 않는 진부한 말로 가득 차 있었으므로 개혁은 그야말로 절실한 문제였다. 몇 종류 되지 않는 회사 홍보 책자의 내용은 물론, 하다못해 회사의 로고조차 너무 구식이었다. 드디어 회사의 이사회는 개혁 방침을 정하기로 했다. 그것은 바로 '지금 당장 넥타이를 풀자!'였다. 그들은 스타트업의 20대 CEO들처럼 자유분방한 태도로 일하고 싶어 했다.

평균 연령이 60대 이상으로 하나같이 어두운 색상의 양복과 새하얀 셔츠를 입고 있었던 10명의 이사들은 즉시 수천 명의 직원들 앞에 나섰다. 물론 넥타이를 푼 채로. 그런데 비서실과 마케팅 부서 여직원들과 이사회의 결과를 발표하는 현장의 여성 진행자 말고는 이사들 중에는 여성이 없었기 때문에 개혁 방침의 효과가 제한적으로 보일 수밖에 없었다. 만약 앞으로 더는 넥타이를 매지 않겠다고 결의한 이사회의 구성원 10명이 모두 젊은 여성이었다면 혹시 좀 다르게 보였을까? 이사회에서는 보통 그러한 결정을 농담으로 하지 않는다.

디지털 시대에 걸맞은 옷차림의 요구는 전설적인 애플 창업자이자 모든 스타트업의 아버지라고도 할 수 있는 스티브 잡스가 만들어낸 것이나 다름없다. 실리콘밸리의 창업자로서 12개월 이상을 버텨낸 사람이라면 모두 대단하다고 해도 좋을 것이다. 그러나 잡스는 이미 한참 전부터 전설적 인물로 받아들여졌고, 미래적 사고의 선구자로 여겨졌다. 잡스는 언제나 미래지향적 사고에 빠져 살았기 때문에 종종 현재의 삶을 잊어버리곤 했다. 즉, 보통 사람들처럼 옷 입는 법을 잊고 말았다. 1990년대 말 다시 애플로 복귀한 후 잡스는 거의 운동화에 청바지와 검은색 터틀넥 스웨터만 입고 다녔다. 잡스가 똑같은 청바지를 수백 장 가지고 있다는 소문이 돌 정도였는데, 2011년에 그가 죽고 나서야 그것은 진실이 아님이 밝혀졌다. 참고로, 잡스는 이미 1970년대부터 터틀넥 스웨터를 즐겨 입었으나 그때는 누구도 그것을 잡스의 트레이드마크로 생각하지 않았다. 또한 당시 잡스는 곧잘 맨발로 돌아다녔다. 심지어 애플 II의 자금 조달을 위해 아타리[Atari]의 CEO 조 키난과 중요한 만남을 가졌던 순간에도 그는 맨발이었다.

스티브 잡스는 과거에도 그리고 현재도 여러 면에서 스타트업의 모범이다. 거기에는 물론 잡스 특유의 옷차림도 포함된다. 실제로 잡스는 애플에 유니폼을 도입하려 했었다. 그것이 종국에는 애플뿐 아니라 실리콘밸리를 넘어 전 세계로 확산된 셈이다. 그의 유니폼 아이디어는 사람들의 뇌리에 쿨하다는 인상을 깊이 새겨놓았다.

그런데 사실 그 아이디어는 잡스가 훔친 것이었다. 월터 아이작슨Walter Isaacson이 쓴 잡스의 전기를 보면 애플의 전설보다 먼저 운동화를 신었던 사람은 저항가로 유명한 요슈카 피셔였다고 한다. 1985년 요슈카 피셔는 하얀 운동화를 신고서 첫 번째 녹색당 출신 독일 장관으로서 복무 선서를 이행했다. 그러나 사람들이 신뢰하는 이 내용은 틀렸다. 잡스가 유니폼 아이디어를 훔친 대상은 바로 소니였다. 일본의 전자제품 회사 소니는 한때 애플보다 훨씬 더 쿨했다. 워크맨을 발명한 소니가 모든 것의 표준으로 여겨지던 때도 있었다. 그러나 전쟁을 거친 후 일본 국민들이 입을 옷을 충분히 구할 수 없었다는 사실을 간과해서는 안 된다. 그런 이유로 일본 기업들은 평상복 문제에 특히 더 관심을 갖지 않을 수 없었다. 요즈음 기업들이 주로 업무용 자동차나 사택으로 다른 기업들과 차별화를 꾀하는 것과 마찬가지로, 과거 일본 기업들은 근무복을 채택함으로써 회사의 가치를 높이려 했다.

1980년경 일본의 소니를 방문했을 때 잡스는 당시 소니의 아키오 모리타 사장으로부터 유니폼이 직원들의 회사에 대한 소속 의식을 더 높여 줄 수 있다는 말을 듣게 된다. 소니의 직원들은 직책별로 붉은색, 파란색 혹은 초록색 유니폼을 입고 있었다. 그러한 방식이 매우 마음에 들었던 잡스는 소니를 따라 하려고 했던 것이다. 잡스는 곧 일본의 디자이너 이세이 미야케에게 애플 직원을 위한 유니폼을 만들어달라고 주문했다. 그러나 결과적으로 미국의 애플 직원들은 그 유니폼을 입을 수 없었다. 소매가 없는 조끼를 입자는 잡스의 아이디어가 갖은 야유를 받았기 때문이다.

그럼에도 불구하고 잡스는 이세이로 하여금 계속해서 검은색 터틀넥을 만들게 했다. 이런 사실로 미루어 잡스는 슈바벤(독일 남부의 역사적인 지역—옮긴이)의 혈통을 물려받았음이 틀림없다. 잡스의 전기에 의하면 그는 이 옷을 수백 벌이나 주문했다는데, 분명 평생 입어도 충분할 정도였을 것이다. 말하자면 잡스는 유니폼을 잔뜩 만들어놓고 혼자서만 입었던 셈이다. 그건 그렇고 기술 전문 사이트인 기가Giga.de는 잡스가 2~3년 동안 연속으로 청바지만 입었다고 주장하면서 다양한 사진으로 그것을 증명해 보이려 하고 있다. 그런데 잡스는 어떤 운동화를 신었을까? 검색해보면 아마 적어도 1982년 이후부터는 운동화도 오로지 뉴발란스New Balance만을 신었던 것 같다. 세상은 아직까지도 잡스의 옷차림을 '시그니처 룩'이라고 표현한다.

고유한 상표 표시가 있는 것은 아니지만, 잡스의 시그니처 룩은 이미 오래전부터 독일 기업의 중역들 사이에서 유행하고 있다. 그 양상은 마치 끈적끈적한 꿀을 떠올리게 한다. 앞에서 언급한 다임러의 전 CEO 체체가 그 첫 주자는 아니다. 그보다 앞서 알리안츠Allianz의 CEO 올리버 배테가 새빨간 운동화를 신고 주주총회에 출석한 적이 있다. 당시 언론들은 그가 신었던 자극적인 색상의 운동화가 개혁을 의미한다고 평가했다. 물론 디지털 전환을 위한 개혁이었다. 하지만 비평가들은 반대로 이것을 단순히 곤혹스러운 것으로 평가했다. 새빨간 신발을 신는 것 말고 다른 것도 보여주어야 했을까? 그런데 설혹 배테가 여기에 덧붙여 무언가를 준비했더라도 사람들이 알아차리기에는 이미 그의 운동화가 너무 강렬했다.

그럼 이제 2013년부터 지멘스의 최고경영자 자리에 있는 요제프 케저에 대해 이야기해보자. 그는 세계 무대에서 활동의 편의를 위해 자신의 이름을 오직 조 케저Joe Kaeser로만 고쳐 사용하고 있다. 케저는 공개적으로 "우리 회사에서는 누구든 자신이 입고 싶은 대로 입을 수 있습니다"라고 발언했으며, 청바지에 넥타이 없이 셔츠 단추를 풀어놓은 모습을 보여주며 솔선수범한다. 케저가 그런 옷차림으로 처음 등장한 장소는 한 스타트업 행사장이었다.

스스로 정한 옷차림을 고수하는 사람이 여기 또 있다. 페이스북 창업자 마크 저커버그로, 그는 회색 티셔츠만 입는다. 물론 항상 똑같은 것을 입지는 않는다. 단지 비슷할 뿐이다. 저커버그의 옷장은 회색 옷으로 가득 차 있다. 이것은 언젠가 저커버그가 연설 중 직접 발설한 사실이다. 그는 이렇게 덧붙였다. "엉뚱하게 들릴지라도 사실입니다." 저커버그가 회색 티셔츠만 입는 것은 페이스북 이용자들에게 도움이 되기 때문이라고 한다. 어떻게 도움이 된다는 것일까? 저커버그의 말을 인용한 2014년 《뉴욕타임스》의 인터뷰 기사를 읽어보면 이유를 알 수 있다.

저커버그는 자기 삶을 단조롭게 함으로써 페이스북 커뮤니티 개선에 도움이 되지 않는 불필요한 결정을 가능한 한 적게 하려 한다고 말했다. 일하는 데 투자해야 할 시간과 에너지를 옷차림을 정하는 것 같은 사소한 결정에 낭비하고 싶지 않았기 때문에 저커버그는 그런 일은 가급적 피하려 노력한다고 한다. 그러면서 자신과 같은 유형의 사람들로 스티브 잡스와 버락 오바마를 언급한다. 친애하는 마크 씨, 그랬군요.

스티브 잡스는 아키오 모리타를 모방했고, 마크 저커버그는 또 스티브 잡스를 모방했다. 다른 말로 하면, 애플은 소니처럼 되려 했고, 페이스북은 애플처럼 되려 했던 것이다. 그리고 스타트업 창업자들은 마크와 스티브처럼 되고 싶어 한다. 또 다임러는 스타트업처럼 하려고 한다. 재미있는 세상이지 않은가.

저커버그는 회색 티셔츠를 즐겨 입지만, 때때로 회색 후드 스웨터를 입기도 한다. 그것은 '후드티'라고도 불린다. 그런 옷은 스타트업에 유니폼이나 다름없다. 독일에서 디지털 업계에 종사한다고 생각하는 사람은 누구나 후드티를 입는다. 심지어 신뢰할 만한 언론사의 수장들조차 그렇다.

후드티는 매우 미국적인 것으로 여겨진다. 마치 스님 복장처럼 보인다는 점만 제쳐둔다면 말이다. 1930년대 의류 업체 챔피온Champion은 뉴욕의 냉동 창고 근무자들을 위한 작업복으로 후드티를 만들었다. 또 2012년 트레이본 마틴Trayvon Martin이라는 한 흑인 소년이 목숨을 잃은 후 뉴스 앵커인 제랄도 리베라가 젊은이들에게 스스로를 위험에 빠뜨리는 후드티를 입지 말라고 요청한 것을 계기로 후드티는 인종차별주의에 반대하는 소리 없는 저항을 상징하기도 했다.

저커버그는 페이스북이 상장된 2012년 이전에 이미 후드티를 입기 시작했다. 그 모습이 마담 투소Madame Tussauds(런던 등 세계 여러 대도시에 있는 밀랍 인형 박물관—옮긴이)에도 전시되어 있다. 벨트welt.de에 올라온 한 기사는 후드티에 대해 이렇게 언급한다. '후드티는 남성의 패션 본성을 드러낸다. 후드티를 선택할 때 40퍼센트는 감성에, 또 40퍼센트는 우연에, 15퍼센트는 지식에, 마지막으로 5퍼센트는 취향에 근거한다. 그리고 후드티는 소유자가 기본적으로 중시하는 것이 무엇인지 보여준다. 다시 말해, 약간의 모순적 일탈이나 역사적 의미 혹은 색상이나 소재의 차이 등이 기능성 속옷과 같은 역할을 한다.'

실리콘밸리에서 성공한 스타트업 경영인 중 한 사람으로 인정받고 있으며, 페이팔의 공동 창업자인 피터 틸이 스탠퍼드 대학에서 세미나를 연 적이 있다. 틸은 자신의 대학 강의 내용을 묶어 《제로 투 원》이라는 책을 발간했는데, 그 책에서 그와 동업자가 투자자를 구하러 다니는 스타트업 창업자들을 어떤 방식으로 평가하는지를 이렇게 설명한다. '청정 기술 기업의 경영자들은 양복에 넥타이를 매고 왔다. 우리가 보기에 불길한 징조였다. 기술자라면 보통은 청바지와 티셔츠를 입고 다니기 때문이다. 그래서 우리는 간단한 규칙을 하나 정했다. 양복을 입고 나타나는 사람과는 거래하지 않는다.'

놀랍게도 피터 틸은 서로 관련성이 없는 두 가지를 억지로 묶으면서 판단력의 부재를 여지없이 드러냈다. 그것도 공공연하게 말이다. 1970년대 수준의 인공지능도 그보다는 나은 판단력을 보여줄 것이다. 안타깝지만 피터 틸은 스타트업이 어떻게 돌아가고 있는지를 정확히 알려준다. 복장 선택이 평가의 요소가 되는 것은 분명 맞다. 그렇지만 자유분방함과 느슨한 복장 선택이 동의어는 아니다.

'문화 개혁 4.0', 경어 사용 금지

스타트업 열풍이 옷차림에만 영향을 미친 것은 아니다. 경영진이 쿨하고 자유분방하게 넥타이를 풀고 빨간색 운동화를 신는다고 해도 충분치 않다. 스타트업 문화를 형성하는 중요한 구성 요소가 아직 더 남아 있다. 바로 경어를 사용하지 않는다는 것이다. 애플과 페이스북, 구글 직원들은 서로에게 경어를 쓰지 않으며, 이들은 하나같이 젊고 똑똑하고 성공한 사람들이다. 모든 이가 그들처럼 되고 싶어 한다. 그래서 이 책에서 우리도 경어를 쓰지 않고 있지 않은가. 자, 그럼 경어를 쓰지 않는다는 것이 어떤 의미인지 알아보자.

함부르크에 있는 통신판매 회사 오토Otto는 이런 트렌드를 가장 먼저 받아들인 기업에 속한다. 오토의 이사회는 직원들에게 앞으로 경어를 쓰지 않는다는 회사 방침이 담긴 통지문을 전달했다. '문화 개혁 4.0(회사를 보다 효율적이고 고객중심적으로 변신시키기 위해 오토 그룹이 자체적으로 추진한 프로젝트—옮긴이)는 호칭에도 적용된다.' 임직원 사이의 모든 장애물과 위계질서를 타파하겠다는 것이었다.

오토의 전 부문에서 직원들이 경어를 쓰지 않기로 했으므로 자연스레 자회사 바우르Baur 역시 그 방침을 따랐다. 그런데《타게스슈피겔》이 조사한 바에 따르면 바우르에서는 그러한 문화 개혁 프로젝트가 제대로 실행되지 못했던 것 같다. 그런 까닭에 대표이사 알베르트 클라인은 식사 중 한 수습사원에게 회사의 방침대로 반말을 하도록 제안했다고 한다. 《타게스슈피겔》의 2016년 7월 22일 자 기사는 클라인이 "솔직히 말해 저처럼 나이 먹은 사람들은 반말 문화에 적응하는 일이 아주 쉽지만은 않습니다"라고 말했다고 인용하고 있다.

말을 놓는 것은 위계질서를 허무는 일이다. 스타트업에 어떤 위계질서도 존재하지 않는 것처럼 과연 이 방법이 다른 일반 기업에도 동일한 효과를 가져다줄까? 경어를 쓰지 않는 것이 정말 좋은 문화일까? 이틀 뒤 《매니저 마가진》은 다음과 같은 기사를 작성하며 의문을 표했다. '현대의 경영인은 너무 많은 경우에 형식에 얽매이지 않으며 매사 개방적이고 민첩하고 혁신적이다. 그래서 스타트업 현장의 창의적인 생각들을 받아들이려고 노력하는 것이다. 기업의 중역들 역시 이 새로운 반말 문화를 자연스럽게 받아들이는 듯 보이지만, 실제로 그것은 그들의 진심일까, 아니면 단지 겉으로만 그런 체하는 것일까?'

경어를 쓰지 않는 문화는 이미 수년 전부터 기업 및 정치 영역에도 스며들었다. 《디 벨트》는 2016년 6월 10일 자 신문에 '여전히 반말을 하실 건가요, 아니면 다시 존칭을 쓸래?'라는 표제의 기사에서 이런 일화를 소개했다. 1990년 베를린 장벽이 무너지고 옛 독일 총리 헬무트 콜이 구동독의 마지막 총리인 로타어 데메지에르에게 말을 놓자고 제안하자 데메지에르는 이렇게 답했다. "총리님, 저는 40년 동안 동독 당원 동무들과 반말을 하고도 버티지 못했는데 여기 독일에서 다시 반말을 할 수는 없습니다."

《쥐트도이체 차이퉁》 2010년 5월 22일 자 신문에 실린 '반말 혹은 존칭? 반말하는 기업'이라는 표제 기사에서 또 다른 사례를 찾아볼 수 있다. 2010년 총 1,250명 직원이 근무하고 있던 팀방크 뉘른베르크Teambank Nürnberg는 즉시 경어 사용을 포기하기로 결정했다. 그때부터 모두들 팀방크의 CEO 테오필 그라반트를 그저 '테오'라고 불렀다. 한스 오토 슈라더는 오토 통신판매 회사의 5만 3,000명 직원과 말을 놓았고, 리들Lidl의 수장 클라우스 게릭은 슈바르츠 그룹Schwarz-Gruppe을 장악하고 있었을 때 직원 37만 5,000명과 말을 놓았다. 물론 포르쉐의 CEO 올리버 블루메도 직원들과 반말을 하고 있다. 《쥐트도이체 차이퉁》의 2018년 8월 8일 자 신문에서는 직원들과 말을 놓고 있는 CEO를 더 찾아볼 수 있다.

그렇다면 반말 사용으로 사람들에게 자사가 스타트업이라는 인식을 더 빨리 심어줄 수 있는 것일까? 전혀 그렇지 않다. 직장 상사가 반말로 지시를 내리면 특히 더 냉정하게 들린다. "지금 당장 네가 이것 좀 해. 그리고 저것도……." 이런 말투는 전혀 친절하게 들리지 않는다. 그리고 반말은 자본주의를 더욱더 촉진한다. 존칭을 사용하면 더 길게 말해야 하고 상대방과의 거리도 더 멀어질 수밖에 없는데, 반말 사용은 그 시간과 거리를 줄여주므로 결과적으로 더 빨리 돈을 벌 수 있다. 또 반말은 고용과 해고를 쉽게 만든다. 쿨하게만 들릴 뿐 반말을 사용하는 상대방에게서는 존중하는 마음이나 약간의 의무감조차 느낄 수가 없다. 그리고 반말은 문화 개혁이 긍정적 결과를 가져올 것이라고 믿는 사람들을 기만한다.

기업을 경영하다 보면 항상 '이해 충돌' 상황과 맞닥뜨리게 마련이다. 반말은 절대 문화가 아니다. 따라서 그것은 문화 개혁이 될 수 없으며, 오히려 문화 파괴가 될 것이다. 또한 반말은 일과 프라이버시의 경계를 허물어버린다. 원래대로라면 오전 9시부터 오후 5시까지만 경어를 쓰면 되었지만, 기업 문화를 개혁한다는 명목 아래 꼬박 하루 24시간 동안 반말을 써야 하는 것이다. 물론 직장 동료들과 반말로 이야기를 나누면서 더 우정 어린 관계로 발전시킬 수 있다는 점에서는 직장 생활에 도움이 될 수도 있다. 그러나 반말 사용이 기업의 경영진에 의해 강요되는 것임을 고려하면 그 속에서 우정이 생겨날 수는 없을 것이다. 결국 반말하는 문화는 인위적이고 가식적일 뿐이다.

이케아 직원들은 예전부터 반말을 써왔다. 반면 다른 가구 업체들은 우정카드를 판매하고 있다. 이케아는 실리콘밸리에도 있다. 거기에는 반말을 들었다고 해서 불쾌해하는 사람이 없다. 물론 영어 자체가 원래 존칭 없이 무뚝뚝한 'You'만 가지고 있기 때문이기도 하다. 또 한편으로는 사람들의 성향 때문이기도 하다. 실리콘밸리에 사는 사람들은 독일 사람처럼 뻣뻣하지 않다. 너, 다 이해했니?

본래 반말이란 스타트업과 아무런 관련도 없이 싹튼 것이다. 독일에서는 1960년대 게두체[Geduze]로부터 시작되었는데, 게두체는 좌파 대학생들이 권위주의에 반대하여 발표한 공식 성명으로 반말 사용을 주장한 것이었다. 《쥐트도이체 차이퉁》이 '반말 혹은 존댓말?'이라는 기사로 이것이 진실임을 확인해주고 있다. '반말을 씀으로써 민중의 연대의식과 기분 좋은 안정감을 느낄 수 있었다. 당연히

저 바깥은 총체적으로 기만적 관계 속에서 인간을 소외시키는 존댓말의 냉기가 지배하고 있다. 그러나 우리들의 관계는 전혀 다르다. 언어가 인간의 집이라면 학생다운 반말은 우리들의 기숙사이다.' 당시 반말을 하는 것이 얼마나 용기 있는 행동이었는가는 2016년 6월 10일 자 《디 벨트》 기사를 읽어보면 알 수 있다. 1977년 시장에서 장사를 하던 쿠니군데 헤르프스트라는 뉘른베르크 출신 여성은 반말을 고집했다는 이유로 2,500마르크(한화 약 150만 원—옮긴이)의 벌금형을 선고받았다.

스타트업과 노트북과 스티커

스타트업 종사자들이 사용하는 노트북 겉면에는 반짝거리는 스티커들이 덕지덕지 붙어 있어 특히 눈길을 사로잡는다. 노트북에 스티커를 붙이는 행동에는 어떤 의미가 숨어 있을까? 여담이지만, 수십 년 동안 도로 교통에서 통용되는 불문법이 있었다. 누군가 모자를 쓴 채 운전하고 있다면 그것은 일종의 경고다. 특히 대표적으로 메르세데스 운전자들이 그런 부류에 속했다. 그 부류의 사람들은 슈바벤 출신의 록 가수 볼레 크리바넥이 1980년에 불렀던 노래(이 파 다임러I fahr Daimler—옮긴이)의 가사를 떠올리게 한다. '나는 다임러를 몰아요. 인조 다이아몬드는 나의 것이죠.' 과거에는 모자가 다른 사람들에게 경고 신호를 보낸 것처럼 현재는 베버Bebber가 그 역할을 하고 있다. '베버'는 슈바벤 지방의 사투리로, 글로벌한 인상을 주려면 '스티커'라고 말하는 것이 좋겠다.

이제 본격적으로 스티커 이야기를 해보자. 더 정확히 말하면 열려 있는 노트북의 겉면에 붙어 있는 스티커에 관한 이야기다. 그 스티커는 편협한 기술자들을 경계하라는 일종의 신호다. 그들은 자아도취적 오만함과 자만심에 빠져 자신이 항상 옳다고 생각하기 때문에 타인의 견해는 받아들이지 않는다. 스티커는 곧 노트북 소유자의 경고 메시지인 셈이다.

'이 사람은 당신의 삶과 건강을 순식간에 위험에 빠뜨릴 수 있을 정도로 공격적입니다. 자칫 잘못하다가는 이유 없는 싸움에 휘말릴 수도 있습니다! 그러므로 무조건 이 사람을 멀리하는 것이 좋습니다. 다시 한 번 경고합니다. 이 스티커가 보이면 당신의 생명이 위태로울 수 있거나 지속적으로 고통받을 수 있다는 의미입니다. 그러니 당장 밖으로 나가고 불은 최대한 꺼주세요!'

노트북 스티커는 힘의 과시라고 할 수 있다. 즉, 넥타이 역할을 대신할 수 있다. 여유로운 사람들이 마치 트로피인 양 여행용 캐리어 겉면에 파리나 로마, 뉴욕 등 여러 나라에서 구한 스티커를 붙여 과시하는 것과 마찬가지로 노트북에 붙어 있는 스티커는 소유자의 이력을 나타낸다. 당연히 이 경우에는 여행한 국가를 알려주는 것이 아니라 방문했던 회사들을 표시하는 것이다. 특히 실리콘밸리에 있는 회사들 말이다.

스타트업의 스티커는 인기가 있다. 아직 정확히 알려진 바는 없지만 사람들로부터 신뢰를 받는 회사의 스티커라면 더욱 그렇다. 마음에 드는 회사의 스티커는 표면의 끈적끈적함을 감수하면서까지 아끼는 노트북에 붙인다. 특히 어도비, 세일즈포스 같은 회사의 스티커가 사람들이 가장 선호하는 스티커다. 이들 기업은 록 콘서트와 결합한 판매 이벤트를 개최해 매년 수천 명의 사람들과 잠재적 고객, 언론인 들을 런던, 라스베이거스 또는 샌프란시스코로 불러들이고 있다.

사실이다. 소프트웨어를 팔기 위해 정말 수만 명이 행사에 초대받고 있다. 그들 중에는 숙박 및 항공을 제공받는 이들도 있다. 물론 아무나 초대받을 수 있는 것은 아니다. 세일즈포스가 가장 선호하는 고객은 약 2,000유로 이상을 소비할 계획을 가진 사람들이다. 행사에 다녀온 사람들이 노트북에 관련 스티커를 붙여 자랑하는 것을 보면 이런 행사가 꽤 성공을 거두고 있는 모양이다. 정말 기발한 아이디어다.

과거 1970년대와 1980년대에도 스티커가 유행한 적이 있다. 그때는 자동차 뒷부분의 녹슨 얼룩을 감추려고 스티커를 붙였다. 녹이 심할수록 더 많은 스티커가 붙어 있었다. 이제 그 자리를 유치해 보이는 스타트업 스티커들이 대신하고 있다. 무엇을 위해서일까? 시작을 위해서, 투자를 위해서일까? 아니면 그저 믿음, 소망, 사랑 때문일까? 스티커는 또한 정체성을 표현한다. 즉, 나의 일부다. 실리콘밸리에서는 노트북 겉면을 보고 그 소유자의 경력을 한눈에 알아볼 수 있다. 예를 들어 이런 식으로 말이다. 25세밖에 되지 않았는데 스타트업을 다섯 군데나 거쳤나 보네.

그중에서도 애플의 로고가 들어가 있는 스티커는 아주 인기가 많다. 애플 사 장비를 사용해야만 쿨하다고 인정받을 수 있기 때문에 회의실마다 여기저기 사과가 번쩍거린다. 사과와 스티커가 만나면 더 근사할 것이다. 이런 스티커는 어떨까. 백설공주가 손에 사과를 들고 있는 디자인의 스티커라든가 사람이 사과에 기대어 서 있는 디자인 말이다. 혹은 사과 앞에 'An'을 두고 뒤에는 'a day……' 라는 글자를 위치시켜도 괜찮을 것 같다. 또 이제 막 사과를 베어 먹으려고 하는 말의 머리 부분만 그림자로 표현한 스티커도 기발할 것 같지 않은가. 그 스티커에는 '오…… 내 거야?'라는 문구를 붙일 수도 있을 텐데.

노트북의 스티커는 대체로 낮은 자존감을 은근히 암시하는 셈이다. 또 정도에 관계없이 어느 정도 익살을 담고 있다. 그래서 스티커를 보면 소유자가 얼마나 쿨한 사람인지 알 수 있다. 특히 '#로이프트LÄUFT'(달리다, 진행되다 등 여러 가지 활동적인 것을 의미한다—옮긴이)라는 단어가 보인다면, 그 사람은 쿨한 사람이다. 다음 격언은 우리끼리만 아는 것으로 하자.

'나는 절대 지지 않는다. 이기거나 배울 뿐이다.'

'밖으로 나가라.'

'커피는 언제나 옳다.'

'성공하거나 완전히 실패하거나 끝까지 간다.'

'나는 단지 도구가 아니다. 도구를 담은 상자다.'

'명심해. 내가 아무리 서툴고 미숙해도…… 내 인생은 한 번뿐이야.'

'꿈을 꿀 수 있다면, 그 꿈을 이룰 수도 있다!'

'지금 하고 있는 일을 사랑하라.'

'우리는 다 같은 사람이다.'

'행복한 생각을 해야 행복해진다.'

'자신을 사랑하라.'

'평범함을 거부하라.'

'새로운 도전을 두려워하지 마라.'

'두고 봐.'

스티커가 노트북 소유자의 성격에 대해서는 어떤 정보를 줄까? 아마도 얼마나 진취적이고 글로벌한 마인드를 가진 사람인지 알려줄 수 있을 것이다. 혹은 바캠프나 해커톤 등에 참여했던 사람이라는 점도 알려준다. 스티커는 언제나 소유자의 도전 정신을 드러낸다.

스타트업에서 노트북에 스티커를 붙이는 것은 어느새 필수 사항이 되어버린 듯하다. 그러나 결국 자신의 노트북에 스티커를 붙이지 않고 버틸 수 있는 사람이 진정으로 자유분방하고 자신만만하며 쿨한 사람 아닐까.

스타트업의 명함 슬로건

스타트업은 설립되기도 전에 명함부터 찍어내는 것 같다. 스타트업에 근무하는 젊고 톡톡 튀는 직원들은 스마트폰으로 얼마든지 서로 소통하고 원하는 정보를 주고받을 수 있음에도 불구하고 책상 위에 명함을 비치해두고 있다.

스타트업의 명함을 받고 느끼는 첫인상은 모두 비슷하다는 것이다. 스타트업의 상호는 언제 변경해도 상관없을 듯 보이고, 어떤 일을 하는 회사인지 명함만으로는 알 수가 없다. 심지어 명함에 박아 넣은 슬로건이나 표어도 애매모호하고 구체적 내용을 담고 있지 않다.

W&Vwuv.de의 2018년 9월 14일 자 기사에서 디지털마케팅박람회에 참여한 몇몇 업체의 명함 슬로건을 찾아볼 수 있다.

'진정한 관계. 지금 바로 시작하십시오' (린플럼Leanplum)

'디지털 미디어 그 이상을 위하여' (인탱고Intango)

'경험해보세요' (사이트코어Sitecore)

'영감을 드립니다' (시즈맥Sizmek)

'경험이 차이를 만든다' (스타일라Styla)

글쎄, 이런 명함을 받은 사람들은 그저 고개만 끄덕이고 지나쳐 버리지 않을까? 마치 저절로 머리를 흔들어대는 강아지 장식품처럼 말이다. 물론 클라나Klarna의 '원활한 지불'이나 파인도로직Findologic의 '검색은 그만—찾으세요!'와 같이 바람직한 슬로건을 내걸고 있는 스타트업도 있긴 하다.

이렇듯 전문성이 부족한 스타트업도 많다. 디지털마케팅박람회에서는 수천 개 업체가 커다랗게 표시한 상호와 로고를 앞에 두고 서로 경쟁하고 있지만 그중 95퍼센트는 사람들이 전혀 들어보지도 못한 상호명이다. 꽤 많은 회사가 좋은 자리를 잡기 위해 수십만 유로를 지불하면서도 제대로 된 홍보 전략에 대해서는 고민하지 않는다. 스타트업이라면 디지털 홍보 전략이라도 있어야 할 텐데 말이다.

스타트업의 명함을 받았을 때 다음으로 눈에 띈 것은 직원의 직함이다. '마케팅매니저', '케어매니저', '세일즈매니저' 등 그들은 하나같이 매니저를 자칭한다. 디지털마케팅박람회에서 한 중소기업으로부터 전자상거래에 관한 구체적 전략을 질문받자 "저희는 모든 게 가능합니다"라고 대답한 어느 스타트업의 고객성공책임매니저는 굉장히 태평해 보였다. 그 매니저는 구체적으로 어떤 고객이 목표인가 하는 물음에도 "저희는 어떤 고객에 대해서도 제대로 대응할 준비가 되어 있습니다"라고 답했다. 계속해서 "저희는 상거래를 위해 다각도로 노력하고 있습니다"라든가 "저희는 다양한 규모의 기업을 상대할 능력을 갖추고 있습니다" 등의 답변이 이어졌다.

그리고 직책을 단순히 CDO라는 세 글자로 표시한 명함이 특히 많이 보인다. 요즘 세상에 CDO를 가지고 있지 않은 회사는 없는 듯하다. 이 CDO는 과연 무엇일까? 당연히 기독교민주연합 등의 정당을 말하는 것은 아니다. CDO는 일명 '최고디지털책임자Chief Digital Officer'로 CEO(최고경영자), CMO(최고마케팅책임자), CWE(최고만능책임자Chief WhatEver) 같은 방식으로 만들어진 직책명이다.

폭스바겐의 경우 수십만 명 직원 가운데 속도계나 분사식 엔진, 디지털시계 또는 디젤 관련 소프트웨어 등을 전문으로 다루는 디지털 기술자들이 바로 그들이다. 2015년과 2016년 사이 폭스바겐은 고도로 전문화된 기술 업무를 수행하는 CDO 직위를 운용하고 있음을 공공연히 선전하고는 했다. 물론 디젤 사건이 터지기 직전까지의 이야기다.

수많은 경제 신문이 폭스바겐이 새로이 임명한 CDO 요한 융비르트에 대해 '디지털 전환의 성패가 그에게 달려 있다'라든가 '그가 디지털 미래로 가는 길을 제시한다' 혹은 '그가 디지털 변천을 이끈다' 등 칭찬 일색이었다. 하지만 그것도 잠시였다. 이미 뿜어낸 숨 막히는 디젤 배기가스는 사라지지 않았어도 CDO라는 직책은 볼프스부르크Wolfsburg(폭스바겐의 본사가 있는 도시—옮긴이)로부터 멀리 떨어진 어딘가에 여전히 존재한다. 도대체 CDO가 하는 일이 무엇인가? 적어도 폭스바겐에서는 어떤 일을 했는지 짐작해볼 수 있다. 여기저기 미디어가 떠들어대는 바를 종합해보면 폭스바겐의 디젤게이트는 분명 소프트웨어 속임수였다. CDO는 엔진 기술자보다 연비에 더 많은 영향을 미치는 것이다. 이제 CDO가 자동차 제조사에서 무슨 일을 하는지 추측할 수 있을 것이다.

그런데 미디어 업계도 CDO를 간절히 찾아 헤매고 있다. 지금까지는 그런 직책이 없었기 때문에 CDO에 대한 수요는 실로 엄청나다. 미디어 업계는 살면서 이미 한 번이라도 트위터를 사용해보았다는 이유로 저널리스트들을 갑자기 CDO라는 직책에 임명하고 있다.

먼저 꼭 해야만 하는 이야기가 있다. 옛날에 한 젊은이가 갑자기 트위터의 왕이 됐다. 그 왕은 트위터의 최고경영자라고 불리기도 한다. 자, 여기서 질문이다. "친애하는 새 트위터 왕이시여, 여태껏 트위터에 몇 건이나 글을 올리셨습니까?" 이 세상의 모든 물음에 대한 왕의 대답은 42건이었다. 아니, 불행하게도 《한델스블라트Handelsblatt》(독일 뒤셀도르프에서 발간되는 경제 신문—옮긴이)에 따르면 그보다 더 적은 수였다. 트위터 왕국의 수장이 직접 트위터에 올린 글은 단지 20여 건이라고 했다. 그것은 미국 대통령 트럼프의 하루 트위트 건수와 비슷하다. 트위터의 수장이 된 그 젊은이는 구글 출신의 진짜 디지털 전문가였다.

다시 CDO 세 글자로 돌아가자. 그렇다. 한 번이라도 구글로 검색을 해보았거나 트위터에 글을 올려본 적이 있는 저널리스트라면 그들이 몸담고 있는 미디어 업체에서 CDO에 임명될 수 있는 엄청난 기회를 마주하고 있는 것이다. 그래서 갑자기 《슈피겔》에 CDO 직책이 마련되었고, 《FAZ》에서도 같은 일이 벌어졌다. 제법 규모가 있는 신문사들이 모두 기꺼이 CDO 자리를 만들고 있는 실정이다. 때때로 CDO 자리는 돌고 돈다. 《SZ》(쥐트도이체 차이퉁Süddeutsche Zeitung의 약어—옮긴이)에 있던 CDO가 《슈피겔》로 자리를 옮기기도 하고, 다시 《슈피겔》에서 《FAZ》로, 그리고 또 다른 신문사로 옮겨가는 경우도 있다. 그 사람은 지루할 틈이 없을 것이다.

미디어 업체, 그중에서도 특히 출판 업체는 미래와의 연결성을 잃어버릴까 봐 노심초사한다. 그래서 그들은 디지털로 무장하고, 디지털 전문가를 채용해야 한다고 생각한다. 미래를 위한 계획을 세우기 위해 혁신 경쟁에 뛰어들고 있는 것이다. 디지털과 연관되어 있지 않다면 아무리 큰 수익이 기대되는 장래성 충만한 아이디어라 할지라도 채택하지 않는다. 오직 디지털만이 급진적 혁신이며 미래이기 때문이다. 그리고 미래는 절대 사라지지 않는다.

자신의 직업에 미래지향적이라는 인상을 부여하고 싶다면 명함에 '디지털'이란 단어를 추가해 넣으면 간단하다. 직장이 스타트업이든 아니든 상관없다. 사실 그보다 더 좋은 방법은 싱이나 링크드인이라는 또 다른 가상의 삶의 공간에 '디지털'이란 말을 영원히 기록해놓는 것이다. 그러면 미래가 보장된다.

그런데 디지털이 아닌 것까지 포함하는 너무 포괄적인 생각을 올려놓거나 심지어 시대에 뒤떨어진 사업 아이디어를 적어놓는다면 곧 팔로우될 것이다. 더 정확히 말하면, 인사부장이 드디어 회사에서 내보내야 할 희생자를 찾았다며 팔로우할 수 있다는 말이다.

일곱 번째 거짓말

스타트업의 고용주는 쿨하다

+

×

+

×

디지털 업무의 실상

스타트업은 엄청나게 매력적이다. 어느 누가 창의력 충만한 젊은 동료들과 함께 세상을 바꿀 수 있는 일을 하고 싶지 않겠는가? 또 어느 누가 직장에서 디지털 혁신을 이끄는 업무에 몸담고 싶지 않겠는가? 더군다나 회의실이 하나의 거대한 볼풀처럼 꾸며져 있는 곳이라면?

스타트업에 지원하는 사람이라면 경어를 쓰지 않는다거나 운동화를 착용하는 등 겉으로 보이는 모습에도 반드시 신경을 써야 한다. 그것이 이목을 집중시키는 것이고 트렌디한 것일수록 더 스타트업답다고 여겨진다. 반대로 개인적인 면이 부각되면 될수록 그것이 '나다운 것'을 보여줄 수는 있을지 몰라도 그만큼 스타트업답지 않다고 여겨진다. 사람들은 그저 경험상의 법칙에 따라 그렇게 단정하곤 한다.

50대 중반의 여성 브리기테는 시험 삼아 한 스타트업의 '커뮤니케이션 책임자' 자리에 지원해보았다. 나이가 많기 때문에 채용될 가능성은 거의 제로에 가까울 것이라 예상은 하고 있었다. 아마도 자신보다 30년쯤은 어린 동료들과 함께 일하게 될 터였기 때문이다. 그렇지만 브리기테는 나름 묘안을 떠올렸다. 자신에 대한 정보를 나열하는 식의 흔히 볼 수 있는 지원서와 다르게, 최신 스타트업 유행어를 잔뜩 집어넣어 파격적 형태의 지원서를 작성한 것이다. 브리기테의 자기소개서를 풍자를 겸해 조금 인용해본다.

'귀사가 모집하고 있는 직책은 제가 꿈에 그리던 자리입니다! 그래서 지원하게 되었습니다. 저는 숙련된 커뮤니케이션 전문가입니다. 저는 언제나 고객 여정을 면밀하게 살피고 있으며 어디에 고객과의 적절한 접점이 있는지 알고 있기 때문에 목표 고객에게 신뢰를 줄 수 있습니다. 저를 선택해주신다면 반드시 커뮤니케이션 업무의 성공으로 보답할 수 있다고 확신합니다. (……)

저는 이미 다년간의 경험을 통해 폭넓은 미디어 네트워크 및 인터넷 사업 영역에 관한 지식을 보유하고 있습니다. (……) 따라서 뛰어난 업무 수완을 발휘하여 기대 이상의 결과물로 귀사와 같은 훌륭한 회사를 함께 발전시킬 수 있습니다. (……)

저는 다른 사람들과 함께 협력해 일하는 것을 즐깁니다. 또 어떠한 업무를 맡더라도 충실하고 유연하게 대처할 수 있습니다. (……)

꼭 귀사에서 함께 일할 수 있기를 희망합니다.'

브리기테가 지원한 스타트업은 이 자기소개서를 좋게 평가했다. 따라서 브리기테는 면접을 보기 위해 기차를 타고 독일의 거의 절반에 해당하는 거리만큼이나 멀리 떨어져 있는 회사를 찾아갔다. 당연히 경비는 지원되지 않았다.

그 스타트업은 아주 시골에 위치하고 있었던 듯하다. 브리기테가 "그런 곳을 좋아할 사람은 아무도 없을걸요"라고 말할 정도였으니 말이다. 그곳에 도착하자마자 다채롭고 아름다운 세상일 것이라고만 생각했던 인터넷 스타트업에 대한 그녀의 환상은 디지털 업무의 일상이라는 가차 없는 현실과 맞닥뜨렸다. 브리기테가 그때의 상황을 설명해주었다. "면접관들이 저에게 최고행복책임자에 대한 이야기를 하더군요. 이어서 스무디라든가 이벤트, 요리 실력이 좋은 사람 등에 관해 말하더니 직장에서 행복감을 느끼려면 무엇이 필요한지 물었어요." 브리기테는 간단히 "휴대폰과 노트북이 필요하고 그 밖에도 기술적인 장비들이 잘 마련되어 있으면 좋겠습니다"라고 대답했다. 물론 당황스러운 침묵이 이어졌다.

둘이 합해도 브리기테의 나이에는 이르지 못할 듯 보이는 활기차 보이는 2명의 젊은 사장은 아마도 인터넷 어딘가에서 발견해 프린트했을 긴 질문지를 책상 위에 올려놓고 면접에 참고하고 있었다. 젊은 두 사장 옆에는 그들의 친한 친구처럼 보이는 여성이 앉아 있었는데, 틈틈이 직원 인사를 담당하고 있는 듯이 보였다. 어쨌든 그 여성은 전문적 질문은커녕 아예 아무것도 묻지 않았다.

그 세 사람은 홀로 앉은 브리기테를 마주보고 앉아 있었다. 그들은 업무 시간 이후에도 가족 같은 분위기에서 많은 것을 함께한다고 말했다. 예를 들면 회사의 창립기념일에 다 함께 여행 가는 것 등을 말이다. 기대에 가득 찬 여섯 개의 눈이 지원자를 바라보며 반응을 기다리고 있었다. 브리기테는 "정말 좋네요"라고 말했다. 그리고 자신이 원하는 업무는 오히려 진지하게 일에 파고드는 것이지 조직 내부의 문제에 관여하는 것은 아니며, 그렇게 되면 업무 관련성에 대한 판단력을 상실하게 될 것이라고 대답했다. 그리고 관련성 있는 콘텐츠와 주제를 식별해내는 일은 커뮤니케이션 업무에 있어 본질적이라고도 말했다.

결과는 대실패였다! 가족을 위해 일하지 않는 사람은 가족에 반하여 일하는 것이다. 그것은 이미 성공적으로 조직된 마피아 가족에게 당연한 것으로 받아들여지는 정의다. 가족은 신성하고 그 신성함은 스타트업 문화에도 깃들어 있다. 분위기가 가라앉았다. 면접관들의 시선에서는 따뜻함이 사라졌고 인쇄된 질문지상의 나머지 질문들은 더 이상 답을 구할 필요가 없게 됐다.

이제 브리기테는 요즘 시대의 잘 꾸며진 대형 사무실이 얼마나 조용한지 알고 있느냐는 질문을 받았다. 왜냐하면 요즘에는 스카이프Skype 등을 통해 굳이 직접 대화를 나눌 필요 없이 문서만으로 서로 의사소통을 하기 때문이다. 따라서 내부의 커뮤니케이션이 제대로 이루어지지 않는다는 사실은 이제 문서의 주고받음을 통해 확인되므로 브리기테는 그 점에 대해서도 신경을 써야 한다는 것이다. 브리기테가 "제가 저만의 방식을 버려야 합니까?"라고 물었다. "글쎄요, 말씀하시는 것이 도움이 될 수도 있겠죠." 슬랙이나 스카이프 그리고 페이스북이 사용되고 있는 스타트업의 디지털 현장에 접근해 간단히 시험 삼아 대화를 해보자고 말할 수 있는 지원자는 없다.

브리기테는 그래도 다시 한 번 직원들의 정기적 회합이 유익할 수도 있겠다는 이야기를 꺼냈다. 그러나 세 면접관은 더는 들으려 하지 않았다. 면접관들에게 브리기테는 이미 낡은 사고방식을 가진 고지식한 사람인 것으로 각인됐다. 이 50대 중반의 여성에게 한 가지 질문이 더 주어졌다. "10년 후 당신은 어디에 있을까요?" 브리기테의 답변은 "카리브해에 있을 것입니다!"

당연히 브리기테는 채용되지 않았다. 그런데 이 질문에 브리기테가 뭐라고 대답했으면 좋았을까? 볼풀에 있을 것이라고 대답했더라면 어땠을까?

스타트업과 여성

새로운 사고, 수평적 질서, 쿨한 근무 환경. 스타트업과 관련된 이런 말들은 고루한 폐습을 끊어내는 동시에 더 높은 수준의 평등을 추구하는 것처럼 들린다. 그러나 현실은 그렇지 않다. 남녀 간 임금격차, 미투 논쟁, 남성이 절대다수를 차지하는 임원 비율 등 현재 스타트업의 문화는 특히 여성에게는 더욱 가혹하다. 《디 벨트》의 2017년 8월 13일 자 기사를 읽어보면 독일의 스타트업 현장에서 근무하는 여성의 수가 놀라울 정도로 적은 것을 알 수 있다.

우선 시간을 몇 년 전으로 거슬러 올라가보자. 1985년 컴퓨터공학을 전공하는 여성의 비율은 37퍼센트였다. 컴퓨터가 사무실에 점점 더 많이 보급되면서 젊은 남성들이 컴퓨터를 장난감 사듯 구입하기 시작했다고 《쥐트도이체 차이퉁》은 2018년 5월 7일 자 기사에서 밝히고 있다. 나중에 애플은 '비즈니스로 직행하는 컴퓨터 시스템'이라는 표어를 내걸었고, 사무용 컴퓨터 모델에 '리사Lisa'라는 이름을 붙였다. 그것은 꼭 여비서 이름처럼 들렸다.

자신의 분야에 여성의 수가 적은 이유를 생물학적 차이 때문이라고 말했다가, 바로 그 여성 차별적 발언 때문에 회사를 떠나야만 했던 구글 직원 제임스 다모어의 사례는 전혀 놀랍지 않다.

제임스 다모어는 진심으로 다음과 같이 말했다. "여성들은 의견의 합치를 중시하는 반면, 남성들은 체계적 사고에 더 관심을 기울입니다. 남성들은 강도 높은 노동시간을 견딜 수 있지만 여성들은 상대적으로 스트레스에 취약합니다. 또한 남성들은 컴퓨터와 소프트웨어에 더 열광하고 여성들은 사람에 더 열중합니다." 제임스 다모어와 같은 태도는 심지어 실리콘밸리와 그 인근 지역에도 만연해 있어 성차별적 사건이 너무 자주 발생하고 있으며, 남녀평등이라는 말도 여전히 외래어처럼 들리는 실정이다. 벨트 사이트의 한 기사는 스타트업 현장의 여성 차별적 측면을 문제시하며 이같이 언급한다. '젊고 힙하고 개방적인가? 천만의 말씀. 젊은 것은 맞다. 그러나 가장 주목해야 할 것은 남성우월주의와 백인우월주의에 젖어 있다는 점이다.'

실리콘밸리 스타트업 현장의 중심부는 젊은 여성들에게 유독 가혹하게 돌아가고 있음이 틀림없다. 《쥐트도이체 차이퉁》의 한 기사는 '그곳에서 섹스 파티가 벌어지는데, 모든 것을 함께해야 한다고 믿는 여성 창업자들도 초대받고 있다. 그리고 남성들은 자신들의 태도가 문제라는 사실을 깨닫지 못하고 있다'라고 밝히고 있다. 2018년 5월 29일 자의 그 기사는 TV 프로그램 '블룸버그 테크놀로지Bloomberg Technology'의 진행자이자 2018년 출간된 《브로토피아: 실리콘밸리에 만연한 성차별과 섹스 파티를 폭로하다Brotopia: Breaking Up the Boys' Club of Silicon Valley》의 저자 에밀리 창Emily Chang을 다루었다. 창은 그 책에서 벤처캐피털 투자자들이 금요일과 토요일마다 고급 별장에 모여들고 거기에는 젊은 여성 창업자들도 초대된다고 고발했다. 비즈니스 대화를 구실로 젊은 여성들을 속이는 셈이다. 창은 '대다수 여성이 파티에 참석을 하건 하지 않건 간에 똑같은 비참함을 맛보고 있다'라고 적고 있다. 또 파티에서 주목해야 할 것은 '성이 아니라 오히려 권력'이며 권력의 역학관계가 전적으로 한 방향으로만 기울어져 있다고 말한다.

이 미국인 저자는 그런 문제가 다음 세대에 끼칠 영향을 우려하고 있다. 창은 집필을 준비하면서 인터뷰했던 프로그래밍을 공부한 6명의 젊은 여성이 모두 사업 의욕을 불태우고는 있었지만, 보도를 통해 위와 같은 성 추문을 알고 있었다고 한다. 에밀리 창은 언제 허풍쟁이가 될지 모르는 자신감 과한 자들에게 실리콘밸리가 보상을 주고 있는 셈이라면서, 여성의 입장에서 그러한 실상이 정상적인 것으로 보이지 않는다고 이야기한다.

나중에 언급하겠지만, '스타트업 모니터 2018' 조사에 따르면 독일 스타트업 업체에서 여성 창업자가 차지하는 비율은 과거에 비해 조금 높아지긴 했어도 겨우 15.1퍼센트에 불과하다. 그리고《디 벨트》에 따르면 신생 기업의 경영진 가운데 여성 비율은 15.2퍼센트에 불과해, 역시 상황이 좋지 않다. 역사가 오래된 건실한 닥스Dax(독일 프랑크푸르트 증권거래소에 상장된 주식 중 시가총액이 큰 30개 기업을 대상으로 구성된 종합 주가지수—옮긴이) 기업에서 중역 여성의 비율도 12.6퍼센트로 아주 미미하다고는 하지만, 가장 현대적인 기업 형태인 스타트업 또한 이와 거의 다를 바가 없는 것이다.

벨트 사이트에 따르면, 여성은 일과 가정의 양립이라는 어려운 목표 때문에 스타트업에서 직장 생활을 이어가기가 과거 기업에서 일할 때보다 훨씬 더 어렵다고 한다. 융통성 있는 스타트업들은 근무 시간과 근무 장소에 대한 제약을 이미 없애고 있다고 하니 이 사실은 상당히 주목할 만하다. 그러나 신생 기업들은 직원들에게 절대적 헌신을 요구하기도 한다. 수당을 지급하지도 않고 주야 구분 없이 근무를 강요하는 것은 큰 문제다. 《디 벨트》는 그런 의미에서 "전형적 남성, 전형적 여성이라는 것은 반드시 없어져야 합니다"라는 다모어의 요청이 전적으로 옳다고 인정하고 있다. 다모어는 "남성이 좀 더 여성스러워지는 것을 용인한다면 성 격차는 줄어들 것입니다"라고 말하기도 했다. 《디 벨트》는 '만약 다모어가 주장 중 일부에서만 말을 좀 아꼈더라면 직장을 잃지도 않고 많은 여성 지지자를 확보했을 것이다'라고 전했다.

스타트업은 반드시 새로운 기업 문화여야만 할까? 전통적 기업들은 어떻게 해서든지 스타트업처럼 되기 위해 완전히 탈바꿈해야만 할까? 그렇게 된다면 적어도 여성들에게는 미래 전망이 그리 밝지 않을 것이다. 《프랑크푸르터 알게마이네 차이퉁》이 2018년 3월 29일자 기사에서 인정했듯 벤처캐피털의 '남자들의 클럽'이 그 한 이유이다. 그런 까닭에 미국의 기술 관련 산업 부문에서 여성과 인종차별의 대상이 되는 이들이 수적으로 열세를 면치 못한다는 것이다. 실리콘밸리의 창업자들에게 '백인 남성이 지배하는 남자들의 클럽'

은 꼭 필요한 돈줄이기 때문에 '매우 막강한 단체'라고 《FAZ》는 보도하고 있다.

그런 맥락에서 구글과 페이스북은 이미 다른 스타트업들보다 앞서 나가고 있음을 인정하지 않을 수 없다. 그 두 기업의 직원들 가운데 약 3분의 1이 여성이며, 또 적어도 경영진의 4분의 1 이상이 역시 여성이다. 특히 페이스북은 최고경영자 자리에도 종종 여성을 임명하고 있다. 최고운영책임자인 셰릴 샌드버그를 비롯해 난치병을 앓고 있음에도 직책을 유지해온 유럽 담당 부사장 니컬라 멘덜슨 그리고 전 독일 담당 사장인 마리안네 불빙켈이 바로 그녀들이다. 그렇지만 페이스북의 프로그램 개발팀으로 가면 여성 직원의 비율은 다시 19퍼센트로 형편없이 떨어진다고 《SZ》는 2018년 5월 6일 자 기사에서 밝히고 있다.

특히 남성들이 스타트업을 주도하고 있기에 스타트업의 세계는 매우 남성스러워 보인다. 미국 벤처캐피털 협회가 실행한 조사에 따르면 그 원인은 투자자들과 관련이 있었다. 즉, 벤처캐피털 회사에서 투자 결정 권한이 있는 사람들 중 여성의 비율은 단지 11퍼센트에 불과하기 때문이다. 더 심각한 것은 2017년 한 해 동안 미국 내에서 투자된 전체 벤처자금의 고작 2퍼센트만이 여성 창업자에게 투자되었다는 사실이다. 이것이 스타트업의 현실인 것일까.

따라서 투자자들을 가장 공평한 사람들이라고는 말할 수 없을 것 같다. 《베를리너 차이퉁Berliner Zeitung》(독일 베를린에서 발간되는 일간지—옮긴이)에 따르면 평균적으로 여성들은 투자받기 원하는 금액의 단 4분의 1만을 확보하고 있는 반면, 남성들은 그 두 배를 확보하고 있다고 한다. 게다가 여성은 성격적 특성에 대한 평가를 받을 때도 차별을 경험하고 있다. 투자자들은 자신감이 과하고 도전적인 여성에게는 감정적 이유로 투자 결정에서 불리한 판정을 내리지만, 반대로 남성이 그런 성격을 보이는 것은 긍정적으로 받아들인다고 한다. 이 사실은 하버드 대학 연구팀이 스웨덴의 스타트업 현실을 조사하며 밝혀낸 것이지만, 다른 나라의 상황도 크게 다르지 않다.

독일여성기업가협회VdU의 대표 클라우디아 그로세 레게는《베를리너 차이퉁》과의 인터뷰에서 "옛날 방식의 메커니즘으로 작동하는 남성 우월주의 문화가 스타트업 현장을 지배하고 있습니다"라고 말하면서 여성 창업가들이 늘 이런 문제를 토로한다고 전했다. 스타트업 투자자에 관한 연구 논문을 살펴보면 언제나 동일한 깨달음을 얻는다. 바로 남성들은 남성에 대해 더 잘 알고 있다고 생각하기 때문에 주로 남성들을 지원한다는 사실이다.

《베를리너 차이퉁》 2018년 1월 2일 자의 한 기사는 잘 알려진 통계 결과를 인용하고 있다. 실리콘밸리와 스위스에서 여성 경영인이 차지하는 비율은 각각 10퍼센트와 9퍼센트에 불과한 반면, 영국과 그리스에서는 30퍼센트나 된다는 것이다. 어쨌든 미국은 여성 창업자들을 지원하려는 첫 시도를 감행하고 있다. 마이크로소프트의 창업자 빌 게이츠의 아내 멀린다 게이츠는 오스틴의 '사우스 바이 사우스웨스트' 등과 같은 디지털 콘퍼런스에서 그러한 의사를 표시하고 있다. 가장 큰 움직임은 투자자들에게 영향력을 행사하기 위해 600명 이상의 여성 및 남성 창업자가 함께 만든 '변화를 지지하는 창업자들Founders for Change'에서 일어나고 있다.

그렇다면 독일은 여성과 스타트업이라는 주제와 관련해 어떤 진전을 보이고 있을까? 매년 발표되는 '스타트업 모니터'에 의하면 최근 몇 년 동안 여성 창업자의 비율은 13퍼센트에서 15퍼센트로 늘어 계속 상승세를 유지하는 것으로 보인다. 따라서 이론상으로만 본다면 2050년쯤부터는 남성 창업자 비율과 같아지리라 예상할 수도 있다. 그중에서도 베를린의 스타트업들은 여성 창업자의 비율이 16.2퍼센트로 가장 높은 수준이다. 반면 함부르크와 뮌헨은 여성 창업자 비율이 10.5퍼센트에 불과해 최저 수준을 기록하고 있다.

굉장히 인기 있는 스타트업에서조차 여성 임원의 수가 극히 적다는 것은 사실 전혀 놀랍지 않다. 음식 배달 서비스 업체인 딜리버리 히어로Delivery Hero의 이사회나 감사위원회에는 단 한 명의 여성도 존재하지 않는다. 스타트업의 설립을 돕는 로켓인터넷Rocket-Internet의 경영진도 오직 남성으로만 구성되어 있다. 잘란도의 경우에도 9명의 감사위원 중 여성은 2명뿐이며, 이사회는 당연히 넥타이를 매지 않는 3명의 젊은 남성으로 구성되어 있다.

특히 인공지능이나 네트워크 장비 등 첨단 기술을 비즈니스 모델로 삼고 있는 스타트업의 경우 여성 임원의 비율은 극단적으로 낮다. 여성 창업자 권첸 캄파냐는 《디 차이트》 2017년 33호에서 첨단 기술 분야 스타트업의 창업자 중 여성은 고작 5퍼센트에 불과하다고 전했다. 이러한 불균형의 원인은 스타트업에서 찾아야 할까, 아니면 여성 그 자체에서 찾아야 할까? 캄파냐는 이에 대해 "여성은 완벽주의를 추구하는 경향이 있어서 스스로에게 굉장히 비판적으로 되물으며 의심을 키우곤 합니다. 그 특성이 스타트업 문화에 어울리지 않는 것입니다"라고 말하며 자신의 견해를 피력했다. 이 말은 곧 여성은 보다 이성적이라는 것이다. 그러므로 이성적으로 행동하는 여성이 남성보다 스타트업을 더 적게 설립한다는 말이다.

이성 외에 공정성이라는 요소도 그 원인에 포함될 수 있다. 특히 투자자에게는 무리를 해서라도 상품을 많이 팔 수 있느냐 여부가 중요한 문제다. 캄파냐에 따르면 시장경제의 원리가 비록 양성에 평등한 것임에도, 현재는 오로지 자부심이 강하고 위험을 무릅쓸 용기를 가진 사람 그리고 아이 양육에 신경 쓰지 않는 사람에게만 유리하게 돌아간다고 한다. 캄파냐는《디 차이트》에서 이렇게 말한다. "그리고 일주일에 7일을 근무해야 할 때가 있습니다. 상품을 거의 팔지 못해 허리띠를 졸라매야 하는 경우도 있습니다. 투자자들이 갑자기 물러나는 일도 있고요. 저는 이러한 구조를 절대 가정 친화적이라거나 여성 친화적이라고 생각하지 않습니다."

독일에서는 독일정보통신미디어협회Bitkom를 둘러싸고 성과 관련된 논쟁이 진행 중이다. 한 연구에서 그 협회의 전체 직원 중 여성 직원은 단지 27퍼센트에 불과하다는 것이 확인됐다. 또한 평균적으로 볼 때 여섯 개 스타트업 업체 중 겨우 한 업체만이 직원의 절반 이상이 여성이라는 것도 확인됐다. 그러나 Bitkom은 여성 직원이 적은 이유에 대해 단지 한 가지 사실만을 인정했다. 기술이나 컴퓨터공학을 전공하려는 여성이 항상 너무 부족하다는 것이다.

맞는 말이기는 하다. 그러나 실은 아직 한 가지 이유가 더 남아 있다. 직업 포털 잡스포팅Jobspotting이 알렌 대학교 및 취업 지원 서비스 업체인 베를린 스타트업 잡스Berlin-Startup-Jobs와 공동으로 조사한 결과에 의하면 스타트업 현장에서 여성은 특히 열악한 수준의 임금을 받고 있다. 베를린의 스타트업 업체들의 경우 남녀 간 임금 차이가 25퍼센트나 되며, 독일 전체 평균은 22.4퍼센트, 유럽연합 전체로 보면 16.4퍼센트의 차이가 있다고 한다. 그러나 젊은 청년들 대다수가 스타트업에서 중요하게 생각하는 것은 물론 돈이 아니다. 2016년 진행된 조사에 따르면 스타트업의 평균 초봉은 2,300유로이며 6년 근속 후에는 3,900유로 정도를 받을 수 있다고 한다.

또 다른 본질적인 이야기로 들어가보자. 왜 여성들은 스타트업에 근무하면서 만족감을 느낄 수 없을까? 스타트업에서 성희롱 문제는 매우 큰 이슈이며, 분명 일반 기업의 경우보다 빈번하게 논란이 되고 있다. 시장조사 기관 인노팍트Innofact는 《빌트》의 의뢰로 2017년 6월 24일 일요일에 한 조사를 진행했다. 총 1,247명의 여성을 대상으로 설문조사를 진행한 결과, 스타트업에 종사하는 여성들이 일반 기업에 종사하는 여성들보다 2배 이상 빈번하게 성희롱으로 고통받고 있는 것으로 나타났다. 다음은 미투 논쟁을 반영해 1년간 여직원들이 겪어야 했던 일을 정리한 것이다.

성희롱	스타트업	일반 기업
외설적 농담	54%	28%
음란한 시선	44%	20%
원치 않는 신체 접촉	33%	12%
노골적인 성적 표현	27%	6%
원치 않는 입맞춤	20%	5%

직장 내 성희롱

이 표는 안타까운 현실을 보여준다. 사람들은 독일 군대 내에서 이루어지는 성희롱 비율이 상대적으로 낮다고 느낀다. 독일 국방부의 의뢰로 진행된 한 연구는 '원치 않는 고의적 성적 신체 접촉'을 경험한 여성은 '단지' 25퍼센트라고 보고했다. 그것은 현대적이고 자유분방한 스타트업에서 나타난 결과보다 8퍼센트 적은 수치다.

성희롱 문제에서 스타트업과 일반 기업 사이에 이토록 큰 차이가 생기는 이유는 무엇일까? 다음 세 가지가 거론되고 있다. 스타트업의 경우 직원들이 더 젊고, 위계질서가 없으며, 술은 많지만 이에 대해 제약은 별로 없는 파티가 많이 열리기 때문이라는 것이다.

솔직히 정말 그런 이유로 여성들이 그토록 빈번하게 고통을 받는다고 할 수 있을까? 스타트업은 성적 일탈 행위가 법적 규제를 받지 않아도 되는 특별한 영역이 결코 아니다. 그 점에 대해 모두에게 경종을 울려야 할 것이다.

마지막으로 한 가지 연구만 추가로 살펴본다. 이 연구는 어째서 스타트업에 근무하는 여성의 수가 그토록 적은지 알아본 것이다. 《슈피겔》 2018년 11호는 캘리포니아의 명문 스탠퍼드 대학의 연구를 다음과 같이 요약했다. '기술 관련 기업은 여성들이 꺼리는 것으로 간주된다.' 스탠퍼드대의 성 문제 연구자들은 젊은 세대를 대상으로 하는 각각의 기업 홍보 행사의 84퍼센트에서 잠재적 롤 모델이 될 수 있는 고급 여성 인력이 정작 아무런 역할도 하지 못했다는 사실을 알아냈다.

이제 그 장면을 상상해보자. 말하자면, 홍보 행사 중 단지 16퍼센트에서만 여성 직원이 중요한 역할을 했다. 보통 이런 행사는 어느 정도 젊은이들의 흥미를 불러일으키기 위해 계획된다. 그런데 그 젊은이들을 유혹할 이른바 미끼라고 하는 것도 남성들의 관심사에 맞춰 계획되는 경향이 있다. 탁구는 그나마 여성도 즐길 수 있는 것으로 여겨질 수 있다. 그러나 맥주를 가득 채운 냉장고로 여성의 관심을 유발할 수 있을까? 그럼에도 Bitkom은 스타트업에 종사하는 여성의 수가 너무 적다는 사실을 유감스럽게 생각하고 그 이유로 교육문제를 거론했다. 아무튼 이 영역에는 여성에게 불리하게 작용하는 인식의 문제가 있어 보인다.

"성 격차 문제는 간단히 해결될 수 없습니다." 2018년 유럽에서 가장 큰 디지털 콘퍼런스로 여겨지는 베를린의 레푸블리카Republica에서 나온 이야기였다. 그 콘퍼런스에서 성 격차 문제를 개선하기 위한 작은 시도가 있었다. 프로그램 안내서에 '아직 걸음마 단계에 있는 성 격차와 코딩'이라는 주제로 소개 글을 실으면서 '여성의 디지털 발자취Fe:male Digital Footprint'라는 프로그램을 추가했던 것이다. 그런데 사회자가 물정도 모르고 "여성은 자신을 위해 만들어지지 않은 세계에서 깨어나지 말라"라고 말했다. 이게 현실이다.

《SZ》에 따르면, 여성들이 레푸블리카 등의 행사에서 소위 '메이커스페이스Makerspace'를 확보해 천에 작은 LED등을 함께 꿰매어 'GRL PWR'라는 표어가 빛나는 페미니즘 배지를 만드는 동안, 새로운 시도를 하고 있던 아름다운 세상은 여성이라는 주제를 안타깝게도 전혀 이해하지 못하고 있었다고 한다. 배지의 표어는 추측하건대 자신감을 불어넣어주기 위한 걸파워Girlpower를 의미할 것이다. 페미니즘은 바느질 강좌가 아니다. 페미니즘은 평등한 사회적 공존을 위한 당연한 토대다.

레푸블리카에 참가했던 인재 채용 전문가 콘스탄체 부호하임은 "디지털로의 전환은 평등과 다양성을 사회에 뿌리내릴 기회입니다"라고 말했다. 우리는 디지털로의 전환을 이용할 수도 있고 그냥 흘려보낼 수도 있다. 《쥐트도이체 차이퉁》은 다음과 같이 부호하임의 말을 인용한다. "우리는 지금 디지털 전환을 그냥 흘러가도록 내버려두고 있습니다."

프랑스 여성 마틸드 라마디에Mathilde Ramadier는 스타트업 시스템이 젊은 여성들에게 실제로 어떻게 작용하고 있는지를 다룬 책 《새로운 세상에 오신 걸 환영합니다》를 썼다. 내가 스타트업의 쿨함을 이겨냈듯 라마디에의 책 또한 스타트업을 미래의 이상으로 삼는 젊은이들에게 경고를 보낸다. 1987년생인 라마디에는 23세가 되었을 때 기자의 꿈을 이루기 위해 돈을 벌고 싶었고, 스타트업에서 일하기 위해 베를린으로 향했다. 그런데 스타트업에서는 라마디에가 이미 몇몇 에이전시에서 직업 경험을 쌓았던 것이라든지, 그 외에도 철학을 전공하고 번역가로 활동한 경력 등은 별로 중요하게 생각하지 않았다고 한다. 라마디에는 2017년 10월 30일 라디오 방송국 RBB(베를린-브란덴부르크 방송—옮긴이)와의 인터뷰에서 스타트업 열두 곳에서 일한 경험에 대해 "불행하게도 전부 나빴습니다"라고 말했다. "저는 열악한 임금 조건에서 일했습니다. 계약 조건도 불안정한 데다 직장 내 분위기도 비관적이었습니다."

라마디에는 큰 기대 없이 스타트업에 뛰어들었다. 주로 전자상거래 스타트업에서 일했는데, 직무 경험이 많았던 그녀는 그 업무에 곧 지루함을 느낄 수밖에 없었다. 여러 시간 엑셀Excel 작업에 매달렸고 데이터베이스와 끊임없이 씨름했다. 라마디에는 그러한 업무들을 '기진맥진하다Burn-out'에 빗대어 '지루하다Bore-out'라고 표현했다. 당시 라마디에의 직함은 '지역총괄 관리자Country Manager'라든지 '인재 관리자People Manager' 등 대체로 대단해 보이는 것이었다. 계속해서 라마디에가 라디오 방송국과의 인터뷰에서 발언한 내용을 인용해보자면 이렇다. "항상 보면 누구나 다 무슨 무슨 매니저입니다. 그렇지만 현실은 전혀 다릅니다. (……) 매니저라는 것은 단지 타이틀일 뿐이지요."

임금 문제 역시 기대와 많이 달랐다. 2013년 라마디에의 월급은 960유로였는데, 그때는 물론 최저임금제가 도입되기 전이었다. 소수이기는 하지만, 요즘도 최저임금을 받는 직원들이 종종 있다. 경영진은 이 문제를 예전보다 더 진지하게 고민하고 있지 않은 것 같다. 최고위직 임원에게는 최저임금이 중요하지 않기 때문이다. 그륀더스체네가 2013년 9월 16일 25명의 젊은 경영자를 대상으로 실시한 설문조사에 따르면, 그들의 연봉은 연간 0유로에서 2만 유로 사이였다. 특히 자기자본만으로 설립한 경우 창업자는 초창기에는 임금을 지급할 수 없다. 역시 설문조사에 따르면, 2019년까지의 인플레이션을 반영한 그들의 월급은 2,500유로에서 9,000유로 사이였다. 또 평균 월급은 4,000유로에서 6,000유로 사이라고 보고하고 있다.

스타트업에서 괴리는 단지 나이만이 아니라 남녀 간의 극적인 임금격차 때문에도 발생한다. 사람들은 스타트업에서는 모든 것이 현대적이고 평등하므로 직원들이 편하게 말을 놓고 서로 눈높이를 맞춰가며 일한다고 생각한다. 그러나 스타트업의 임금 문제를 살펴보면 그 생각이 잘못되었음을 알 수 있다. 그륀더스체네의 조사에 따르면 기업의 전 직급에 걸쳐 대체로 남성은 여성보다 명백히 더 많은 임금을 받고 있다. 즉, 남성이 여성보다 15~30퍼센트 정도 더 높은 임금을 받고 있으며, 경력도 이러한 불공평함을 개선하지 못한다고 한다. 그륀더스체네는 조사 결과 드러난 차별을 다음과 같이 공표했다.

'스타트업의 세계에서는 극히 적은 수의 여성만이 경영진에 진입할 수 있으며, 여직원이 같은 직급의 남직원보다 5분의 1에서 4분의 1만큼 더 적은 임금을 받는 경우가 드물지 않다.'

다시 프랑스 여성 마틸드 라마디에의 이야기로 돌아가자. 라마디에는 스타트업에서 근무하며 흥미로운 경험을 하기도 했다. "사실 정반대 모습도 있습니다. 동료들과 친하게 지낸다면 테이블축구를 할 수도 있어요. 식사는 무료인 데다 맛있고 채식주의를 즐길 수도 있습니다. 그래서 불평하기가 더 어려워집니다." 라마디에는 무보수로 야근을 해야 할 때도 싫다고 말하기가 더 힘들었다고 덧붙인다. 참, 그런데 라마디에는 6개월 수습 기간을 거친 후 6개월마다 근무계약을 연장하지 않으면 안 됐다. 그런 방식이 물론 불법은 아니지만 직원의 의욕을 떨어뜨리는 것임에는 틀림이 없다.

"처음에는 모든 것이 아주 근사해 보였어요." 젊은 프랑스 여성의 눈에 스타트업은 그렇게 비쳤다. 개방된 공간이 주는 분위기는 상당히 자유분방했다. 그 밖에도 좋아 보이는 것들이 많았다. 하지만 며칠 혹은 몇 주 후 라마디에는 동료들과 많은 이야기를 나누었고 실제 상황은 절대 그리 근사하지 않다는 것을 깨달았다고 한다. "직원들은 수시로 무보수 야근을 하느라 큰 스트레스를 받고 있었습니다." 라마디에는 거의 언제나 기한부 고용계약을 맺어야 했으며, 한 번도 충분한 급료를 받아보지 못해 집을 구하는 데도 어려움을 겪었다.

독일군이 스타트업을 찾고 있다고?

공교롭게도 독일군은 젊은 세대를 쉽게 끌어모으기 위해 그들의 무지를 이용한다. 온라인 포털 그륀더스체네에는 '독일군은 혁신적 스타트업들을 찾고 있다'라는 표제의 기사가 올라와 있다. 독일군은 독자가 그것이 홍보임을 알아채기 힘들 정도로 잘 편집된 기사에 신뢰감을 주는 표제를 붙이고 있다. 그러나 이런 기사에는 '홍보 게시물Sponsored Post'임을 표시하는 것이 공정하다. 해군 함정 위에 놓인 헬리콥터를 찍은 사진 게시물도 마찬가지다.

홍보 기사는 '독일군은 디지털 혁신에 관한 강좌를 계획 중이다'라는 문장으로 시작한다. 독일군은 킬러 보케Kieler Woche(킬Kiel에서 매년 개최되는 요트 경기—옮긴이) 기간에 20개의 스타트업 업체를 이곳으로 초대해 협력할 준비를 하고 있다고 한다. 도대체 독일군이 스타트업과 무슨 관련이 있는 것인지 기사를 인용해본다.

'물론 독일군은 스타트업에는 익숙한 자유로운 구조나 평등한 질서와는 거리가 멀고 오히려 아주 엄격한 태도 및 전통적 접근방식을 연상시킨다. 그러나 많은 이가 독일군을 떠올릴 때 잊고 있는 것이 있다. 그것은 무엇일까? 독일군은 독일에서 가장 큰 고용주이자 국제적 병참 기업, IT 서비스 제공자, 병원 운영자 그리고 교육 제공자로서 협력이라는 면에서 많은 것을 제공할 수 있다. 또한 독일군도 점점 더 디지털 생태계를 조성하는 문제에 집중하고 있다. 이를 위하여 스타트업과 협력하고자 한다.'

이해가 되는가? 청년들을 위해 이 홍보 글을 해석해보자. 독일군은 무기도 아니고, 사격도 아니고, 명령도 아니다, 독일군은 쿨한 스타트업이며, 한편으로는 병참을 지원하는 아마존이고, 다른 한편으로는 IT 서비스를 제공하는 마이크로소프트다, 또 환자를 돕고 사람을 교육시킨다, 대략 이런 내용이다.

스타트업 현장과 독일군을 연결해주는 것은 사이버 혁신 허브Cyber Innovation Hub로 줄여서 CIH라고 한다. 이것은 도전이다. 독일군은 점점 빠르게 변해가는 스타트업 세상과의 연결성을 놓칠까 근심하고 있다. 물론 독일군은 기사에 '근심'이라는 단어는 사용하지 않는다.

그런데 비단 독일군만이 아니라 갑자기 스타트업을 흉내 내고자 하는 독일의 모든 기업이 이런 걱정을 하고 있는 것은 아닐까? 독일군도 디지털에 취해 있는 것인가? 독일군은 기사에서 '스타트업 현장과 가까운 거리에서'라고 표현하면서, '스타트업의 아이디어도 독일군의 활동 분야만큼 다양할 수 있다'라고 주장한다. 그리고 결정적으로 '디지털에 주안점을 두고 있다'라고 말한다.

그렇다면 어떤 젊은이가 이를테면 전쟁을 일으키려는 생각을 없애는 화학 성분이라든지 무기를 사용하지 않게 하는 알약 등 전 세계를 평화롭게 만들 아이디어를 가지고 있다면 독일군은 이것이 디지털이 아니라는 이유로 지원하지 않을 것인가? 또 디지털에 기초하지 않는 아이디어를 가진 스타트업에 대해서는 어떻게 할 것인가? 그래서 결국 독일군이 찾고 있는 것은 무엇인가? 디지털 전쟁 게임이라도 찾고 있는가? 아니면 스파이 소프트웨어인가?

어쨌든 아이디어를 인정받은 기업은 독일군으로부터 즉시 20만 유로를 획득하게 되며, 그들의 기술은 작전에 활용된다. 마치 사이버 장난감 같다는 생각이 든다. 어쨌든 독일군이 스타트업 문화를 위장용 그물로 덮어쓰고 있을 때는 적어도 그들이 쿨한 고용주라는 것은 알겠다.

여덟 번째 거짓말

스타트업은 청년에게 무한한 자유를 준다

스타트업은 과연 제한 없는 놀이터인가

스타트업이 어떤 방식으로 마치 신도나 다름없는 젊은 이들에게 지상천국이라는 믿음을 심어주는지 살펴보면 매우 흥미롭다. 스타트업 문화는 첫인상처럼 그렇게 인간적이고 박애적이며 평화롭고, 또 쿨하거나 자유롭지 않다. 오히려 착취하는 자본주의의 추한 형태를 띠고 있다. 그러니 특히 스타트업에 이미 발을 들여놓은 젊은이라면 눈이 먼 상태나 다름없다.

사실 이 실태는 종종 1980년대의 바그완 운동(인도의 영적 지도자 바그완 슈리 라즈니쉬Bhagwan Shree Rajneesh로부터 영감을 받은 사람들을 일컬음—옮긴이)을 떠올리게 한다. 당시 가치와 사랑을 꿈꾸던 많은 젊은이가 바그완을 인간 포획자로 보지 않고 오히려 구세주라고 믿었다. 또 그들은 전통적 경제활동의 속박에서 해방되었다는 감정에 사로잡혔으며, 자기 자신의 가치를 포기하고 타인의 가치, 즉 투자자의 가치를 높여주고 있었다. 정말 엄청난 사기꾼 구루였다.

스타트업이 제공하는 미끼는 매우 원초적이어서 쉽게 간파될 수 있는 것인데도 많이 이가 거기에 유혹을 당하고 있다. 이 유혹은 스타트업이라는 용어에서 시작된다. 말 그대로 스타트업Start up이지 않은가! 이 용어는 명령어로 볼 수도 있고, 접속법이 발달한 독일어에서는 가능성을 의미한다고도 볼 수 있다. 즉, 희망과 연결 지어 더 나은 삶을 위한 재시작 버튼을 누르는 것처럼 여겨진다. 스타트업이라고 하면 출발, 콜럼버스 같은 발견자, 미국으로의 이주, 차고에서 시작하기 그리고 0과 1로 구성된 디지털 세상과 관련된 모든 것을 떠올린다. 2018년 이후부터 전체 스타트업 중 19퍼센트가 노르트라인베스트팔렌주에서 설립되고 있지만, 스타트업이 연상시키는 디지털 세상이 베를린이나 카를스루에 혹은 뷔르츠부르크나 파더보른 근교에도 존재한다면 좋겠다. 여담이고, 다시 본론으로 돌아가자.

사실 차고에서 설립되는 스타트업은 그렇게 많지 않은 것 같다. 즉, 스타트업은 지하나 옥상의 창고 혹은 옛날 공장의 자투리 공간에 둥지를 튼다. 특히 기존의 기업들이 직접 설립하거나 사들인 스타트업에 공간을 마련해주고는 한다. 그런데 이런 공간은 기름에 찌든 냄새를 풍기거나 햇빛이 잘 들지 않는, 차라리 동물우리로 쓰는 편이 더 인간적으로 느껴질 정도로 비좁은 곳이 많다. 그래서 노조나 근로자협의회가 그곳을 업무 공간으로 사용하기를 거부할 수도 있다.

물론 사업 수완이 좋은 투자자들은 요령껏 작은 공간을 놀이터처럼 만들어 직원들을 만족시킨다. 그 놀이터에는 책상이나 기타 가구가 놓여 있지 않다. 훨씬 더 장난스럽고 쿨하게 과일 상자나 와인 상자를 쌓아올려 노트북 책상을 대신하고, 팰릿pallet을 가져와 소파나 재미있는 작업대로 만들어놓았다. 그렇게 공간을 꾸미면 스타트업 분위기가 풍긴다. 낡은 자동차나 문 닫은 극장의 좌석, 고풍스러운 비행기의 날개 조각 같은 버려진 부품도 가구로 사용된다. 또한 오래된 재봉틀은 책상으로, 나무 그루터기는 보조의자로, 할머니의 안락의자는 사무용 의자로 쓴다. 그 결과 엄청나게 쿨하고 색다르며 또 유희가 넘치고 매우 창의적인 공간이 탄생한다. 나부터도 당장 그런 데서 일하고 싶은 기분이 든다. 모든 사람이 같은 마음일 것이다.

이렇듯 예측 불가능한 인테리어의 조합은 왠지 예전의 모험놀이터(고학년 어린이와 청소년을 위해 만든 놀이터—옮긴이)를 떠올리게 한다. 모험놀이터는 대부분 여러 도시가 청소년에게 안식처를 제공하고자 조성한 것으로, 거기서 직접 나무와 폐품을 이용해 그럴듯한 집을 짓고 가구를 만들어 꾸밀 수도 있다.

팰릿으로 만든 가구는 오래전부터 널리 사용됐다. 통신판매회사 오토나 건축자재업체 오비Obi 혹은 슈퍼마켓체인 레알Real은 팰릿을 가구 품목에 올려 팔고 있으며, 심지어 편안한 침대나 소파 용도로 제작된 팰릿도 있다. 이런 가구가 매우 쿨한 느낌을 주기 때문이다. 그런 의미에서 팰릿과 폐품으로 만든 가구는 문신과 비슷하다. 오늘날 기존 질서와의 구별 수단으로 팰릿과 폐품이 사용되듯 예전부터 문신은 속물근성을 고백하는 것이나 다름없었다. "모두가 남과 다르고 싶어 하면 결국 모두가 같아질 수밖에 없다." 이 말은 예나 지금이나 자명한 진리다. 스타트업이 팰릿 가구와 함께 시작했다 해도 어차피 몇 차례 자금 지원을 받는 사이, 그 공간에 바우하우스Bauhaus(1919년 설립된 독일의 건축 공예 학교—옮긴이) 가구 스타일의 세련된 안락의자나 테이블이 하나둘 들어서는 것은 시간문제다.

그런데 스타트업에는 파격적 스타일의 가구만이 아니라 실제로 놀 수 있게 해주는 것들도 있다. 널리 알려졌듯 '빵과 서커스 전략'을 사용한 로마인들은 이 방면에서 선구자였다. 뻔히 눈에 보이는 속셈인데도 제 효과를 발휘하는 것을 보면 그저 놀라울 따름이다. 스타트업에서 빵은 무료로 제공되는 스낵바이고, 서커스는 테이블축구대나 탁구대 또는 당구대의 형태로 나타난다. 모두 스타트업이라면 없어서는 안 되는 것들이다. 또 다트게임도 있으며, 사무실에 설치된 골프 시설은 자동으로 공을 되돌려 보내는 기계까지 갖춘 경우가 많다. 탁구대는 노트북 다섯 대의 자리를 차지하고, 70명이 근무하는 작은 사무실에 설치된 핀볼 게임기는 8명이나 일할 수 있는 공간을 빼앗지만, 그래도 효과 만점이다!

디지털 원어민*을 채용하라

젊은이들을 위한 스타트업의 놀이 공간은 콘텐츠를 만들어내기 위한 투자라고 볼 수 있다. 신선하고 편견 없는 사고의 소유자인 젊은이는 스타트업의 새로운 아이디어에 참신한 자극을 줄 수 있고 또 그래야만 한다. 놀이 공간은 바로 그 일을 위한 분명한 장점을 갖고 있다. 반면 역사가 오래된 기업들은 젊은 세대

* 이 책에서 저자는 조롱의 의미를 담아 '디지털 원주민Digital Natives'과 비슷한 뉘앙스로 '디지털 원시인Digital Naives'이라는 단어를 썼다. 즉, '디지털만 잘 알고 다른 것은 모르는 젊은이들'을 지칭한 것인데, 디지털을 자유자재로 모국어처럼 사용한다는 의미로까지 확장하면 '디지털 원어민'으로 이해해도 좋겠다는 판단으로 그렇게 번역했다—옮긴이

의 이런 능력을 거의 활용하지 못하고 있는 셈이다.

한편, 미숙한 사고의 결과는 모든 면에서 의외의 결과를 가져올 수도 있다. 비록 10년도 훨씬 전에 설립된 스타트업이기는 하지만 스포티파이Spotify나 냅스터Napster 같은 스트리밍 서비스의 인공지능 프로그램을 예로 들어보자. 어쩌면 지금은 그다지 시의적절하지 않은 사례일 수도 있겠으나 이는 스타트업의 사고방식에 대해 많은 것을 말해준다. 냅스터의 음악 스트리밍 서비스를 한번 이용해보자. 검색창에 '베토벤'을 입력하면 베토벤의 9번 교향곡이 나오는 것이 아니라 '요리할 때를 위한 추천 클래식'을 보여준다. 또 '모차르트'를 검색하면 모차르트의 유쾌한 오페라가 아닌 '잠들 때 듣기 좋은 클래식'이 뜬다. 더 궁금한 것이 있을까? 이것이 인공지능 프로그램이 내놓는 결과다. 그 프로그램의 개발자는 놀이 공간을 얼마나 이용해봤을까?

"우리는 디지털 원어민 세대에 초점을 맞추어야 하므로 최대한 많은 수의 디지털 원어민을 우리 회사에 채용해야 한다!" 현재 독일 경제계를 지배하고 있는 철학이다. 이러한 잘못된 믿음과 관련해 마인강 북쪽에 위치한 독일 최대 출판사 중 한 곳의 사례를 살펴보자. 매우 다양한 잡지를 발행하는 이 출판사의 주력 상품 중 하나는 전문 시사 주간지다.

이 출판사의 경영진은 '우리도 한번 쿨하게 일해보자. 실리콘밸리의 스타트업 정신을 실천해보는 거야'라고 생각하여 말 그대로 아주 쿨한 프로젝트를 진행했다. 즉, 자신이 특히 힙하다고 여기는 젊은 직원들에게 출판사를 발전시킬 아이디어를 고민하도록 한 것이다. 그 결과 새로운 팀이 구성됐다. 이 사례는 실화다. 그리고 이 팀에는 머리가 좋고 똑똑한 젊은이들이 아니라, 손에서 스마트폰을 내려놓지 않는 디지털 원어민들이 발탁됐다.

2개월이 흘렀고, 이 디지털 원어민들은 아무런 결과도 도출해내지 못했다. 다시 1개월이 지났지만, 여전히 아무런 성과도 없었다. 4개월, 5개월이 경과해도 결과는 제자리걸음이었다.

6개월이 지나, 드디어 자칭 '젊은 인재들'은 연로하고 능력도 없는 경영진에게 오랜 기간 연구해온 결과를 발표했다. 내용은 이러했다. 출판사 내에서 서로 더 많은 의견을 나누고 임원들은 1년에 두 번씩 회사의 상황을 알려주도록 한다. 또 사내에 '창의적 공간'을 조성하고, 직원들의 재택근무 시간을 늘리며, 출근 시간은 늦추고 퇴근 시간은 앞당겨야 한다. 그 밖에도 전 직원이 참가하는 바비큐 파티를 열고, 사무실에는 핀볼 게임기와 테이블축구대를 설치해 대회를 열어야 한다는 것이었다. 그러자 경영진이 새로운 사업 아이디어는 무엇이냐고 물었고, 이들 새로운 디지털 원어민 세대는 자신들이 제안한 모든 아이디어가 실현되고 직원들이 더 많은 대화를 나누면 사업 아이디어는 저절로 생겨날 것이라고 대답했다.

이 프로젝트의 결과는 편집부와의 회의에서 절정을 이루었다. 해당 출판사의 편집부는 일주일에 한 번씩 기사 비평 회의를 열고 있었다. 이 자리에 초대된 게스트는 모든 편집부 직원과 함께 최근에 발간된 잡지를 검토하고 솔직한 의견을 나누게 되어 있다. 이번에 초대된 게스트는 출판사의 새로운 프로젝트 팀의 일원인 '젊은 인재'였다. 28세의 그 여성은 이렇게 말했다.

"저는 디지털 원어민입니다. 그래서 확실히 다른 사람들보다 아날로그 방식에는……."

우선 '디지털 원어민'이란 말이 얼마나 모순적인지 설명이 좀 필요하겠다. 이 용어는 디지털과 관련된 배경을 가진 사람, 즉 어려서부터 스마트폰 등을 사용하며 성장한 사람을 의미한다. 따라서 디지털 원어민 세대는 기술 및 여러 가지 툴을 간편하고 유연하게 다룰 줄 알고, 디지털에 관한 모든 것에 개방적 태도를 보인다. 그러나 '디지털 원어민'이라는 개념 자체가 기존의 낡고 틀에 박힌 관념에 의해 억지로 만들어진 착각, 즉 삼단논법의 오류나 다름없다. 이 용어는 다음과 같은 추론에 의해 탄생한 것이다.

✓ 참 1 전 세계가 디지털에 익숙하다.
✓ 참 2 모든 어린이는 전 세계에 존재한다.
✓ 잘못된 추론 따라서 모든 어린이가 디지털에 익숙하다.

참고로, 수사학에서 다루어지는 유명한 예를 적어본다.

✓ 참 1 모든 부모는 자기 아이들을 사랑한다.
✓ 참 2 모든 아이는 초콜릿을 사랑한다.
✓ 잘못된 추론 따라서 모든 부모는 초콜릿을 사랑한다.

간단히 말하자면, 디지털 세상이 도래하기 전에도 책을 읽지 않는 멍청한 젊은이들은 존재했다. 그리고 아무리 머리가 좋고 연륜

이 있다 해도 독서를 하지 않고 아무것에도 관심을 두지 않는 사람은 그렇게 하는 다른 사람보다 멍청할 수밖에 없다.

이제 기사 비평 회의에서 아날로그를 입에 올린 젊고 유능한 디지털 원어민 이야기로 돌아가자. 제 스스로 디지털 원어민임을 피력한 그 여성은 무슨 말을 하고 싶었던 것일까?

"그래서 저는 잡지를 읽을 시간이 없어서 잡지를 읽어본 적이 없습니다."

우리가 잘못 들은 것일까? 출판사 마케팅 부서의 직원이, 그것도 편집부 회의에 들어와서 자사에서 출간한 잡지를 한 번도 읽어본 적이 없노라 말하는 것인가!

"물론 가끔 온라인으로 들여다보고 무슨 내용인지 살펴보고는 있습니다. 그렇지만 글이 너무 많아요. 그러면 저희 세대는 잘 읽지 않아서……."

이어서 그 젊은 디지털 원어민은 스스로 묘안이라 생각하는 구체적 대안을 제시했다.

"어째서 매주 잡지를 내보내야 하는 거죠? 이 잡지를 연간지로 만들어 1년에 한 번만 발행하면 훨씬 좋을 텐데요. 그러면 잡지가 더 많이 읽힐 것 같습니다."

역시 이유는 모르겠지만, 잡지의 발행 방식을 바꾸자는 것 말고 다른 아이디어는 제안하지 못했다.

이 사례로 무엇을 알 수 있을까? 디지털 원어민은 회의에 참석시키지 말아야 한다는 것? 당연히 그것은 아니다. 앞에서 언급한 대로 이 출판사가 회사를 발전시킬 계책을 얻기 위해 능력 있고 경험 풍부한 사람들을 초청하는 대신, 쿨하다고 자처하는 직원들을 선택한 것이 문제였다. 회사의 경영인이 쿨하게 일해보려 했기 때문에 결론적으로 그 어떤 획기적 계책도 얻을 수 없었다.

예나 지금이나 경영진은 너무 영리한 사람은 자기 주위에 두려 하지 않는다. 그래서 결국 그들 주변에는 좀 덜 영리한 사람들만 남게 된다. 출판사의 그 많은 인재를 제쳐두고 젊은 디지털 원어민 여성을 선택한 결과, 경영진은 아마도 웃음거리가 되었을 것이다. 누구를 탓하랴.

디지털 중독

경영자가 디지털 원어민을 선호하는 것은 그들의 능력 때문이라기보다 더 적은 보수를 지불해도 되기 때문이다. 그 적은 보수를 받은 젊은 디지털 원어민이 어떤 성과를 내놓을 것인가에는 관심도 없다. 반복해 말해 미안하지만, 스타트업의 성향은 꽤 자주 착취의 형태로 나타난다.

젊은 세대는 엄청난 강점을 가지고 있다. 그들은 변화를 원할 때 무엇을 건드려야 할지 재빨리 알아챈다. 또 최신 앱과 툴을 금세 이해하고 매우 능숙하게 다룬다. 열정적인 젊은이들은 신속하게 새로운 비즈니스 모델에 신념을 가지고 진심으로 뛰어들며, 그 특권을 발휘하기 위해 얼마든지 저녁 시간과 주말을 바친다. 결과가 실패로 돌아가더라도 그조차 기념으로 여긴다.

무엇보다도 디지털 원어민은 어디서나 쉽게 찾을 수 있다. 애플의 CEO 스티브 잡스가 2007년 1월 첫 번째 스마트폰을 내놓은 이후 비유컨대 디지털 개 목줄은 점점 더 완벽하게 작용하고 있다. 직원들은 하루 24시간 일주일 내내 업무 연락을 받는다. 그들은 왓츠앱 비즈니스 그룹 등의 툴을 통해 시도 때도 없이 업무 결과를 보고해야 하며, 심지어 스냅챗을 통해 어디에 누구와 함께 있는지 위치 정보를 요구받을 수도 있다. 프라이버시의 완전한 파멸이여, 영원하라! 물론 CEO의 입장에서는 이처럼 말할 수도 있을 것이다. 오늘날에는 더 이상 직장 생활과 사생활의 구분이 존재하지 않는다고 말이다. 이런 변화로 인해 유일하게 이득을 보는 사람은 당연히 기업의 대표뿐이다.

또 다른 디지털 중독 현상은 새로운 세대에게서 발견된다. 퓨 연구센터Pew Research Center의 조사에 따르면 13세에서 17세까지 미국 청소년의 약 4분의 1이 거의 항상 온라인에 접속해 있는 상태로, 인터넷 중독 증상을 보이고 있다고 한다. 이에 관한 기사가《프랑크푸르터 알게마이네 보케Frankfurter Allgemeine Woche》(《FAZ》의 주간지—옮긴이) 2018년 14호에 실려 있다. 연방보건교육센터에 따르면, 독일에는 27만여 명의 청소년이 인터넷에 중독되어 있다. 인터넷 중독은 불안, 우울, 인성 변화 등의 증상을 나타낸다.

《FAZ》의 주간지는 잡스에 이어 애플의 CEO가 된 팀 쿡 등 산업계의 주요 인물이 '실리콘밸리의 상품과 서비스로 그 이용자의 삶이 항상 더 좋은 쪽으로만 변하는 것은 아니다'라는 경고를 보내고 있다고 전한다. "저는 우리가 언제나 도움이 되어야만 성공한 것이라고 말하는 사람은 아닙니다." 팀 쿡은 특히 1984년 이후 태어난 밀레니얼 세대에게 절제를 조언하고 있다고 《FAZ》의 주간지는 전한다.

다양한 문제를 야기하는 디지털 중독은 경영진이 자신의 사랑하는 아이를 착취하는 토대가 된다. 기업들, 그중 스타트업은 그러한 도파민 효과를 이용한다. 널리 알려져 있듯 알코올이나 니코틴은 이 행복 호르몬의 과다 분비에 영향을 끼친다. 그러므로 뷜크스토프 맥주를 너무 많이 마시면 중독성을 보일 수 있다. 이때 부작용을 겪지 않으려면 도파민이 적당히만 분비되도록 해야 한다.

인간에게 욕구와 만족감은 중요하다. 단지 성과 관련해서만이 아니라 음식과 도박에서도 그러하다. 또 보상 체계의 실행과 관련해서도 그러하다. 온라인에 올린 게시물에 대한 지인들의 '좋아요' 반응은 보상이 되고, 비록 일시적이기는 하지만 만족감을 준다. 많은 보상을 얻고자 하는 바람에서 갈망, 중독, 스트레스, 의존성이 생겨나고, 종국에는 그것들이 불만으로 이어진다.

기존 기업의 스타트업 부문에서 저임금을 받고 근무하는, 대체로 젊고 유순한 직원들은 마치 양계장에 갇힌 닭들에 비유될 수 있다. 그들은 그 닭들처럼 극심한 스트레스를 받아서 설사 알을 낳는다고 해도 그 알이 절대로 부화할 수 없을 것이다. 그리하여 너무나 많은 젊은 직장인이 의욕을 잃고 착취당하며 기진맥진한 상태가 된다.

스타트업의 수많은 아이디어는 정확히 중독성을 목표로 한다. 페이스북이나 왓츠앱, 스냅챗 혹은 인스타그램의 툴들은 이러한 보상

심리를 이용한 것이다. 나는 전혀 '좋아요'라고 말하고 싶지 않다. 심지어 페이스북의 초대사장 숀 파커는 사람들의 의존성을 얻어내기 위해 소셜네트워크서비스가 인간 심리의 취약성을 파고들어 철저히 이용한 것임을 공개적으로 시인했다.《프랑크푸르터 알게마이네 보케》에 따르면 페이스북과 구글에서 활약한 저스틴 로즌스타인은 스냅챗 같은 인터넷 서비스를 헤로인에 비유했다고 한다. 결국 이 모든 것은 조종과 관련되어 있다. 즉, 인간을 꼭두각시로 만드는 것이다.

스타트업이 새로운 비즈니스 모델을 과감히 시도하려 할 때 그 창업자는 어떤 심리 상태에 있을까? 모든 스타트업은 페이스북이나 구글 같은 성공을 꿈꾼다. 그러므로 대다수의 젊은 창업자는 어떻게 하면 수개월 뒤 수십억 유로 투자를 제안받을 수 있을지 고민한다. 스냅챗의 공동 창업자 에번 스피걸은 2013년에 30억 달러의 인수 제의를 거절한 이후, 2017년에 회사 가치가 300억 달러로 올라갈 때까지 몇 차례 제의를 더 거절했었다.

스타트업들은 내심 수백만 명의 사람이 자기들이 개발한 기술에 중독되기를 바라고 있다. 그런데 그것은 수십 년 혹은 심지어 수백 년 전 나사, 소시지 혹은 스포츠 의류 등을 생산했던 기업가들도 원했던 것이지 않은가? 여하튼 스냅챗은 스타트업의 성향을 분명하게 보여준다. 의존성을 원한다는 면에서는 마약 딜러의 사고방식과 같다. 사용자들의 누드 사진이 수 초 후 자동으로 삭제되지 않고 서버에 남아 악용될 가능성이 있다는 점에서는 개인정보 보호법을 위기에 빠뜨릴 수도 있다. 그리고 투자자들을 거절할 수 있는 배

짱도 빼놓을 수 없다. 300억 달러? 바보 같으니.

그건 그렇고, 스냅챗은 기업공개를 한 뒤 2017년 기업 가치가 최고 410억 달러까지 치솟았지만, 후에 그 수치가 140억 달러까지 떨어졌다. 그때 아마 그 스타트업을 신봉하는 이들의 속도 좀 뒤집혔을 것이다.

실시간 단어구름과 트렌드 분석가

분명 젊은이들 앞에는 구세대보다 더 많은 미래가 놓여 있다. 그리고 부모 세대가 만들어놓은 것에 만족하는 세대는 없으므로, 모든 세대는 자연히 자신만의 흔적을 남기려는 끝없는 열망에 사로잡힐 수밖에 없다. 젊은 직원들을 많이 보유한 스타트업은 바로 그 점을 활용한다. 물론 기존의 기업들도 마찬가지이기는 하지만 말이다. 브랜드 상품 제조업자가 미래를 바라본다면 그것은 곧 부의 창출 가능성을 따져본다는 의미이므로 당연히 불빛이 나방을 끌어들이듯 다양한 트렌드 분석가들이 생겨날 수밖에 없다.

기업의 경영진 및 마케팅 부서는 목표 집단의 영역으로부터 가치 있는 세상, 사회의 비전을 담은 우주 혹은 은하계를 찾아낸다. 그 과정에서 대체로 공상과학영화 속 용어들이 굉장히 자주 활용되고 있다는 사실은 주목할 만하다. 스타트렉 마케팅이라고도 할 수 있다. 모두가 미래의 심장은 지금 실리콘밸리에서 고동치고 있다고 믿는다. 실리콘밸리는 스타 탄생의 중심지, 즉 모든 것이 시작되는 곳이다.

또한 모든 트렌드는 실리콘밸리에서 생성된다. 한 예로 소셜미디어라는 전혀 사회적이지 않은 공유 서비스도 이곳 디지털 베들레헴에서 태어났다. 그러나 실리콘밸리에서 전 세계로 넘쳐흐르는 것은 페이스북, 스냅챗, HP 혹은 애플 같은 큰 파도만이 아니다. 거기에는 최신 트렌드라든지 기발한 착상도 포함된다. 충분한 에너지를 지닌 스타트업은 대체로 미래지향적인 동시에 트렌드를 만들어 낼 수도 있다. 그리고 그것은 디지털 혁신으로까지 이어진다.

주지하다시피 구글은 수많은 검색어를 분석해 대중의 관심이 어디에 있는지 빨리 파악할 수 있게 해주는 서비스 트렌드Trends를 만들었다. 우리는 결국 이 세상의 모든 물음에 대한 답은 42개라는 것을 알고 있다. 그래서 《은하수를 여행하는 히치하이커를 위한 안내서》에서의 더글러스 애덤스는 그토록 심오하게 탐색할 수 있었으리라(세상의 모든 물음의 답이 42개밖에 되지 않으므로). 구글은 이 생각에 동의하지 않는다. 그렇기 때문에 트렌드 서비스를 제공하는 것이다. 이 서비스는 국가별로 무엇이 주로 검색되고 있는지 보여주므로, 특히 어디에서 무엇이 전혀 관심을 끌지 못하는지도 알 수 있다.

젊은 세대를 목표 집단으로 삼고 있거나 그들의 페르소나 분석에 관심 있는 다수의 기업이 구글의 트렌드 서비스를 예의주시하고 있다. 예를 들어 독일에서 가장 큰 광고대행사 중 한 곳에서는 스크린을 통해 구글 트렌드가 실시간 단어구름 형태로 전시되고 있다. 그나저나 실시간? 단어구름? 나도 이렇듯 디지털 유행어에 감염되어 있으니 큰일이다.

'실시간Echtzeit'이라는 말은 디지털 시대를 살아가는 사람이라면 한 번 이상 입에서 뱉어본 적 있는, 별로 달갑지 않은 단어다. 그런데 실시간이란 도대체 무슨 말인가? 실제의echte 시간Zeit? 그렇다면 실제가 아닌unechte 시간은 무엇이란 말인가? 우리는 실시간으로 살고 있으면서 실제의 시간에 맞지 않게 생각한다는 것인가? 따라서 실시간으로, 즉 적시에 맞게 생각하기 위해서는 디지털 방식이 필요하다는 말이다.

여담이지만 예전에 왓츠앱의 음성메시지 속도를 더 빠르게 만들어 실시간으로 대화를 나눌 수 있게 한다는 아이디어를 가진 스타트업 업체가 있었다. 그런데 누군가는 그 스타트업에 알려주었어야 하지 않을까? 그것은 이미 전화로도 가능한 일이라고.

실시간 단어구름은 확실히 시간을 더 낭비하는 것이다. 여기서 검색과 관련되어 사용되는 단어구름은 현재의 트렌드 용어를 시각화 효과를 높이기 위해 검색된 횟수에 따라 더 크거나 작게 표시해준다. 그러나 검색된 것이 전부 트렌드인 것은 아니다. 인종차별주의 정당이 자주 검색된다고 해서 그것이 트렌드라고 할 수 있을까? 절대 그렇지 않다! 즉, 잘못된 트렌드 분석 결과를 얻을 수도 있다.

다음은 실제 있었던 이야기다. 한 기업의 마케팅 부서에 근무하는 2명의 디지털 원어민 트렌드 분석가들이 자신들의 분석 결과를 보고했다. 당시는 유니콘 열풍이 불던 시기였다. '유니콘'이라는 용어가 굉장히 자주 검색되었으므로 '유니콘'이 트렌드로 선언되었고, 즉시 많은 기업이 이 유니콘을 목표로 삼았다. 그래서 유니콘 침대보, 유니콘 팬티, 유니콘 필통 그리고 심지어 유니콘 초콜릿과 유니콘 감자칩까지 만들어졌다.

그리하여 화장지에까지 유니콘 무늬를 박아 넣고 있을 때쯤 그 열풍이 가라앉았다. 바로 그때 앞에 말한 두 트렌드 분석가들은 새로운 조사 결과를 발표했다.

"이제 유니콘 열풍은 끝났습니다. 새로운 트렌드는 바로 플라밍고입니다."

그들은 어떻게 해서 그 결론에 도달했을까? 아주 간단하다. 구글 트렌드를 살펴보니 유니콘이 자신의 전성기를 누리고 있었던 것이다. 그리고 유니콘에 관한 검색 횟수는 점점 줄어들었고, 대신 플라밍고에 관한 검색 횟수가 확연히 증가했다고 한다. 그러므로 두 트렌드 분석가들은 대세를 따른 것이었다. 그런데 오직 독일어권에서만 유니콘이 플라밍고보다 관심도가 훨씬 높았다고 한다. 알다시피 독일인들은 언제나 발전에서 뒤처지는 경향이 있다.

그런데 누군가 문득 이런 질문을 했다.

"다른 나라에서는 유니콘을 다른 말로 표현한다는 것을 고려했습니까? 그리고 플라밍고는 거의 모든 언어에서 똑같다는 사실은요?"

두 트렌드 분석가들은 그런 사실은 미처 생각해보지 못했다는 듯 당황하며 진땀을 흘릴 수밖에 없었다. 실시간으로 말이다. 실리콘밸리에 뿌리를 둔 지식들이 자주 그러하듯 여기에도 심각한 오류가 있다. 전 세계에서 플라밍고를 소재로 가장 빈번하게 입력된 다섯 가지 검색어는 모두 라스베이거스에 있는 플라밍고 호텔과 관련된 것이었다.

이처럼 잘못된 결론을 도출시키는 트렌드는 어떤 결과를 보여줄까? 검색창에 자주 등장한다는 이유만으로 트렌드로 간주되는 이유는 무엇일까? 연두색이라는 단어가 검색창에 자주 입력되기만 하면 트렌드가 되는 것인가? 당연히 그렇지 않다는 것을 구글은 알고 있다. 실리콘밸리는 그런 사실을 모르고 있지 않다. 연두색을 검색하면 그와 관련한 사진들이 나타난다. 그리고 이번에는 그 사진들의 색상이 트렌드로 분석된다. 여러 가지 색상들이 프로그램에 의해 모였다가 또 걸러진다. 모든 과정이 자동으로 진행된다. 전부 자동화되어 있는 것이다. 그러니 아무것도 생각하지 말고, 세상을 변화시키라!

참고로 그 두 트렌드 분석가는 플라밍고라는 결과를 발표한 직후 직장을 옮겼다. 그들은 곧장 스타트업으로 향했다.

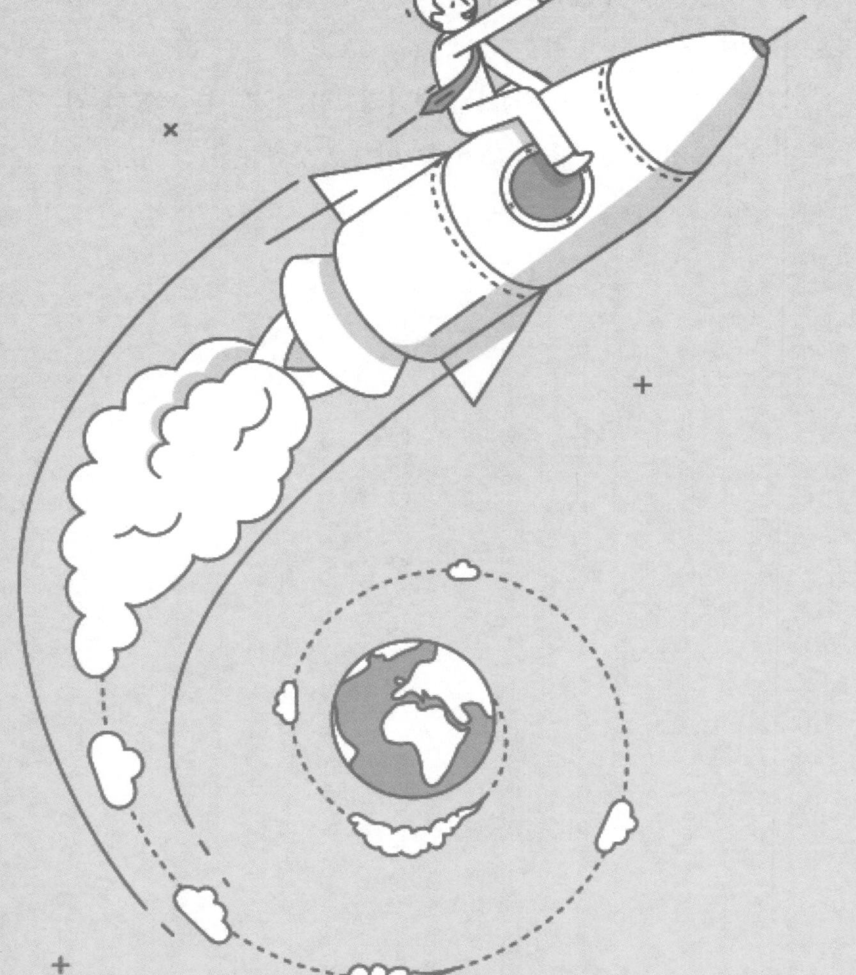

아홉 번째 거짓말

모든 사람이 스타트업에 관심이 있다

스타트업과 정치

전 세계가 스타트업 열풍에 휩싸여 있다. 어디를 가도 스타트업에 관한 이야기를 듣고, 다른 화제는 거의 존재하지 않는 듯하다. 투자자들과 창업자들은 현실을 그렇게 보고 있다. 하지만 우리는 여기서 선택적 인지라는 심리적 현상을 다루어보고자 한다. 내가 축구에 관심이 있다고 가정해보자. 그리하여 축구에 관한 모든 정보를 알아보는 사이에 다른 사람들도 축구에 관심이 있을 것이라는 생각이 제멋대로 자리 잡게 된다. 그리고 이 비유는 스타트업에도 정확히 들어맞는다.

알다시피 인간은 언제나 이상을 추구한다. 머릿속에 이상을 떠올리면서 신뢰감, 안락함, 단순함 그리고 편안함을 얻는다. 이상을 가지고 있다는 것은 배우자를 선택할 때, 옷을 구매할 때만이 아니라 사실상 인생의 모든 순간에 도움이 된다. 또 이상을 품을 때 우리의 뇌는 새로운 정보를 기존의 지식에 추가하려 애쓴다. 스타트업 현장의 인식도 비슷하다. 거기서는 현재와 미래가 온통 스타트업으로만 구성되어 있는 것 같다. 스타트업만 중요하다. 그러므로 스타트업이 아닌 것은 스타트업이 되어야만 한다. 그런데 현실은 그렇지 않다. 물론 모든 기업은 끊임없이 혁신을 이루어내야 한다. 그러나 혁신은 스타트업 문화가 없어도 가능하다.

투자자를 제외하고 스타트업에 진정 관심을 가지고 있는 사람은 누구일까? 정치인? 일단 스타트업과 정치는 썩 어울려 보이지 않는다. '스타트업 모니터'는 정치인들이 스타트업의 중요성을 얼마나 잘 이해하고 있는지 매년 기록해놓는다. 지난 수년간 창업자들이 정치인을 평가한 점수는 크게 변하지 않았다. 《디 차이트》는 '분위기는 최고, 정책은 실패'라는 표제의 기사에서 가장 좋은 평가라고 해도 '충분하다'에 그쳤고, 거의 둘 중 한 사람은 '약간 모자라다' 혹은 더 나쁜 '부족하다'라는 평가를 내렸다고 밝히고 있다. 평가 결과는 약 1,000명의 스타트업 경영자를 대상으로 이익 단체인 독일 스타트업협회와 베를린 경제법률대학이 공동으로 실시한 설문조사에 기초한다.

디지털 관련 협회인 Bitkom도 2018년 5월 23일 스타트업과 정치 사이의 협력 관계를 조사해 발표했다. 그에 따르면, 여러 해 전부터 정치인들이 스타트업 분야에 많은 관심을 기울여왔지만, 최근에는 냉정함을 찾아 사실상 '스타트업 강국 독일'을 진지하게 고민하는 정치인은 거의 없다고 한다. 또한 정치인들이 스타트업 문제를 제대로 이해하지 못하고 있다고 지적하며 '조사 대상의 74퍼센트가 스타트업이 최대한 자유롭게 활동할 수 있도록 하는 정책 마련이 시급하다고 생각하고 있으며, 그 외의 영역에서는 간섭받고 싶어 하지 않는다'라고 밝히고 있다.

그러나 스타트업 현장에 관여하려는 정치적 조짐은 계속해서 나타나고 있다. 그 예로 독일 해적당Piratenpartei(2006년 베를린에서 창당

된 독일의 한 정당으로 정보화사회에 있어 시민권의 강화를 지향하고 있다—옮긴이)은 자신들이 '창조적인 사람들, 발상의 전환을 이끌어내는 사람들, 새로운 것을 만들어내는 사람들'에게 관심이 있으며, "스타트업, 연구자들, 예술가들, 과학자들…… 그뿐 아니라 우리는 디지털 시대의 장점을 보다 빠르게 체득하고 향유하기 위해 변화에 능동적으로 대처하는 모든 국민을 도울 것입니다"라고 말했다. 하지만 그들의 구상은 계획대로 진행되지 못한 것으로 보인다. 왜냐하면 얼마 지나지 않아 해적당이 국민들의 관심에서 완전히 멀어져버렸기 때문이다.

또한 그륀더스체네에 따르면, 녹색당은 2017년 연방총선거를 눈앞에 두고 "우리는 아직 성과를 보여주지 못한 기업이라 할지라도 혁신적 신생 기업이라면 직접적으로 지원할 것입니다. 이를 위해 중소기업의 세금 부담을 15퍼센트까지 감면해주는 정책을 추진하겠습니다"라고 선전했다.

노트북 보유 교실의 수를 늘리려고 노력 중인 독일 사회민주당(이하 '사민당')은 2016년 6월 '독일에는 더 많은 스타트업이 필요합니다'라는 주장에 힘을 보태기 위해 실리콘밸리까지 생방송으로 연결해 여러 투자자 및 스타트업을 초청한 토론회를 열었다. 그러고는 "이 토론회가 끝나면 여기서 묘안으로 주장된 다양한 전문적 의견이 더 나은 스타트업 정책을 만드는 데 반영되도록 하겠습니다"라고 선언했었다. 듣기 좋은 말들이었지만, 역시 진척은 없었다.

2018년 초반, 독일 기독교민주연합(이하 '기민련'), 바이에른 기독교사회연합(이하 '기사련') 및 사민당 간의 연정 협상이 타결되자 스타트업 연합의 의장인 플로리안 뇔은 이렇게 말했다. "우리는 연정 협상을 앞두고 우리의 주요 요구 사항 열 가지를 담은 체크리스트에 주목해줄 것을 정치권에 다시 한 번 요청했습니다. 그 10가지 요청이 이제 연정 협상안에 포함되어 있습니다. 특히 스타트업이 자금을 조달할 수 있는 환경조건이 개선되어야 합니다. 다시 말해 기관투자자의 자금으로 운용되는 '대규모의 국가적 디지털 기금'이 조성되어야 한다는 것입니다. 그러한 디지털 기금은 보험사와 연기금의 벤처캐피털 펀드로의 투자를 가능하게 할 것이고, 그것이 독일의 역동적 스타트업 경제에 대한 투자로 이어질 것입니다."

이 모든 사례가 '스타트업'이 누구도 그냥 지나칠 수 없는 주제임을 보여준다. 그렇다면 왜 하필 독일이라는 경제 강국은 광대역 확장과 같은 기본 사항조차 다른 나라들에 비해 뒤처져 있는 것일까?

만일 스타트업 창업자들만 투표에 참여했다면 선거 결과는 어떻게 나타났을까? 2018년 10월에 발표된 '스타트업 모니터'의 조사 결과에 따르면 자유민주당은 37.6퍼센트를 획득하고, 녹색당이 22.4퍼센트, 기민련과 기사련 그리고 사민당의 대연정이 겨우 26.3퍼센트만을 가져갔을 것이다. 분리해서 보면 기민련과 기사련의 연정이 17.8퍼센트, 사민당이 8.4퍼센트를 획득한 것으로 보인다. 그리고 좌파당은 5.9퍼센트를 얻어 여전히 의회에 진출할 것으로 보이는 반면, 한때 디지털 전환을 위해 온 힘을 쏟았던 해적당은 1.1퍼센트만을 확보해 실패했다. 또한 독일을 위한 대안 정당은 2퍼센트를 얻어 하위를 기록했다.

정치인들은 스타트업에 얼마나 관심을 가지고 있을까? 또 정치인들은 어느 정도로 스타트업을 위해 노력하고 있으며 또 그들의 요구를 잘 이해하고 있을까? 스타트업 창업자들 중 0.6퍼센트만이 이 물음에 대해 '아주 훌륭하다'라는 답변을 선택했다.

스타트업과 방송

예전에 언론의 주목을 한 몸에 받았던 접시닦이가 있었다. 물론 그 접시닦이가 백만장자가 된 뒤에 말이다. 언론은 지금 이 순간에도 억만장자가 된 젊은이의 성공 신화를 찾아 헤맨다. 그래서 그들은 각각의 저커버그 스토리를 청사진으로 제시하고, 또 각각의 에번 스피걸 이야기를 표제로 삼는다. 그 예로 《빌트》는 2018년 2월 23일에 '연봉 6억 3,800만 달러를 받는 스냅챗 창업자, 연봉 순위에서는 고작 2위'라는 표제의 기사를 내보냈다. 특히 젊은 창업자가 수백만 혹은 수십억의 제안을 거절하고, 어떤 톱 모델 혹은 스타와 사랑에 빠져 할리우드 영화에서나 보던 호화로운 생활을 하고 있다는 이야기는 차고를 일터로 삼은 이야기 못지않게 언론에 흥밋거리다.

이렇듯 언론은 스타트업에 관심을 기울이고 있다. 그런데 심술궂게도 스타트업의 성공 스토리 외에 실패 스토리 역시 기꺼이 주요 기사의 소재로 삼는다. 예를 들어보자. 에어비앤비와 거의 유사한 윔두는 2018년 말 영업 종료를 발표했고, 투자자들에게 9,000만 달러의 손실을 안겼다. 언론들은 연말 회고 기사에 '실패한 스타트업들'이라는 표제를 달고는 수천만 달러 손실이 발생한 것에 대해 떠들어댄다. 2014년 3월 1일 운터네머unternehmer.de가 '가장 비싼 스타트업의 파산, 실패한 72개 기업'이라는 표제의 기사를 게재했듯이 말이다.

갑자기 특정 주제와 관련된 TV 프로그램이 생겨나기 시작한다면, 그 주제가 사회에서 중요하게 받아들여지고 있다는 의미다. 그 주제는 스타트업이 아이디어를 얻는 힌트가 될 수도 있고 사회가 기대하는 기업가 정신을 알려줄 수도 있다. 그런데 해변의 바에서 두 번째 맥주를 마시며 세탁기에서 양말을 잃어버리지 않는 법이나 하루 일정을 자동으로 표시해주는 앱 혹은 단추 위에 장착할 커프스 버튼 등 자신만의 인생 아이디어를 고민하던 사람은 누구였을까?

요사이 창업 혹은 스타트업을 주제로 하는 TV 프로그램이 한둘 생겨나 시청률을 다투고 있다. 스타트업과 마찬가지로 스타트업 관련 프로그램도 실패율이 상당히 높다. 이는 곧 스타트업이라는 주제에 흥미를 느끼는 사람이 그리 많지 않다는 암시일 수 있다. 그럼에도 방송사들은 이와 관련한 새로운 형태의 프로그램을 계속해서 선보이고 있다. 광고주들을 위해 그들의 목표 집단인 구매력 있는 젊은이들을 유혹하려는 목적도 있겠지만, 사실 그보다는 오히려 그런 프로그램 자체가 방송사의 새로운 비즈니스 모델이기 때문이다. 그 이면에는 '지분을 위한 미디어'라는 의도가 숨어 있다. 이로써 방송사는 스타트업이나 기타 신생 기업에 참여하게 되며 그 참여의 대가로 돈이 아닌 광고 시간, 옥외 홍보 전시, 선전물 등의 미디어 서비스를 제공한다. 독일에서 이런 방식의 비즈니스 모델을 도입하고 있는 언론사 중 가장 규모가 큰 두 회사는 프로지벤자트아인스 미디어 그룹과 옥외광고 분야의 대기업인 슈트뢰어Ströer다. 특히 프로지벤자트아인스는 이 새로운 비즈니스 모델을 위해 세븐벤처스라는 자회사까지 설립했다.

잘란도와 프로지벤자트아인스 그룹 간의 거래는 잘 알려진 사례 중 하나다. 전자상거래 회사 잘란도는 2009년부터 프로지벤ProSieben과 자트아인스Sat.1 그리고 카벨아인스Kabel eins(프로지벤, 자트아인스, 카벨아인스 모두 프로지벤자트아인스 미디어 그룹 산하 TV 방송국임—옮긴이)의 광고 시간을 확보하고 있으므로 프로지벤자트아인스 그룹이 잘란도의 매출에 관여하는 셈이다. 2014년 11월 24일 자 《FAZ》에 의하면 운터푀링에 위치한 이 미디어 그룹은 2014년 말까지 약 60개 업체와 보통은 3년간 지속되는 파트너십을 체결했다고 한다.

그러나 스타트업을 주제로 삼는 프로그램이 모두 이런 비즈니스 모델로 운영되는 것은 아니다. 시청자의 연령을 낮추기 위해 제작되는 스타트업 관련 프로그램도 있다. 이는 대부분의 방송사가 급속히 고령화되어가는 시청자 연령층으로 고민하고 있다는 방증이기도 하다. 젊은 사람들은 매주 일요일 밤 8시 15분에 방송되는 '타트오르트Tatort'(범죄 현장—옮긴이)를 '본방 사수'하기보다는 스트리밍 서비스를 이용한다. 현재 얼마나 많은 스타트업 관련 프로그램이 방송되고 있는지 알게 된다면 다들 놀랄 것이다. 개괄적으로나마 그런 프로그램들을 살펴보면 다음과 같다.

✓ 사자들의 소굴Die Höhle der Löwen 폭스Vox 채널에서 2014년에 방송을 시작했고 만족할 만한 시청률을 확보하고 있어 매우 성공적인 스타트업 관련 프로그램으로 알려졌다. 프로그램에 광고가 붙게 해줄 목표 집단의 시청률은 종종 20퍼센트로 집계되어 최대 200만 명이 시청하는 것으로 보인다. 전 연령층으로 확대해서 보면 대체로 300만 명 이상이 '사자들의 소굴'을 시청하고 있다. 그륀더스체네에 따르면 2017년 네 번째 시즌에서는 이전 시즌보다 더 많은 40개 스타트업 업체가 투자를 유치했다고 한다. 그에 따라 800만 유로 이상의 자금이 지원되어야 했지만, 전부 실행에 옮겨지지는 않았다고 한다. 사자들의 몇몇 거래가 무산되어 최종적으로는 투자금의 4분의 1만이 실제로 집행되었다고 한다.

✓ 2분, 200만2 Minuten, 2 Millionen 프로지벤자트아인스 그룹의 자회사인 오스트리아의 민영방송 채널 플러스4에서 2013년부터 방송을 시작해 2018년에는 그 여섯 번째 시즌이 방송됐다. 역시 스타트업 및 회사 창업이라는 주제를 다룬 프로그램이다. 이 스타트업 선정 프로그램은 'DSDS'('독일은 슈퍼스타를 찾습니다Deutschland sucht den Superstar'라는 TV 프로그램—옮긴이)나 '더 보이스The Voice'(노래 경연 TV 프로그램—옮긴이)와 같은 포맷을 유지하고 있으며, 음악이 아닌 기업 아이디어를 취급한다는 점만이 다르다. 물론 숙취 방지 음료라든지 돼지 무게 측정 앱, 두꺼운 종이로 만든 가구 혹은 안전 면도날 배달 서비스 등 방송으로 내

보내기에 좋은 아이디어를 선보인다. 스타트업들이 2분 동안 발표를 하고 나면 심사위원들이 200만 유로 한도 내에서 투자 여부를 결정한다. 이 프로그램은 오스트리아에서 꽤 인기가 있어서 시청률이 종종 10퍼센트에 이르렀다. 이는 거의 20만 명의 시청자를 확보하고 있다는 말이다. 즉, '2분, 200만'은 때때로 오스트리아의 민영방송을 통틀어 가장 많은 사람이 시청하는 프로그램이다.

✓ 스타트업들의 전쟁Kampf der Start-ups 체데에프ZDF가 2014년 말에 파일럿 프로그램으로 내보낸 이후 2015년에는 총 3회가 방송됐다. 마인츠에 위치하고 있는 ZDF는 프로그램 포맷에 방송을 위한 거래는 전혀 포함되어 있지 않음을 밝혔다. 투자자들로부터 투자를 이끌어내기 위해서는 '성공을 위해 어떤 전략을 취하고 있는지, 그리고 그것이 얼마나 어려운 것인지가 오히려 중요하다'라고 전했다. 프로그램에서는 스타트업 30개가 아이디어로 투자자들을 설득하기 위해 경쟁해야 했다. 가장 뛰어난 기획을 보여준 두 개 스타트업이 비즈니스 코칭과 투자 유치의 기회를 얻었다.

✓ 스타트업 레스토랑-맛있는 식사는 가치가 있다Restaurant Startup-Gutes Essen zahlt sich aus 카벨아인스에서 2015년에 방송을 시작한 프로그램으로 현재는 종영됐다. 이 프로그램은 미국에서 유래한 일종의 '요리 부문 창업자 쇼'로, 레스토랑을 창업하고

자 하는 사람에게 자금을 지원하려는 목적에서 제작됐다. 특히 심사위원들 중에는 조이스 피자Joey's Pizza의 CEO 카르스텐 게르라흐와 엔칠라다 프랜차이즈Enchilada Franchise의 대표이사 토르스텐 페터슨이 앉아 있었다. 심사위원들은 매주 햄버거나 아시아 음식 등의 주제를 정해 7주 동안 레스토랑 기획을 평가했고, 매회 방송에서 각각의 스타트업 팀은 혁신적인 레스토랑 아이디어를 선보였다. 선정된 두 팀은 각각 48시간 이내에 베를린의 비어 있는 식당에서 팝업 레스토랑을 오픈할 수 있었다.

✓ 망상가에서 승리자로Vom Spinner zum Gewinner 역시 카벨아인스에서 2016년 1월부터 방송된 스타트업 관련 프로그램이다. 이 프로그램은 '자신만의 회사를 세우기 위한 고된 여정'을 시작한 창업자를 등장시키면서 도쿠숍Dokusoap(다큐성과 오락성이 혼합된 장르—옮긴이)을 표방하여 '나무 정액으로 백만장자가 되다?', '그들은 콘돔으로 좋은 일을 하려고 한다' 또는 '고통 없는 쇼핑을 위한 손잡이 커버' 같은 주제를 다루었다. 이 프로그램의 제작자들은 대마로 만든 차라든가 유연성 있는 방화매트 등 좀 특이한 아이디어를 선호했다. 4회를 끝으로 종영했으며, 약 1.7~2퍼센트의 시청률을 기록해 53만 명에서 66만 명이 이 프로그램을 시청했던 것으로 보인다.

✓ 제자리에! 준비! 출발!Auf die Plätze! Fertig! Weg! 카벨아인스가 2016

년에 방송한 또 다른 프로그램이다. 이 프로그램의 참가자들은 마요르카 섬에 뮤지컬 스쿨을 세우거나 LA에서 클래식 카 판매점을 운영하는 등 다른 사람들이 휴가를 즐기는 곳에서 '일'을 해야 했다. 매회 3명의 지원자들이 2만 5,000유로의 창업 자금을 놓고 경쟁을 펼쳤다. 스타 셰프로 알려진 요한 라퍼와 아모렐리Amorelie의 창업자인 레아 소피 크라메르가 심사를 맡았다. 4회까지 방송되고 종영했다. 시청률은 1.4~1.9퍼센트 사이를 오갔으며, 약 35만 명의 사람들이 이 프로그램을 시청했다.

✓ 올해의 물건Das Ding Des Jahres 2018년 프로지벤에서 슈테판 라브의 아이디어로 제작됐다. 8명의 창업자가 둘씩 짝을 이루어 총 네 번의 경합을 벌이고 우승한 팀은 250만 유로 상당의 광고 기회를 제공받을 수 있었다. 큰 금액으로 들리겠지만, 프로지벤자트아인스 그룹은 그 광고 예산을 투자함으로써 스타트업과 협력할 기회를 확보하는 것이다. 따라서 여기서도 역시 '지분을 위한 미디어'를 위한 광고 거래가 이 프로그램의 기획 의도였음을 알 수 있다. 이 프로그램에서 무엇이 '올해의 물건'이 될지를 결정하는 주체는 바로 시청자였다. 톱 모델 레나 게르케, 개그로 유명한 요코 빈터샤이트 그리고 레베의 판매사업부 책임자 한스 위르겐 모그가 심사를 맡았다. 이 프로그램은 초반에 10퍼센트 이상의 시청률로 약 130만 명의 시청자들을 확보하여 성공을 거두었다. 프로지벤의 대변인에 따르면, 첫 번째 시즌의 성공으로 창업자들의 발명품에 대한 주문이 많

이 이루어졌다고 한다.

✓ 시작하라! 누가 독일에서 가장 훌륭한 창업자가 될 것인가?Start up! Wer wird Deutschlands bester Gründer? 2017년에 '기회를 잡으세요'라는 가제로 제작 준비를 시작해 2018년 자트아인스에서 주말 프로그램으로 방송이 시작됐다. 투자자 카르스텐 마슈마이어가 매주 발전도를 평가했고, 최종적으로 우승한 스타트업에 투자하기로 되어 있었다. 물론 이것도 지분을 위한 투자였다. 참가자들은 오직 하나의 아이디어만 있으면 됐다. 그 외에 초기자본이나 사업 계획 등 다른 것은 전혀 필요 없었다. 총 8회에 걸쳐 14명의 창업자가 100만 유로를 놓고 경쟁을 펼쳤다. 방송이 진행되면서 사업 계획이 마련되었고, 회사 명칭과 로고가 만들어졌으며, 심지어 아이디어를 발전시킨 시제품까지 제작됐다. 이 프로그램은 도널드 트럼프가 진행했던 '어프렌티스The Apprentice'를 모방한 것으로 여겨졌으나, 독일에서는 성공을 거두지 못했다. 몇 회 지나지 않아 시청률이 1.9퍼센트로 추락해 시청자가 57만 명에서 28만 명으로 감소했다. 그 때문에 마지막 3회는 방송조차 되지 못하고 인터넷으로만 공개됐다. 카르스텐 마슈마이어는 프로그램이 가차 없이 조기 종영된 후 2018년 4월 12일에 다음과 같은 트위터 메시지를 남겼다. '나를 포함해 모두가 더 많은 것을 기대했습니다. 창업이란 자신이 발명한 제품을 신뢰하고 거기에 모든 것을 쏟아붓는 것입니다. 강력한 혁신을 이루기 위해 무엇보다 창업을 염두에 두고 있는 젊은이

들은 그 점을 명심해야 합니다. 창업에 관심을 두고 있다면 이제 #StartupSat1을 통해 온라인으로 확인하세요!'

그 밖에 지역 방송국들이 제작한 스타트업 관련 TV 프로그램이 있다. 예를 들어 베를린-브란덴부르크 방송이 2014년부터 내보낸 '메이드 인 베를린'에서는 매회 30분 동안 세 개의 스타트업이 소개됐다. 또 바이에른 방송도 2015년에 '바이에른의 스타트업'이란 프로그램을 제작했다.

텔레비전에서 스타트업을 주제로 방송된 여러 포맷의 프로그램 중 단지 일부만 간략히 소개해보았다. 몇몇 프로그램은 제작 아이디어를 미국에서 가져오기도 했다. 독일에 비해 미국에서는 이런 종류의 프로그램들이 더 좋은 성적을 거두는 편인데, 타인의 성공을 함께 기뻐해주는 미국인들의 성향 때문인 것 같다. 반면 독일인들은 크게 성공한 젊은 창업자에게 오히려 질투심을 느낀다.

다수의 TV 프로그램 외에도 셀 수 없이 많은 블로그와 온라인 잡지 및 일반 잡지가 스타트업 관련 이슈를 다루고 있다. 그중《기본적 사고Basic thinking》는 창업 분야의 기술 문제를 다루는 온라인 잡지이며, 2014년 베를린에서 만들어진《베를린 밸리Berlin Valley》는 온라인과 오프라인으로 창업자와 투자자, 아이디어, 채용, 전략 등을 소개한다.《젊은 창업자Junge Gründer》도 부트스트랩핑Bootstrapping.me과 마찬가지로 온라인으로 창업 관련 정보를 알려주고 있다. 또한 스타트업을 대상으로 하는 두 번째로 큰 규모의 온라인 잡지《비즈니스 펑크Business Punk》와《독일 스타트업들의 기업가 정신Gründertum Deutsche

Startups》이 있으며, 특히 여성을 대상으로 하는 사이트로는 프라우셰핀FrauChefin.de과 펨프레노이어Fempreneur.de를 찾아볼 수 있다.

두 잡지 《카피탈Capital》과 《비즈니스 펑크》의 협력으로 2018년 TV 프로그램 '사자들의 소굴'을 주제로 다루는 동명의 잡지도 발행됐다. 이 잡지는 창업자들의 뒷이야기와 프로그램에 관한 전반적 소식을 알려주고, 투자가 이루어진 후의 성공 스토리나 창업자들과 심사위원들에 대한 이야기도 소재로 삼는다. 2018년 9월의 초판 발행부수는 25만 부였다.

포르츠하임과 카를스루에 부근인 노이링엔에 근거를 두고 있는 잡지 《스타트업 밸리Startup Valley》는 2016년부터 연간 6회씩 발행되고 있으며, 발행 부수는 2만 부 정도다. 창업자 정신과 라이프스타일을 다루는 잡지 《리드Lead》와 기술 분야의 전문 잡지 《t3n》도 언급하지 않을 수 없다. 또한 포털 wuv.de를 운영하고 있는 잡지 《광고와 판매》는 광고를 통한 자금 조달에 주목하면서 스타트업 관련 주제를 정기적으로 다룬다.

인터넷 사이트 푀르더란트förderland.de나 퓌어-그륀더Für-Gründer.de 역시 창업자들의 자금 조달 문제에 관심을 두고 있다. 또 원래 루카스 가도스키의 블로그였던 그륀더스체네는 현재 가장 널리 알려진 포털 중 하나로, 어느새 스타트업과 디지털 경제에 관한 선도적인 온라인 잡지로 인정받고 있다. 미국의 기술 및 스타트업 동향을 알려주는 테크크런치TechCrunch와 유사한 사이트다.

이 외에도 지역별로 셀 수 없이 많은 온라인 잡지와 출판 잡지가 있다. 산야 스탄코비치와 지나 그리춘의 함부르크 스타트업스

Hanmburg Startups 사이트는 함부르크를 명실공히 창업자들의 도시로 만든다는 목표를 가지고 있으며, 라인-마인 스타트업스Rhein-Main Startups는 스타트업 슈투트가르트Startup Stuttgart와 마찬가지로 해당 지역의 창업자 동향을 소개한다.

이런 식으로 계속 열거하자면 끝이 없다. 아마 현재 존재하는 스타트업의 수보다 스타트업 포털의 수가 더 많을 것이다.

'사자들의 소굴'을 제외하면 TV 프로그램이든 출판물이든 온라인이든 스타트업을 주제로 삼는 거의 모든 미디어가 썩 좋지 못한 성적을 거두고 있는 듯하다. 그러고 보면 '모든 사람이 스타트업에 관심을 가지고 있다'라는 주장이 솔직히 옳은 것인가 싶다. 결론적으로 1인 기업가와 프리랜서를 집중적으로 다루는 포털 카인스타트업keinStartup.de의 표어에서 좋은 아이디어를 찾을 수 있을 것 같다.

'고독한 파이터도 공동체가 필요하다.'

스타트업과 출판

'사자들의 소굴'의 심사위원 중 한 사람으로, 투자자이자 여러 차례 스타트업을 설립한 경험이 있는 프랑크 텔렌Frank Thelen은 책을 한 권 쓰고 싶어서 여기저기 출판사 문을 두드렸다. 그런데 대형 출판사들은 하나같이 그가 '창업자를 위한 열 가지 조언'이라든가 '백만장자가 되는 법' 같은 표제의 책을 써주기를 원했던 모양이다. 하지만 나와 나의 동료 롤프 슈뢰터가 《광고와 판매》 2018년

10월 호에서 인터뷰했을 때 그는 자서전 겸 스타트업 분야의 전문용어 해설서를 집필하고 싶다고 말했다. 자서전과 전문용어 해설서. 좀처럼 어울리지 않는 이 둘의 조합은 대형 출판사들이 원하는 바가 아니었다. 자신의 바람을 포기하고 싶지 않았던 그는 결국 거기에 관심을 보이는 작은 출판사를 찾아냈다. 그리하여 함부르크에 있는 무어만Murmann이라는 출판사에서 마침내《스타트업 DNA. 좌절을 딛고 일어나 세상을 바꾸다Startup-DNA. Hinfallen, aufstehen, die Welt verändern》를 출간했고, 그 책은 베스트셀러가 됐다. 텔렌의 책은 어디서나 흔히 찾아볼 수 있는 '2018년 창업자들이 꼭 읽어야 할 책들'이나 '창업자라면 반드시 읽어야 할 최신 도서 다섯 권'과 같은 목록에는 포함되지 않았다.

인생의 성공을 약속하는 책들은 과거에도 존재했다. 그러나 '스타트업'이라는 단어가 사용되기 시작한 이후, 작은 아이디어만으로 커다란 부를 이룰 수 있다고 유혹하는 제목의 책들이 계속해서 줄을 잇고 있다. 현재 베스트셀러 목록에 올라 있는 스타트업 관련 도서 몇 권을 간략히 소개한다.

✓《네 시간 동안의 스타트업. 퇴사하지 않고 꿈을 이루는 비법Das 4-Stunden-Startup. Wie Sie Ihre Träume verwirklichen ohne zu kundigen》, 펠릭스 플뢰츠Felix Plötz 지음 이 책은 퇴근 후 부업으로 스타트업 활동을 하려는 이들을 겨냥한 점이 흥미를 끈다. 플뢰츠는 사무실이나 벤처캐피털 없어도 용기와 호기심과 열정이 있으면 스타트업이 가능하다고 말하고 있다.

✓《퇴근 후 스타트업Das Feierabend-Startup》, 에릭 렝크Erik Renk 지음 플뢰츠의 책과 방향은 같지만 저자는 위험부담 없이 직장과 창업 활동을 병행할 수 있다고 장담한다. 정작 위험한 것은 바로 그런 장담이 아닐까 싶다.

✓《미션: 스타트업Mission: Startup》 크리스토프 바르머Christoph Warmer, 죄렌 베버Sören Weber 공저 이 책에서 저자들은 창업자의 경험과 실패를 논한다. 현실을 아주 잘 반영하고 있다.

✓《지금 시작하라! 그리고 시작한다면 제대로Start up-jetzt! Endlich loslegen und es richtig machen》 토르스텐 라이터Thorsten Reiter 지음 과감한 필치와 독특한 구성으로 기업가 정신을 명쾌하게 해설한다.

✓《행동하라! 마이뮈슬리의 창업자들이 쓴 스타트업에 관한 책Machen! Das Startup-Buch der mymuesli-Gründer》 후베르투스 베사우Hubertus Bessau, 필립 크라이스Philipp Kraiss, 막시 비트록Maxi Wittrock 공저 독자가 충분히 공감할 수 있는 실제 이야기를 모범적으로 기술하고 있다. 파사우 지역에서 성공을 거둔 3명의 젊은 저자가 해주는 이 이야기는 독일에서 가장 많이 이용되는 사례 중 하나다.

✓《어렵지 않다! 여성 창업자를 위한 안내서Einfach machen! Der Guide für Gründerinnen》 카타리나 마리사 카츠Katharina Marisa Katz, 사라 노이엔도르프Sarah Neuendorf 공저 모든 비평가로부터 매우 좋은 평가

를 받은 책으로 여성 창업자 20명의 경험을 바탕으로 저술됐다. 또한 여성 전문가의 조언을 다수 수록했다.

✓《스타트업을 위한 7단계 프로그램 워크북Arbeitsbuch Start-up. Das 7-Stufen-Programm》 펠릭스 퇴네센Felix Thönnessen 지음 차분한 필치로 창업에 대한 헛된 망상을 바로잡아주는 체계적 구성의 워크북이다. 스타트업을 창업하려면 얼마나 많은 노력을 기울여야 하는지 여실히 보여준다.

✓《두뇌 vs 자본Kopf schlägt Kapital》 귄터 팔틴Günter Faltin 지음 기존의 책들과 달리 완전히 색다른 방식의 창업과 '기업가가 되고자 하는 열망'에 대해 기술한다.

✓《린 스타트업Lean Startup》 에릭 리스Eric Ries 지음 위험부담 없이 신속히 성공적인 회사를 세울 수 있다는 주장을 담은 이 책은 이미 수년 전부터 고전으로 여겨진다. 나 역시 다섯 번째 거짓말을 이야기할 때 이 책을 상세히 설명한 바 있다.

✓《성공적인 창업을 위한 10단계Existenzgründung: In zehn Schritten zum Erfolg》 흔히 볼 수 있는 안내서처럼 보이지만 제품평가재단Stiftung Warentest(독일의 소비자보호 기관—옮긴이)이 출간한 도서라는 점에서 특별하다. 이 안내서는 여러 위험 요소를 제대로 파헤치는 등 광범위한 내용을 기술해 비평가들로부터 굉장히 좋은 평

가를 받았다.

이 도서들을 살펴보면 스타트업 관련 도서를 집필할 때는 두 가지 접근 방식이 있음을 알 수 있다. 첫 번째는 1,000가지 조언이라든가 100명의 창업가, 50가지 오류 혹은 200가지 경고 등을 포함한 활용서로 집필하는 방식이다. 마치 패스트푸드 상품을 만드는 법과 같은 이 방식은 '스타트업'이라는 단어가 책의 표지에 나타날 때 특히 효과적이다.

두 번째 방식은 성공 사례를 기술하는 것이다. 예를 들어 마이뮈슬리 창업자들의 성공 스토리를 처음부터 끝까지 알려주는 식으로 말이다. 이 경우 특히 미국 시장에서 성공을 거둔 사례를 다루어야 서점의 서가 진열대를 차지할 수 있다. 택시 업계에 파란을 일으킨 우버의 승리 여정을 다룬 《우버의 힘Ubermacht》과 레이 갤러거Leigh Gallagher가 쓴 같은 종류의 저서 《에어비앤비 스토리Die Airbnb-Story》가 바로 그런 예에 해당한다. 피터 틸의 《제로 투 원》 역시 마찬가지다. 틸은 페이스북의 첫 번째 투자자이자 페이팔을 창업한 세 사람 중 한 명이다. 그의 저서도 스타트업에 관한 고전으로 여겨진다.

그런데 이 모든 도서를 과연 내용 그대로 신뢰해도 될까? 이런 종류의 책들은 대부분 너무나도 도취적이고 낙관적이며, 또 현실과 동떨어진 내용을 담고 있지 않은가. 이는 마치 누군가 로또 복권에 관한 책을 저술하면서 오로지 복권 당첨자에만 초점을 맞추어 설명하는 것에 비유할 수 있다. 물론 그 책의 몇몇 페이지에는 여섯 개의 당첨 번호를 거의 다 맞힐 뻔했던 사람이 맞닥뜨리는 위험이라든지 실패에 관해서도 적혀 있기는 하다. 하지만 이런 책이 아무것도 당첨되지 않은 로또 복권 구매자의 현실을 제대로 반영한다고 할 수 있을까?

단도직입적으로 말해 스타트업이라는 주제로 판매되고 있는 것은 은유적 표현을 빌려 '열기'가 아닐까? 스타트업 안내서들이 엄청나게 쏟아져 나오는 것은 과연 모든 사람이 스타트업에 관심을 가지고 있기 때문일까? 결코 그렇지 않다. 그 책들은 오히려 희망을 간구하는 창업자를 위한 조언이자 격려다. 그리고 분명한 것은 스타트업 관련 도서들이 말하는 모든 조언과 가르침은 유사한 경우가 많다는 것이다. 다시 말하면 최신식 근사한 술통의 호스에서 오래 숙성된 와인이 잔뜩 흘러나오는 것이나 마찬가지다.

열 번째 거짓말

스타트업은 정직하다

애플의 기만적 비즈니스 모델

모든 스타트업의 어머니로 여겨지는 애플은 실리콘밸리의 대명사로서 많은 이를 대표한다. 애플은 복잡한 디지털 세상을 단순하게 만들고 있다. 많은 사람이 애플의 그 우직함을 두고, 꽤 현학적이기는 하지만 '기술의 민주화'라고까지 표현한다. 또한 명실공히 첨단 기술의 선두주자로서 애플은 특히 아이폰과 아이패드를 만들어내면서 그것이 세련된 디자인과 더불어 성공한 사람들의 전유물이라는 속성이 있음을 사람들에게 각인했다. 왜냐하면 애플 제품들은 비싸기 때문이다.

애플이 중국 및 세계의 빈곤한 여러 지역에서 제품을 생산하면서 저지르는 착취적 행태에 대해, 그리고 그 중국 공장에 오로지 노동자들의 자살을 막기 위한 목적으로 설치해놓은 그물망에 대해 여기서는 논하지 않기로 하자. 그토록 부도덕한 주제는 우리가 지금 하려고 하는 이야기와 관련이 없기 때문이다. 그 대신 여기서는 근사하고 흠 없이 완전한 세상, 즉 마치 미술관을 연상시키는 애플 스토어와 그 안에 전시된 쿨내 진동하는 기기들에 대해서만 생각하자. 그리고 애플이 고수하는 잔혹한 자본주의적 사고방식 역시 논외로 하자. 왜냐하면 세상 모든 사람과 마찬가지로 우리도 애플의 부도덕한 모습에는 신경 쓰지 않으니까 말이다. 따라서 애플이 음악이나 충전 단자, 확장 불가능한 메모리 카드, 일체형 배터리 등 고유의 시스템을 계속 유지하건 말건 아무도 상관하지 않는다. 그리고 우리 모두의 이러한 태도는 모든 면에서 애플에 권력을 부여해주고 있다.

그러면 애플이 제멋대로 권력을 휘두르고 있음을 보여주는 사례를 하나 들어보자. 2017년 12월 22일 자 《쥐트도이체 차이퉁》의 머리기사에는 다음과 같은 내용이 쓰여 있었다. '애플이 고의적으로 구형 아이폰의 속도를 저하시켰음을 처음으로 시인하다.' 애플은 완벽하게 고의적으로 업데이트 수단을 이용해 자사의 값비싼 구형 아이폰의 속도를 더 느리게 만들었음을 인정하지 않을 수 없었다. 애플은 자사의 팬들을 기만했고, 그것은 당연히 정직함이라고는 눈곱만큼도 찾아볼 수 없는 행태였다.

애플이 그랬듯 포르쉐가 이 같은 행위를 한다고 한번 상상해보자. 예를 들어 파란만장한 2년을 거친 포르쉐 자동차가 정비소에서 업데이트를 받는다. 그 결과 시속 315킬로미터까지 달리던 그 자동차는 단지 150킬로미터 혹은 심지어 120킬로미터 속도까지만 달릴 수 있게 됐다. 그리고 왼쪽 방향지시등에 불이 들어오지 않게 되고, 열선시트는 엉덩이 부분만 작동하게 됐다. 과연 포르쉐가 감히 그런 만행을 저지를 수 있을까? 다른 제조사들의 자동차와 비교했을 때 가장 오랫동안 도로를 주행하는 자동차를 보유하고 있다는 사실에 자부심을 가진 포르쉐가 과연 그럴 수 있겠는가?

애플은 2~3년이 지나 고객들이 조바심을 느낄 때쯤 새로운 스마트폰을 발표한다. 마케팅이라는 관점에서 볼 때 상당히 대담한 행보다. 그렇게 생각되는 이유는 무엇일까? 그리고 애플은 어째서 그런 행보를 보이는 것일까? 솔직히 애플은 스스로가 꽤 합리적으로 기업 활동을 영위하고 있다고 믿는 듯하다. 애플의 구형 스마트폰 모델의 배터리는 그다지 믿음직스럽지 못했기 때문에 많은 전력 소모가 필요한 경우 갑작스럽게 전원이 꺼지는 현상이 발생하곤 했다. 스마트폰으로 까다로운 지불 과정을 거칠 때라든지 흥미진진한 게임을 즐기고 있는데 갑자기 종료되면, 사용자는 당연히 짜증이 날 수밖에 없다. 그러므로 애플은 노후 배터리의 전력 소모를 줄이고 방전을 막기 위한 목적에서 자사 스마트폰의 속도를 저하시켰던 것이다. 그것참, 진정한 서비스라고 해야 할지.

그렇다면 그런 행위의 결과는 무엇일까? 애플은 배터리 스캔들에 휘말리기 직전인 2017년 11월 초 아이폰 X에 힘입어 기록적 매출액 달성을 목전에 두고 있다고 발표했다. 그러나 '고의적 속도 저하' 문제가 보도되자 애플은 16년 만에 처음으로 매출 감소라는 결과를 맞았다. 확인되지 않은 보도에 따르면, 크리스마스 대목에도 매출이 10퍼센트가량 감소했다고 한다.

결국 크리스마스 휴일이 끝나고 애플은 그제야 태도를 바꾸어 자사 제품 사용자들에게 실망을 안겨준 것에 대해 사과하고 배터리 교체 비용을 79달러에서 29달러로 인하하겠다는 내용의 사과문을 발표했다. 하지만 그럼에도 불구하고 가격은 여전히 경쟁사들에 비해 확실히 비쌌다.

그런데 아이폰 배터리 교체 서비스를 받아본 적 있는가? 그것은 전혀 유쾌한 경험이 아니다. 애플 스토어나 공식 판매점이 있는 시내까지 차를 타고 가서 일정을 잡기 위해 줄을 서야 하고, 그러고도 다시 순서가 돌아올 때까지 기다려야 한다. 모든 것이 딱딱 맞아떨어져 엄청나게 운이 좋다면 당일에 배터리를 교체할 수 있다. 물론 그래도 다섯 시간 반 정도는 대기할 각오를 해야 한다. 여기까지는 그래도 애플 서비스 가운데 긍정적으로 봐줄 수 있는 부분이다. 운이 없는 사람이라면 자신의 아이폰을 일주일가량 맡겨놓아야 할 수도 있다. 단지 배터리만 교체하는 것인데 말이다. 스타트업 현장에서 자주 언급되는 표현을 쓰자면, 정말 근사한 UX 아닌가. UX는 사용자 경험User Experience을 의미한다. 그렇지만 고객들이 줄을 지어 제품을 사주는 한 애플은 이런 문제를 아랑곳하지 않을 것이다.

애플은 심지어 훨씬 더 불쾌한 존재가 될 수도 있다. 이 기업은 이미 다른 스타트업이나 일반 기업을 파멸로 몰아넣었던 적이 있기 때문이다. 이와 관련된 융블루트Jungblut의 사례를 나는 이다음 열한 번째 거짓말에서 다룰 예정이다. 더 정확히 말하자면 애플 제품을 이용해서 일하는 이들에 관한 이야기다. 그들은 애플에 편승했기 때문에 뒤집혔다.

브랜드 상품이라도 기술적 장애로 인한 문제가 발생할 수 있다. 전혀 이상한 일이 아니다. 그 예로 2018년 말 아이폰 X와 맥북 프로에 문제가 발생해 리콜과 유사한 조치까지 이어졌던 일이 있다. 아이폰은 터치스크린을 건드리지도 않았는데 화면이 켜졌고, 맥북에서는 저장장치 결함이 문제가 됐다. 간혹 새로 저장한 데이터가 유실되기도 했으니 이는 치명적 결함이었다. 특히 비즈니스에 쓰려고 제품을 구입한 고객들에게 그 증상은 심각한 피해를 입힐 수도 있는 문제다. 마찬가지로 2018년 4사분기에도 아이클라우드iCloud에서 메일 및 백업과 관련하여 동기화가 전혀 되지 않거나 제한적으로만 진행되는 결함이 발견됐다.

뛰어난 기술을 가지고 있다 해도 개발자에게 애플은 여전히 성가신 도전 과제다. iOS를 위한 앱 버전을 따로 제작해야 하기 때문이다. 그리고 더 큰 만족감을 얻으려면 맥 컴퓨터에서 실행되는 또 다른 버전도 만들어야 한다. 특히 정기 업데이트가 필수인 앱 버전에는 굉장히 많은 비용이 들어간다. 예를 하나 들어보자. 절대 작은 회사가 아닌 트위터는 자사 앱을 iOS, 즉 아이폰에서 언제나 최신 상태로 유지시키는 데는 성공했지만 맥에서는 그렇게 하지 못했다. 언젠가는 애플이 이 문제를 해결하기는 할 것이다. 2017년 3월 14일 비즈니스인사이더businessinside.de에는 이런 글이 올라왔다. '애플은 실수를 하고도 잘 인정하지 않는다.'

끊임없이 결함 문제를 발생시킴으로써 애플은 산업계 전체를 위기에 빠뜨릴 수 있다. 알다시피 애플은 기업들과 그 기업의 고객들로 하여금 어쩔 수 없이 언제나 자사의 최신 제품을 구입하게 만들려고 전력을 다하고 있는 것처럼 보이기 때문이다. 성능이 떨어지는 배터리를 이용함으로써, 혹은 그 이상의 기능 지원을 중단시킴으로써 말이다.

페이스북의 진짜 기적

모든 스타트업은 페이스북을 잇는 다음 주자가 되고자 하는 바람을 품고 있으며, 또 모든 창업자는 미래의 마크 저커버그가 되고 싶어 한다. 그러나 페이스북의 진짜 기적이 무엇인지 제대로 인식하고 있는 스타트업 창업자는 별로 없다. 그것은 바로 기적적인 사람 수의 증가로, 저커버그 집단이 꾸며낸 엄청난 거짓 중 하나다. 2017년 페이스북은 독일, 미국 그 밖에 다른 여러 국가를 통틀어 수백만 명의 사람을 확보했다고 했는데, 실상 전혀 존재하지 않는 이들이었다. 사실 이 문제는 그해의 스캔들로 다루어져 마땅했지만 이를 알아챈 사람이 거의 없었던 것 같다. 알 만한 기업이 잘못된 통계를 공개하면 얼마나 큰 소란이 일어날까! 그런데 왜 페이스북의 거짓말에는 아무런 반응이 없을까?

대체 페이스북에서 어떤 일이 벌어졌던 것일까? 알다시피 이 기업의 매출은 광고 수익에 크게 의존하고 있다. 2017년 약 400억 유로로 추산된 매출액의 87퍼센트에 해당하는 약 350억 유로를 스마트폰 및 태블릿에서 노출되는 광고로 벌어들였다고 한다. 이용자 수의 정체라는 우려에도 불구하고 앞으로도 수년간 이 회사의 매출액은 계속 증가할 것으로 예상된다.

페이스북은 광고를 높은 가격에 판매하기 위해 전 세계에 걸쳐 약 20억 명 이상의 페이스북 이용자 관련 데이터를 공개하고 있다. 그런데 그 데이터를 살펴보면, 광고 경영 면에서 특히 중요한 시장들의 경우 페이스북 이용자 수가 실제 거주자 수보다 더 많은 숫자로 나타나고는 한다. 독일의 경우, 페이스북이 제시한 자료에 따르면 20대 청년 1,200만 명이 자사의 서비스를 이용하고 있다고 하는데 실소를 금할 수 없다. 왜냐하면 공식 통계에 의하면 독일에 살고 있는 20대 연령층의 인구는 920만 명에 불과하기 때문이다. 이는 페이스북의 계산에서 30퍼센트, 즉 280만 명이나 모자란다.

마찬가지로 다른 수십 개 국가에서도 페이스북 사용자 수가 기이하게 과장되어 나타난다. 페이스북의 자료가 맞는다면 미국과 캐나다에는 관계 당국의 인구조사 결과보다 42퍼센트나 더 많은 수의 20대 청년이 살고 있어야 한다. 영국과 북아일랜드, 프랑스 그리고 호주에서도 역시 30~40퍼센트의 편차가 나타난다. 이런 사실은 호주에서 발행되는 전문 잡지《애드뉴스Adnews》가 단순히 페이스북의 '오디언스 툴Audience Tool'을 관계 당국의 통계와 비교하다가 발견해낸 것이다. 비교 결과를 보면 20대 이상 연령층을 대상으로도 엄청난 수치상의 괴리가 존재한다.

이런 행위는 광고주들에 대한 모욕이나 다름없었다. 그로 인해 페레로나 네슬레, 폭스바겐은 두 배나 비싼 광고비를 지불하고 있었기 때문이다. 페이스북이 이처럼 거짓 자료를 만들고 있는데도 다들 참고 그 모욕을 조용히 감수하는 것처럼 보인다. 도대체 왜일까? 마크의 눈이 정직해 보여서일까?

2017년 페이스북은 사용자 수 과장 행태가 대중에 알려지자 소셜네트워크를 통해 그것은 추정치에 불과한 자료이기 때문에 인구조사 통계와 비교할 수 없다며 이렇게 해명했다. '그것은 오히려 유료 고객들에게 이론적으로 얼마나 많은 페이스북 사용자가 삽입 광고를 받아볼 수 있는지를 알려줍니다.' 이 내용은 하이제 온라인Heise online의 웹사이트heise.de에 인용되어 있다. 너무 뻔뻔스럽지 않은가. 차라리 사과를 했다면 좋았을 것이다. 하이제 온라인 사이트에 따르면 페이스북은 오히려 공격적으로 나왔다. '우리의 추정 자료에는 다양한 요소가 고려되어 있습니다. 그중에는 사용자의 이용 행태, 그에 관한 통계적 정보 그리고 사용된 기기의 위치 정보 등도 포함되어 있습니다. 또한 조사 대상에는 해당 국가에 거주하지 않고 인구조사 시에 제외되는 외국 여행자들도 포함됩니다.'

다시 말하지만, 솔직히 페이스북은 뻔뻔스러움의 극치를 보여준다. 그렇게 넓은 땅덩어리를 가진 국가들에서 사용자 수치가 실제 인구수와 30~40퍼센트나 차이가 나는데 그 이유가 외국 여행 중인 사람들 때문이라고 말하고 있지 않은가? 아무리 여름 휴가철이라 해도 한꺼번에 그렇게 많은 사람이 여행을 떠나지는 않는다. 그러나 좋다, 페이스북을 한번 믿어보자. 스타트업과 중소기업이 기꺼이 목표로 삼는 우리의 훌륭하고 정직한 이 모범 기업을 말이다.

나중에, 즉 하이제 온라인의 보도가 세상에 널리 알려진 뒤 페이스북은 다시 한 번 공식 입장을 내놓았다. "저희 홍보 담당 매니저가 평가에 고려한 범위는 인구조사 데이터와 일치하도록 설계되어 있지 않습니다. 즉, 사용자 행태, 사용자 수 동태, 위치 정보 및 그 밖에 여러 요소를 평가에 반영하고 있습니다." 근본적 자기반성을 해도 시원찮을 판에 여전히 사죄의 말은 없었다. 광고주들에게 할인을 해주겠다는 말도 없었고, 어느 누구에게도 납득할 만한 해명을 하지 않았다. 페이스북이 피노키오라면 그 코가 거리낌 없이 저 지구 끝까지 자라날 것이다.

그렇다면 이 스캔들의 결과는 어떻게 되었을까? 페이스북에 광고를 내던 기업들은 보다 신중히 행동하게 되었을까? 기만당했다며 불쾌해하거나 실망했을까? 다음 수치를 한번 살펴보자. 2017년 1사분기에 페이스북의 수익은 76퍼센트가량 증가해 30억 달러를 초과했다. 하지만 이해하기 어려운 평가 자료를 공개한 직후인 2사분기에는 기적 같은 일이 벌어졌다. 즉, 2017년 7월 26일에 페이스북은 자사 수익이 급상승해 전년도에 비해 71퍼센트나 더 많은 38억 9,000만 달러를 벌어들였다고 발표한 것이다. 따라서 페이스북의 전체 매출은 45퍼센트가량 증가해 93억 2,000만 달러에 달했다.

그럼, 이 스캔들을 통해 사람들이 배운 점이 있을까? 아무것도 없다. 만약 알게 된 것이 있다면 이런 사실뿐이다. 실리콘밸리의 성스러운 존재들은 무슨 짓이든 원하는 대로 할 수 있으며, 아무도 그들의 행동에 분개하거나 그것을 신경 쓰지 않는다는 것이다. 왜일까. 그들은 실리콘밸리 바깥의 세상, 특히 모든 스타트업의 이상이기 때문이다.

결과적으로 우리는 케임브리지 애널리티카Cambridge Analytica에 감사해야 할 것 같다. 이 영국의 정치 컨설팅 회사는 수백만 명의 페이스북 가입자 데이터를 오용해 선거에 영향을 미쳤다. 2018년 세상에 드러난 이 우스운 스캔들로 페이스북 창업자 마크 저커버그는 미국 의회에 출두해야만 했다. 저커버그는 참회하는 모습을 보이려고 예의 바르고 성실하며 상식적인 태도로 임했다. 하지만 결국 언제나 투명하고 정직하고자 했던 저커버그의 회사는 그가 출두하기 며칠 전 이미 500억 달러 이상에 달하는 손실을 본 상태였다.

그건 그렇고, 상원의원 딕 더빈은 저커버그에게 "저커버그 씨, 어젯밤 당신이 묵었던 호텔의 이름을 말씀해주실 수 있습니까?"라고 물었다. 저커버그는 잠시 주춤하다가 대답했다. "음, 아니요……." 상원의원은 웃었고, 그도 어색한 미소를 지었다. 계속해서 딕 더빈은 "그럼, 당신이 이번 주에 메시지를 보냈던 사람들의 이름을 우리에게 말씀해주시겠습니까?"라고 질문했다. 그러자 "의원님, 그럴 수 없습니다. 제가 여기서 공개적으로 밝힐 수는 없을 것 같습니다"라고 대답했다.

결국 그들의 질의응답은 데이터 스캔들과 프라이버시권에 관한 것이 되고 말았다. 더빈은 이렇게 말했다. "현대 미국에서 '전 세계 사람들과의 연결'이라는 미명 아래 얼마나 많은 사람이 프라이버시권의 한계마저 포기하고 있습니까." 페이스북은 자사 플랫폼을 통해 사람들이 연락을 주고받을 수 있다고 광고하고 있다. 이 내용은 타게스샤우Tagesschau.de의 2018년 4월 11일 자 게시글에서 찾아볼 수 있다.

그러나 심지어 케임브리지 애널리티카의 데이터 스캔들조차 페이스북의 공고한 지위를 흔들어놓지는 못했다. 2018년 고객 데이터의 오용이라는 이 스캔들이 절정에 이르렀던 때에도 페이스북이 특히 신경 쓰고 있었던 것은 기록적 매출과 더 많은 광고 그리고 더 많은 이용자 등 모든 것의 확대였다. 2018년 4월 26일 자 《FAZ》에는 '데이터 스캔들 앞의 고요'라는 표제의 기사가 실렸다. 그 기사는 수백만 명에 달하는 페이스북 가입자들 정보가 불법적 경로로 유통되었음에도 해당 소셜네트워크의 매출은 49퍼센트 증가한 120억 달러로 기록을 대폭 갱신했다고 전했다. 게다가 그 기록은 스캔들이 발생한 그다음 사분기에 조사된 것이라고 한다. 그것은 애널리스트들의 예상을 뛰어넘는 것이었으므로 심지어 주가가 한때 6퍼센트 이상 오르기도 했다.

거대 스타트업의 거짓말

실제로 모든 스타트업이 이토록 기만적일까? 유니콘 기업으로의 변신에 성공한 스타트업들은 어떨까? 스타트업이 성공적인 거대 기업으로 탈바꿈하려면 이렇게 정직하지 않은 방법을 사용할 수밖에 없는 것일까?

페이스북이나 아마존, 애플의 침입을 순전히 경제적 관점에서 긍정적으로 평가해보려고 해도 법적인 면을 고려하면 곧 한계에 부딪히고 만다. 왜냐하면 유럽에 진을 치고 있는 실리콘밸리 탱크들은 성실한 납세의 의무 같은 규칙에는 별로 관심을 두지 않기 때문이다. 유럽연합 집행위원회는 '대기업들 사이에서 논란을 불러일으키는 세금 관행'에 대해 말하면서 한마디로 대기업에 너무 우호적이라고 표현하고 있다.

그렇다면 그 세금 관행이란 무엇일까? 거대 소셜 기업과 검색엔진 기업은 그리 나쁘지 않으리라 생각하는가? 이쯤에서 인정해야 할 사실이 있다. 클로버의 나라 아일랜드부터 유럽의 금고 룩셈부르크까지 유럽의 각 국가들이 그런 세금 관행을 적극 도와주고 있다는 점이다.

예를 들어 2017년 말 유럽연합 집행위원회는 룩셈부르크 대공국에 2억 5,000만 유로의 세금을 아마존에 징수하라고 요청했다. 대공국은 전혀 불법이라는 의식 없이 종종 2억 5,000만 유로라는 우스운 액수를 세제 혜택으로 선언해왔던 것이다. 잘 생각해보면 아마존은 룩셈부르크에 최고의 고객Prime-Kunde이다. 그러나 브뤼셀에 위치한 유럽연합 당국은 그 사실을 아마도 이해하지 못했을 것이다. 도대체 유럽연합 당국은 최고Prime의 의미를 어떻게 이해하고 있는 것일까? 실제로 유럽연합은 다르게 바라보고 있었다. 즉, 경쟁위원회 위원인 마르그레테 베스타게르의 표현을 빌리자면 아마존을 오히려 '경쟁자들에 비해 부당한 이득을 취하고 있는' 불법적 고객Crime-Kunde으로 판단했던 것이다. 그리고 베스타게르는 아마존의 사례는 불법, 즉 유럽연합법 위반이라고 보다 공식적으로 말했다.

이 말에 아마존은 과연 따끔하기라도 했을까? 사실 별로 그렇지 않았다. 그 회사는 동요 없이 일자리 공급 카드를 흔들었기 때문이다. A카드라고도 불리는 이 카드는 그런 식으로 기회 있을 때마다 기꺼이 유럽연합 집행위원회 앞에 제시되고 있다. 아마존은 조그마한 국가인 대공국에서 직원 1,501명을 고용하고 있으므로 룩셈부르크에 아주 중요한 고용주 중 하나인 셈이다. 따라서 유럽연합이 금지하는 것이라도 시애틀에서 하고자 하는 것은 모두 대공국에서도 할 수 있는 것이다.

할증금이나 상환금 혹은 벌금 중 어느 것으로 부르든지 간에 2억

5,000만 유로는 사실 아마존에 그다지 큰 액수의 돈이 아니다. 늘 그랬듯 아마존은 지난 회계연도에 그 10배에 달하는 24억 유로의 수익을 거두었다. 모든 비용과 세금을 공제하고도 말이다. 그런데 무슨 세금이란 말인가? 아마존은 무척이나 세금을 회피하는 회사가 아닌가. 그 정도 수익이라면 세금도 꽤 많이 나왔을 텐데. 그런데 그게 또 그렇지도 않다. 《쥐트도이체 차이퉁》에 따르면 베스타게르는 "아마존이 거둔 수익의 거의 4분의 3에 대해서는 세금이 부과되지 않았다"라고 말했다고 한다. 그런데 이유가 없지는 않았다. 15년 전인 2003년 세금에 관한 협정을 체결한 적이 있다는 것이다. 그에 따라 아마존은 여타 기업에 비해 굉장히 적은 액수의 세금만 납부하면 되었는데, 유럽연합의 그 여성위원도 이 사실은 모르고 있었던 것이다.

아마존은 모욕감을 느끼고 부당한 대우를 받아 억울하다는 듯 이렇게 말했다. "저희 아마존은 룩셈부르크로부터 특별대우를 받았다고 생각하지 않습니다. 그리고 저희는 룩셈부르크를 비롯해 전 세계의 조세법을 완전히 준수하면서 성실히 세금을 납부해왔습니다." 실제로 2015년 아마존은 자사의 조세 이행 방식을 변경했다. 그 이후부터 독일은 물론 유럽 각국에 존재하는 온라인 판매업자가 자신의 수익에 대해 세금을 납부하고 있다. 하지만 이런 방식으로는 세금 납부가 얼마나 많이, 그리고 얼마나 정확히 이행되고 있는지 전혀 알 수가 없다. 물론 공정하고 적절하며 투명한 데다 인색하지 않으며 완전한 것은 맞다. 그리고 정직하다고도 할 수 있다.

세계에서 가장 쿨한 브랜드인 애플 역시 언제나 정직하고 공정하다. 이 이야기는 앞서 언급했듯 한 사람의 노동자도 착취당하지 않았다는 중국의 애플 제품 생산으로부터 시작된다. 애플은 자사 제품 생산 공장에서 매주 60시간의 최대 노동시간을 지킬 것과 현지 노동자에게 충분한 임금을 지불할 것을 서약했다. 중국에서 충분하다는 것은 상대적인 것이지만, 그것은 아무래도 좋다. 여기서 논하고자 하는 것은 시가총액 8,000억 달러로 세계에서 가장 가치 있는 기업이 조세 납부라는 면에서 보여주고 있는 공정함이다.

애플은 녹색의 나라 아일랜드를 사랑한다. 왜냐하면 조세에 대해 편견을 가지고 있으며, 또한 그러한 편견을 세상에서 가장 정상적인 것으로 인식하고 있는 미국 기업에 아일랜드는 아직 정상적으로 회사를 운영할 수 있는 오아시스와도 같은 곳이기 때문이다. 아일랜드 스스로도 아주 적극적으로 그들의 즐거운 생각에 동조하고 있다. 2017년 유럽연합 집행위원회는 애플에 불법적 세제 혜택으로 감면해준 130억 유로를 추징하라는 명령을 이행하지 않고 있는 아일랜드를 결국 유럽 사법재판소에 제소했다. 1년간의 기다림 끝에 이제 사법부의 판단만이 남아 있다는 소식이다.

독일에서는 아주 평범한 직장인이 독촉장을 받고도 1년이 경과하도록 세금을 제대로 납부하지 않으면 아마 감옥으로 직행할지도 모른다. 130억 유로로 사람들은 애플의 행위를 눈감아주고 미소 지으며 삶의 즐거움을 누린다. 중국의 친절한 노동자들은 잘 지내고 있는지 모르겠다. 적어도 세금은 제대로 납부해야 하는 것 아닌가. 그래서 애플이 그럭저럭 또 어떤 방식으로든 세금을 납부하기만 하면 되는 것인가. 그러면 모든 것이 좋은 것인가? 정말 그러한가?

어쨌든 아일랜드 정부는 이 같은 조치에 상당히 불쾌해했다. 이제 법적으로 세금을 징수해야 할 의무를 지게 되었기 때문이다. 아일랜드 정부는 유럽 사법재판소에 제소된 것에 대하여 '대단히 실망스럽다'라는 말로 표현했다. 그런데 어떤 점에서 그토록 대단히 실망스럽다는 것인가? 그 점에 대해 생각해보자. 그것은 애플에 적용되는 세율, 즉 납부해야 하는 세금 액수와 관련된다. 2003년과 2014년 사이에 다른 근로자들이 40~50퍼센트의 세금을 납부한 것과 달리, 애플은 아일랜드의 '불법적 혜택' 덕분에 10퍼센트는커녕 1퍼센트도 세금을 납부하지 않았다. 단지 0.005퍼센트의 세금만 납부했을 뿐이다. 이해를 돕고자 다시 한 번 반복하겠다. 0.005퍼센트다! 예를 들어 100유로를 벌었다면 세금으로 0.5센트를 냈다는 말이다. 그럼 10만 유로를 벌었다고 가정했을 때 세금으로 내야 할 금액은 5유로밖에 되지 않는다는 소리다. 그럴 리 없는데…… 내가 뭔가 잘못 계산한 것이 틀림없다. 10만 유로 소득에 5유로라니, 말이 되는가?

인터넷 기업에 과세할 때 수익이 아니라 매출에 대해 과세하려는 유럽연합 10개국의 공격적 시도는 과연 성공할 수 있을까? 그것도 하나의 방법일 수는 있다. 하지만 유럽연합은 너무도 오랫동안 100만 유로당 50유로의 세금에 만족해왔다. 애플 덕분에.

'미국 우선'이라는 이상을 부르짖는 도널드 트럼프는 미국 버지니아주 샬러츠빌에서 발생한 인종차별 문제나 몇몇 무슬림 국가 출신 국민의 입국 금지 문제 등에 반대 목소리를 냈던 애플과 전쟁을 벌인 바 있다. 그러나 재미있게 표현하자면 빅애플은 결국 트럼프 앞에 무릎을 꿇었다. 아니, 오히려 국가의 금고를 털었던 은행 강도가 돈을 외국에 묻어둔 것이라고 해야 할 것 같다. 그리고 이제 해외 수익에 대한 한시적 은총이 내려졌기 때문에 애플의 두목 팀 쿡은 자신의 약탈금을, 그가 직접 언급한 대로 미국의 '집으로' 가져가기 위해 파내려 한다. 물론 그를 정말로 두목으로 부르거나 또 숨겨둔 돈을 약탈금이라고 표현해서는 안 된다. 부디 내 표현을 용서해주기를!

그럼 문제가 되는 그 돈은 액수가 얼마일까? 당연히 서류가방으로는 옮길 수 없는 금액이며, 세무기관을 거쳐야 하는 수준으로 약 2,500억 달러다. 정말로 엄청난 액수이지 않나. 비교를 해보자면, 2017년 미국은 7,000억 달러 이상의 재정 적자를 기록했고, 2018년에는 비록 그보다 줄기는 했지만 원래 예상보다는 여전히 2,500억 달러나 더 많은 금액의 적자를 봤다.

그러나 팀 쿡은 모든 스타트업 창업자들이 이상으로 삼는 훌륭하고 정직한 사람이므로 상냥하게도 세무기관에 380억 달러를 내기로 약속했으며, 데이터 센터를 구축하고 추가로 본사를 세워 2만 개 일자리를 창출할 생각을 하고 있다. 그것 봐, 범죄를 저지른 보람이 있지 않은가. 그렇다고 애플이 불법을 저질렀다는 말은 절대로 아니다. 팀 쿡은 "저희는 애플이 성공할 수 있도록 도와준 미국과 그 국민에게 무엇으로든 보답해야 한다는 깊은 책임감을 느끼고 있습니다"라고 말했다. 어쩐지 아버지 아브라함이 말하고 있는 듯 들리지만, 이것은 사실 앞서 언급했던 은행 강도가 돈을 훔친 은행으로 돌아올 것이고 훔친 돈 2,500억 달러에서 380억 달러를 반환하고 나머지 돈으로는 근사한 자택을 지으면서 일자리도 열 개 정도 만들겠다는 말일 뿐이다.

2018년 1월 19일 자《쥐트도이체 차이퉁》에 실린 기사가 사실이라면 팀 쿡의 이야기는 공허한 것으로밖에 들리지 않는다. 애플은 주주 이익에 반한다는 이유로 35퍼센트에 달하는 미국 세율에 따른 납세를 거부했었다고 하니 말이다. 각 개인이 자신에게 부과된 세금을 불리하다며 거부할 수 있다니, 우습지 않은가? 아니, 뭐라고요? 가능하다고요?

다른 조세회피 기업들과 비교했을 때 애플이 어떻게 보이는지 알아보기 위해 미국 경제 전체를 한번 살펴보자. 미국의 기업들은 3조 달러 이상을 해외로 빼돌리는 것으로 추정된다. 무려 3조 달러 말이다. 블룸버그Bloomberg의 경제 전문가들은 해외에 가장 많은 액수의 돈, 즉 현금을 비축하고 있는 상위 12개 기업이라는 아주 흥미로운 목록을 발표했다. 이 목록에서 애플은 다른 기업들과 상당한 격차로 1위를 차지했다. 2위는 마이크로소프트로, 애플이 보유한 해외 자금의 절반가량으로 보인다. 그건 그렇고, 상위 다섯 개 기업이 전부 스타트업 출신 컴퓨터 혹은 소프트웨어 관련 거대 기업들인데, 물론 우연일 것이다.

애플의 CEO 팀 쿡은 향후 5년간 3,500억 달러를 미국 경제에 투자하기로 약속했다. 그뿐 아니라 2,500달러라는 전무후무한 보너스를 전 직원에게 지급함으로써 그들을 기쁘게 할 것이며, 그 외에도 앞으로 미국에 많은 기여를 할 예정이다. 그런데 팀 쿡은 아일랜드가 애플에 추징해야 하는 130억 유로의 세금 문제에 대해서는 아직 해결하지 않은 상태다.

기업	해외 현금 보유액	전체 현금 보유액에서 차지하는 비율
애플	2,460억 $	94.1%
마이크로소프트	1,321억 $	95.4%
시스코 시스템스	675억 $	95.8%
알파벳(구글)	605억 $	56.3%
오라클	583억 $	87.1%
존슨 앤 존슨	413억 $	98.6%
암젠	389억 $	94.1%
길리어드 사이언시스	308억 $	84.2%
퀄컴	294억 $	76.2%
제너럴 일렉트릭	270억 $	34.4%
코카콜라	247억 $	90.3%
펩시	175억 $	97.7%

미국계 기업들의 해외 현금 보유액 순위(출처: 블룸버그/SZ 2018년 1월 19일)

이런 종류의 문제가 발생하면 재판이 진행된다. 그리고 판결이 내려지면 통상적으로 집행이 이루어질 것이다. 하지만 그 판결이 아일랜드의 애플과 관련된 것이라면 반드시 그렇지만도 않다. 2016년 유럽연합은 아일랜드에 2003년부터 2014년까지 제대로 징수되지 않은 130억 유로의 세금을 아마존에 소급하여 추징할 것을 명령했다. 약 150억 유로에 달하는 이자와 함께 말이다. 그러나 아일랜드 정부는 그 결정에 동의하지 않았다. 최종적으로 유럽 사법재판소 앞에 불려 나가지 않기 위해 아일랜드는 다음과 같은 방안을 생각해냈다. 우선 이 정부는 지연작전을 쓰기로 했다. 몇 달은 물론이요, 결정이 내려진 지 거의 2년이 경과했다. 2018년 5월 25일 자《슈피겔》 온라인 기사에 따르면, 그 후 2018년 4월에 아일랜드는 비록 그 판결이 '아일랜드 조세제도의 통일성을 해치는 것'임에도 불구하고 이 문제와 관련하여 법적 의무 규정을 준수하기로 선언했다고 한다. 자, 이제 아일랜드의 다음 전략은 이러하다. 애플에 부과한 세금이 신탁 관리 계좌를 통해 아주 오랜 기간에 걸쳐 조금씩 납부되도록 하는 것이다. 그리고 그 기간 동안 아일랜드는 느긋하게 항소심 절차를 진행시키면 된다.

물론 이 사례에서 아일랜드가 탈세를 도왔다고는 할 수 없다. 모든 절차가 법에 따라 진행된 것이기 때문이다. 하지만 스타트업들이 과연 이런 거대 기업으로부터 무엇을 배우겠는가! 정직함을 추구해봐야 무가치한 일이라고 생각하지 않겠는가.

영세 스타트업의 거짓말

프랑크푸르트의 스타트업 세이브드로이드Savedroid의 사례를 보면 스타트업들이 투자자들에게 신뢰를 구할 때 얼마나 무책임하고 진정성 없이 행동하는가를 알 수 있다. 2018년 말쯤 도이체 스타트업스 포털deutsch-startups.de에는 '홍보용 개그, 사기인가 해킹인가?'라는 표제의 기사가 올라왔다. 당시 세이브드로이드는 자사 홈페이지 운영을 중단시키고 그 첫 페이지에 TV 애니메이션 시리즈인 '사우스 파크South Park'의 한 장면을 'Aannnd it's gone'이라는 문장과 함께 올려놓았던 것이다. 그 문장을 독일어로 번역하면 '그리~고, 이제 다 끝났어!Uunnnd, es ist vorbei!'라는 의미다.

계속해서 도이체 스타트업스 포털에 따르면 세이브드로이드의 창업자 야신 한키어는 한술 더 떠서 트위터를 통해 '건방져 보이는 휴가 인사'를 남겼다고 한다. "고마워요, 여러분! 다 끝났습니다. …… #savedroidICO." 또 그륀더스체네 포털에 따르면 이 CEO는 휴가를 즐기는 사진까지 공개적으로 올려놓았다고 한다. 사진 속의 한키어는 프랑크푸르트 공항에서 엄지손가락을 위로 치켜 올린 포즈를 취하고 있었고, 또 다른 사진에서는 해변에서 이집트의 맥주 스텔라 한 병을 손에 들고 있었다고 한다. 그러면서도 자신에 대한 모든 질의에는 답변이 없었고, 전화를 받지 않는 한키어의 메시지함은 불이 났으며, 세이브드로이드의 고객센터 전화마저 연결되지 않았고, 관리자들의 텔레그램 채널은 오프라인 상태였다.

아무런 언론 보도도 없었다. 사전에 정보라든가 기타 암시 같은 것도 전혀 없었다. 그럼에도 소문은 급속히 퍼졌고, 이 CEO는 슬그머니 자취를 감췄다. 그의 회사는 ICO를 통해 3만 5,000명의 개미 투자자로부터 약 4,000만 유로를 모금했다. '초기 코인 공개Initial Coin Offering'를 의미하는 ICO는 기업이 자금을 조달하는 한 방법이다. ICO는 규제를 받지 않는 크라우드펀딩 방법으로 정의되지만, 비트코인 같은 암호화폐를 비즈니스 모델로 삼는 회사들만 이용하는 수단이다.

ICO 개념은 기업공개와 매우 유사하지만, 여러 가지 결점이 있으며 제도적 통제를 받지도 않는다. 따라서 이 방법을 선택하는 스타트업은 벤처캐피털리스트나 은행 혹은 주식시장의 엄정한 심사 과정을 의도적으로 회피하는 것이라고 프라이부르크 경영대학의 금융연구소는 설명하고 있다.

스타트업 현장에서는 주머니에 가득 찬 돈을 가지고 도망가는 것을 일컬어 '엑시트 스캠Exit-Scam'('투자 회수 사기' 또는 '먹튀'를 뜻하는 말—옮긴이)이라 부른다. 얼마나 어이없는 일인가! 스타트업에서는 그처럼 무책임한 행동이 쉽게 용인된다는 말인가? 상상해보라. 목재상이나 정육업자 혹은 문구업자가 4,000만 유로를 투자받은 후 그렇게 행동한다면 어떻게 되겠는가?

또는 누군가 은행을 세운다고 가정해보자. 그 사람 역시 투자자들로부터 4,000만 유로를 조달해놓고는 돈이 가득한 트렁크를 챙겨 슬그머니 도망가려는 눈치를 보인다면 어떤 일이 벌어지겠는가? 세이브드로이드는 바로 그 은행과 같다. 이 스타트업은 '남들이 꿈만 꾸고 있는 동안 바라던 것이 이뤄집니다'라는 말로 유혹하면서 '꿈을 실현시킬 수 있는 작은 드로이드droid*를 채용한 최초의 채굴 앱'을 선전한다. 그 비즈니스 모델은 이러하다. 개인별 알고리듬algorithm, 즉 일명 '조건-결과 규칙'에 따라 설정이 이루어지면 그들이 말하는 '디지털 금고'가 생성되고, 거기에 다양한 활동을 위한 돈이 저장된다는 것이다.

그러한 비즈니스 모델은 근본적으로는 결코 나쁜 아이디어라고 할 수 없을지도 모른다. 하지만 어떤 회사가 직접 익명의 사람들에

* 여기서 저자는 '인공지능'의 의미로 사용한 듯하다. 투자 유혹을 위한 선전 문구이므로 정확한 말보다는 좀 과장된 단어를 사용한 것으로 보인다—옮긴이

게 돈을 모으고자 한다면 저축은행의 현대적 형태인 듯한 인상을 주기 때문에 신뢰를 얻기 위해 특히 노력해야 한다. 이번에는 크레펠트 저축은행이 바로 그런 아이디어를 가지고 스타트업을 설립한다고 상상해보자. 이후 그 홈페이지가 마비되고 경영진과도 더 이상 연락이 닿지 않는다면? 그때 해변에서 한 손에 맥주병을 들고 있는 사진이 홍보용 개그로서 인터넷에 올라온다면? 상상조차 어려운 일이다!

세이브드로이드는 문제의 홍보용 개그 사건 이후 '그리고 끝난 것이 아닙니다'라는 문구를 홈페이지 제목으로 게재했다. 그 아래에는 다음과 같은 글이 있었다. '세이브드로이드는 여기 있습니다. 여기 있다고요. 그리고 앞으로도 여기 있을 겁니다. 그리~고 세이브드로이드는 높은 수준의 ICO 표준을 정립하기 위해 최선을 다하고 있습니다.' 특히 독일에서 가장 솜씨 좋은 작가가 세이브드로이드의 홈페이지 작업에 참여했음이 틀림없다. '저희는 실수를 두려워하지 않습니다. 그로부터 배울 수 있기 때문입니다.' 개미들 혹은 꿈을 가진 이들을 위한 그 유사 은행의 포털에는 그렇게 적혀 있었다. 그런데 그 누가 시작 페이지에 실수나 보고하는 유사 은행을 좋아할까? 계속해서 인용해본다. '저희와 함께 여러분은 문제를 해결해나가며, 저희 회사의 전 영역에서 다양한 체험을 하게 될 것입니다.' 맞다. 세이브드로이드는 이미 그것을 입증했다.

세이브드로이드가 삶과 고객 그리고 스스로를 얼마나 진지하게 생각하는지는 회사의 팀을 소개하는 태도에서도 알 수 있다. 23명 직원을 이름과 함께 소개해놓은 페이지에는 같은 방식으로 릴라Lila

와 예바Jewa라는 이름의 두 마리 개가 소개되어 있다. 정말 재치 있는 발상이다. 어찌 되었든 세이브드로이드의 CEO 야신 한키어는 문제가 된 자신의 홍보 행위를 후회하지 않았고, 결과적으로는 긍정적 효과가 나타날 것이라고 진정 쿨하게 믿고 있다. 2018년 4월 19일 그륀더스체네와의 인터뷰에서 한키어는 이렇게 말했다. "저는 사람들이 우리 회사의 암호화폐 시스템을 어떻게 바라보고 있는지 잘 알고 있습니다. 거기에는 단지 범죄자나 불법적 사업, 도박만 없을 뿐이지요. 굉장히 위험한 것은 맞습니다." 덧붙여 한키어는 '신뢰 형성'에 대해서도 이야기했다고 한다.

그런 거짓으로 꾸민 홍보 행태가 정말로 신뢰 형성에 도움이 되었을까? 주지하다시피 ICO는 사기에 이용될 수도 있는데 말이다. 대체 누가 그런 생각을 하겠는가? 결국 세이브드로이드 CEO의 홍보 행위는 그에게 치명적 결과를 가져다주고 말았다. 트위터로 살해 협박을 당했고, 그에게 현상금까지 내걸렸다. 심각한 신체 위해를 예고하는 트위터 메시지도 줄을 이었다. 그런데도 한키어는 험악한 분위기를 용인하고 또 과소평가했다고 한다. 결론적으로 한 스타트업의 의도적 거짓 연출을 이용한 홍보 전략이 우리에게 가르쳐주는 것은 분별 있는 행동의 중요성이다.

스타트업 '테라노스'의 추락

스타트업의 거짓말을 보여주는 또 다른 사례를 살펴보

자. 이제부터 하려는 이야기는 재판으로까지 이어진 수십억 달러의 큰돈과 사기 그리고 거짓말과 관련된 피비린내 나는 사례다. 엘리자베스 홈스라는 한 젊은 여성이 테라노스Theranos라는 스타트업을 설립했다. 사업의 아이디어는 혈액 검사와 관련된 것이었다. 그러나 이것은 일반적인 혈액 검사와 달리 몇 방울의 피만 채취하면 되는 새로운 기술로, 획기적 결과를 가져올 것으로 기대되는 사업이었다. 혁명, 신기술 그리고 엄청난 수익이 예상되는 의료 사업이라는 말은 수많은 투자자를 끌어 모으기에 충분했다. 따라서 순식간에 90억 달러라는 믿기 어려운 액수의 돈이 만들어졌다. 투자자들의 기대는 계속해서 커져만 갔다. 그저 단순한 기대가 아니었다. 부와 명예를 약속하는 엄청나게 큰 무언가에 대한 기대였다. 이러한 사업에는 투자를 하지 않으면 안 된다는 분위기였다.

그렇다면 이런 상황을 감시해야 할 언론은 무엇을 하고 있었을까? 《월스트리트 저널Wall Street Journal》은 높은 평가를 받는 스타트업의 기술이 어떻게 운용되고 있는지 조사를 벌였다. 그리고 90억 달러의 가치를 인정받은 그 스타트업의 기술이 아무런 기능도 하고 있지 않음을 밝혀냈다. 거품이 확 꺼져버리는 순간이었다. 이 사례는 2018년 9월 5일 자 《t3n》의 기사에서 '촉망받던 스타트업의 전례 없는 추락'으로 기록됐다.

그러면 이 스타트업 사기 사건을 시간순으로 정리해보자. 엘리자베스 홈스는 평소 주사 맞기를 두려워했다고 한다. 그것이 계기가 되어 별다른 고통 없이 적은 양의 혈액 채취만으로도 70가지의 다양한 검사를 수행할 수 있는 검사기를 개발하자는 생각에 이르렀다. 화학도였던 홈스는 2003년 대학을 중퇴하고 19세의 나이에 스타트업을 설립했다. 홈스는 투자자들을 끌어 모으기 위해 스티브 잡스의 스타일을 모방하여 검은색 터틀넥 스웨터를 즐겨 입었다. 농담이 아니다. 우리는 이미 그러한 방식으로 쉽게 스타트업처럼 보일 수 있음을 앞에서 살펴보았다. 그 결과 홈스는 투자자들로부터 두터운 신뢰를 형성할 수 있었고, 그녀의 아이디어로 시드 라운드를 통해 50만 달러를 확보했다. 이때 홈스의 나이는 20세에 불과했다. 6개월 후인 2005년 초 또다시 580만 달러의 자금을 조달했으며, 그녀가 설립한 스타트업의 가치는 3,000만 달러 이상으로 치솟았다.

그때 그녀는 오직 아이디어를 하나 갖고 있을 뿐이었다. 그리고 2005년 4월《월스트리트 저널》과의 인터뷰에서 홈스는 검사기를 개발했다고 발표했다. 투자자들로부터 받은 돈이 눈덩이처럼 불어났다. 이윽고 2006년에는 990만 달러를 조달했으며 계속해서 2,850만 달러를, 그리고 2010년에는 익명의 투자자로부터 4,500만 달러를 조달했다. 2011년 홈스는 실리콘밸리에 동화 속에나 나올 법한 연구소를 마련했으며, 개발한 검사기를 미국의 약국 체인인 월그린Walgreens의 각 매장에 판매하기로 마음먹었다.

투자는 2014년과 2015년에도 계속 증가하여 수억 달러에 이르렀다. 2억 달러이던 자본금은 다시 3억 4,800만 달러가 됐다. 그런 식으로 계속 증가한다면 언젠가는 45억 달러가 될 터였다. 그와 동시에 홈스는 사회의 기대와 찬양을 한 몸에 받았으며, 세계에서 가장 젊은 나이에 자수성가한 백만장자가 됐다. 그러나 이 모든 것이 거짓말에서 비롯된 비즈니스 아이디어가 만들어낸 결과였다. 알다시피 투자자들은 동화 같은 거짓말에 속은 것이었다.

2015년 10월, 《월스트리트 저널》은 무언가 석연찮은 점이 있음을 깨달았고, 이어서 홈스가 개발한 검사기의 효능에 의심을 품었다. 결국 2016년 홈스는 사업면허를 박탈당했고, 연구소가 폐쇄되었으며, 직원들은 직장을 잃어야 했다. 또한 월그린은 테라노스를 상대로 1억 4,000만 달러의 손해배상 소송을 제기했다. 제소 이유는 거액의 투자금을 얻기 위해 이 스타트업이 거짓말을 했다는 것이었다. 역시 사기를 당했다는 이유로 수많은 투자자와 환자가 그녀를 고소했으며, 결국 34세로 아직은 젊었던 엘리자베스 홈스는 2018년 법정에 섰다. 《SZ》는 '홈스에게 유죄 판결이 내려지면 최장 20년까지 교도소에 수감될 수도 있다'라고 보도했다.

이 사건을 계기로 홈스는 무엇을 배웠을까? 그녀는 최고경영자 자리에서 물러났지만 처음에는 이사회 의장직을 유지했다. 그러나 미국 증권거래위원회SEC와의 법정 외 합의에 따라 50만 달러의 벌금을 내야 했고 차후 10년간 상장 기업의 경영에 관여할 수 없게 됐다. 그리고 2018년 말에는 보유 현금 자산을 투자자들에게 상환해야 했다. 총 수십억 달러에 달하던 자본금에서 남은 것은 500만 달러에 불과했다.

그렇다면 우리는 무엇을 배워야 할까? 바로 이것이 스타트업이 비즈니스를 진행해나가는 방식이라는 것이다. 모든 스타트업이 그렇다는 것은 아니지만, 사실상 굉장히 많은 스타트업이 이런 방식으로 굴러간다. 장래성이 확실한 사업 아이디어를 가진 튼튼한 기업이라면 투자자들로부터 수백만 혹은 수십억 달러의 돈을 받지 않는다. 하지만 젊은 친구들이 스타트업을 자칭하고 나서면, 그들의 아이디어는 실제 내용이 무엇이든 간에 설득력 있게 전달될 수 있다. 거기에 검은색 터틀넥 스웨터까지 입고 나타나면, 세상의 돈이란 돈은 전부 굴러들어온다. 그러므로 스타트업은 거짓말을 하고 싶어 한다.

열한 번째 거짓말

실패는 유익하다

실패는 언제나 옳은가

'실패의 기술', '실패를 기회로', '실패가 성공에 이르는 디딤돌인 이유', '실패가 유익한 이유 세 가지', '실패를 대하는 잘못된 자세', 그 외에도 '차이트Zeit', '몬스터Monster', '카인스타트업keinStartup', '카리에레비벨Karrierebibel' 같은 미디어나 포털에서 흔히 볼 수 있는 실패에 관한 문구는 너무 많아 그 사례를 일일이 열거할 수 없을 정도다. 실패는 이렇듯 늘 긍정적 의미로 기술된다. 전국적으로 포진한 미디어 스타트업들은 마치 열혈 신도나 된 듯이, 실패를 허용하는 사회가 되어야 한다고, 아니 그보다 더 강하게 실패는 반드시 필요한 것이라 호소하고 있다. 특히 스타트업 활동을 하는 데는 그 자세가 바람직하며 많은 사람에게 긍정적 영향을 미칠 수 있다고 한다. 실패를 파는 말장난은 쉽게 간파될 수 있음에도 불구하고, 경영자들과 디지털 관련 업자들은 때때로 실패해도 좋다는 명제에 의지한다. 하지만 얼마나 어리석은가.

실패는 대체 어떤 면에서 사람들을 매료시키는가. 스타트업 가운데 90퍼센트는 실패한다. 심지어 수완 좋은 벤처캐피털리스트라도 회사에 투자를 할 때는 30~60퍼센트 정도의 실패율을 염두에 두고 있다. 당장 큰 성공을 거둘 것이라고만 생각하지 않는 것은 기본적으로 아주 옳은 사고방식이다. 실제로 다수의 기업은 일단 수개월 안에 수익을 발생시켜야만 새로운 아이디어로 혁신을 이룰 만한 여유를 갖게 된다. 그러므로 기꺼이 모험을 무릅쓰려는 기업은 극히 드물다. 1990년대까지만 해도 10년 혹은 20년 후에야, 그것도 많지 않은 흑자를 발생시킬 것으로 예상되는 사업이라도, 즉 지금 당장 성공하지 않을 것 같아도 가능성만 있다면 투자를 받을 수 있었지만, 현재는 대체로 3년 안에는 수익을 낼 것이라는 기대가 가능해야 한다. 즉, 더 빨리 수익을 내는 것이 그 어느 때보다 중요해졌다.

사실 새로운 사업 아이디어로 무장한 채 각오를 새로이 다지고 대담한 출항을 한다 해도 난파할 수 있다는 생각은 지극히 당연한 것이다. 그런 생각은 건전하고 혁신적인 기업 문화의 일부분임에 틀림이 없다. 하지만 실패를 기념으로 생각한다는 것은, 특히나 그 주체가 스타트업이라면 더더욱 어이없는 이야기다. 스타트업을 후원하는 사람들은 그 때문에 돌연 생계의 위협에 직면하게 될 수도 있으니까 말이다.

만약 회사의 자본금이 힘들게 일해서 번 돈이 아닌 단지 판돈과 같은 의미라면, 즉 라스베이거스식 사고방식으로 투자된 돈이라면 경영자는 실패를 전혀 두려워하지 않을지도 모른다. 반면에 경영자가 자기 자본을 투입한 경우라면 실패는 그에게 전혀 다른 의미로 다가올 것이다.

그 예로 스타트업으로 시작해 얼마 지나지 않아 최대 150명의 직원을 거느린, 독일에서 가장 큰 독립 광고 대행사를 세우는 데 성공했다가 결국 실패한 페터 융블루트의 이야기를 해보려 한다. 이 이야기는 융블루트의 표현에 의하면, 아이디어가 넘쳤던 한 스타트업의 잘못된 결정에 관한 것이다. 그리고 이 실패담에서는 애플이 크게 한몫을 담당했다. 사업 실패로 페터 융블루트는 병원 신세를 지게 되었고 아내는 그를 떠났다. 융블루트는 나락으로 떨어졌지만 다시 일어섰고, 대실패를 통해 깨달음을 얻었다. 현재 그는 다른 기업들과 대행사들이 실패하지 않도록 도와주는 컨설턴트로 일하고 있다.

융블루트에게 일어난 일은 영화 소재로서도 손색이 없다. 의약품 판매 대리인이었다가 상품 매니저로, 그리고 다시 마케팅 책임자로 혜성처럼 빠르게 승진을 거듭했던 융블루트는 급기야 직접 스타트업을 설립하기에 이르렀다. 병원만이 아니라 로슈Roche나 산도스Sandoz, 노바티스Novartis 등의 제약회사도 그의 고객이었다. 하지만 인터넷 광고 업무를 수행하면서 융블루트는 특히 기술적인 면에서 점점 더 자주 한계에 부딪혔다.

어느 날 이 남성은 자신의 아이디어 하나를 노바티스에 팔았는데 이런 것이었다. 주문자가 직접 병원 홍보지를 제작할 수 있는 '인터넷 플랫폼'에 관한 것으로, 예를 들어 종양학 전문의가 클릭 몇 번으로 자신의 병원 홍보 겸 소식지를 주문형 출판 방식으로 제작할 수 있다는 것이다. 당시 그의 이 아이디어는 굉장히 획기적인 데다 구현하기 어려운 기술이어서 상품 가치가 매우 높았다. 그런데 정작 그의 스타트업은 이 광고 아이디어를 실현시킬 프로그래밍 기술이 부족했다.

바로 그 순간 융블루트는 실리콘밸리의 스타트업들이 흔히 저지르는 실수를 하고 만다. 자만심에 빠져 스스로를 과대평가한 것이다. 아무리 스타트업에서는 실패도 기념이 될 수 있다지만, 그는 실패할 경우를 전혀 고려하지 않았다. '한계란 극복되기 위해 존재하는 것이다.' 이 문구를 새긴 동기부여 포스터는 어느 스타트업의 사무실 벽에 붙여놓아도 잘 어울릴 것이다. 그만큼 이 문구는 이미 오래전에 인정받은 모토이며, 기본적으로 틀린 말은 아니다.

융블루트는 자신이 있던 곳에서 10킬로미터도 떨어져 있지 않은 하노버 북쪽에서 가바인 막밀란이라는 인터넷 전문가를 찾아냈다. 그는 과연 어떤 소프트웨어 기술을 보유하고 있었을까? 그런 건 전혀 상관이 없었다. 중요한 것은 그 사람이 프로그래밍에 능숙하다는 점이었다. 그럼 그 사람의 실력을 어떻게 알 수 있었단 말인가? 사실 막밀란은 독일 항공우주센터의 의뢰로 소프트웨어를 개발한 경력이 있었다. 그렇다면 확실히 전문적 실력을 갖춘 사람임에 틀림이 없었다. 그리고 우주비행을 위해 발휘했던 그의 실력은 이제 종양학 전문의들을 위해 쓰이게 됐다.

처음에는 성공적이었다. 이 프로젝트는 계속 유지되었고 그 덕분에 융블루트의 스타트업은 노바티스의 '선호 업체'가 됐다. 스타트업이 사업 확장에 실질적 계기가 되어준 것이다. 이로써 융블루트와 막밀란은 밀접한 관계가 되었고, 이후의 사업도 순조롭게 진행됐다. 곧 회사의 부서가 다섯 개로 늘어났고, 편집부터 창작 그리고 프로그래밍까지 모든 업무가 가능해졌다. 한편으로는 너무 급속히 성장한 탓에 뤼네부르크의 황야에 있는 농장 본채 건물만으로는 늘어난 업무를 감당할 수가 없었다. 창작 팀은 돼지우리를 개조해 쓸 수

밖에 없었다. 이후 헬켄호프(독일 니더작센주의 전형적 농장—옮긴이)의 중세적 분위기 안에 현대적 양식의 건물 세 채가 새로 들어섰다. 융블루트는 그 모습을 '농부와 비즈니스의 완벽한 공생'이라고 묘사했다. 이어서 하노버에도 추가로 사업소가 생겨났고, 외국에서도 주문이 들어왔다. 그리고 150명의 직원들은 2010년부터 유비 막밀란 그룹Juwi MacMillan Group에 속하게 됐다.

이 스타트업의 과대광고는 계속됐다. 노바티스는 광고대행 계약을 맺고 고객이 된 순간부터 융블루트에게 큰 신뢰를 품었다. 이 제약업계의 거물은 자사의 영업사원들에게 이제 막 새로 개발된 애플의 아이패드를 지급해 중앙에서 콘텐츠를 배포하면 언제든 업데이트가 가능한 환경을 만들고자 했다. 함부르크에 위치한 굴지의 글로벌 제약회사 아스트라제네카AstraZeneca 역시 이런 방식의 아이패드 플랫폼을 구축했다. 정말 선풍적 인기가 아닌가!

드디어 모든 스타트업이 꿈꾸는 성장 국면에 접어들었다. 이 아이패드 시스템은 인도를 시작으로 뉴질랜드까지, 또 스칸디나비아 국가들에서 대만까지 여러 나라를 속속 점령해나갔다. 독일에서 전 세계로 에너지가 뻗어나간 듯 보였다. "저희가 독일에서 처음 시작한 것이었습니다. 콘텐츠까지 저희가 담당했습니다"라고, 오늘날의 융블루트는 설명한다.

다만 이제는 새로운 기술과 유능한 직원에 대한 막대한 투자가 필요했다. 당시만 해도 은행으로부터 100만 유로 정도는 쉽게 확보할 수 있었으므로 금융기관들은 돈의 쓰임새도 묻지 않고 큰돈을 척척 내주었다. 다들 죽기 살기로 덤벼들었다. 애플은 마치 미래를 보장해줄 존재처럼 여겨졌고, 태블릿 PC 사용이 유행하면서 그것이 곧 미래 지향적 회사의 기본인 듯 보였다. 그러나 사실 그것은 악마와의 계약이었다.

이 같은 경이로운 사업 확장 속도에도 불구하고 막밀란은 여전히 너무 느리다고 생각했으며 위험 요소를 걱정하지도 않았다. 그는 아마도 돈에 눈이 멀었던 듯하다. 지금도 그를 가리켜 '훌륭한 친구'라고 말하는 융블루트는 한마디 불평도 내놓지 않겠지만 모든 것이 너무 급박하게 진행되고 있다고 생각했고, 더는 세상을 정복할 여력이 없다고도 느꼈다. 막밀란 역시 10년 이상 지속된 급속한 성장에 과다한 에너지를 쏟아 부은 탓에 지쳐 있기는 마찬가지였지만, 전력을 다해 2년 혹은 3년 더 앞서 가겠다는 신념을 포기하고 싶지는 않았다. 융블루트는 바로 그것이 '치명적 실수'였음을 깨달았다고 말한다.

여전히 돈을 대겠다는 은행은 줄을 이었다. 급속한 성장 구조 속에서 두 수장은 너무 서두르다가 결국 잘못된 파트너를 데려온 셈이었다. 서로의 문화가 충돌하면서 이는 소통의 문제로까지 번졌고, 둘의 관계는 점점 더 꼬여만 갔다. 그와 동시에 신규 고객을 확보할 동력을 상실했으며, 예측했던 사업 계획과 현실 사이의 간격은 점점 더 크게 벌어졌다. 쌓여만 가는 사업적 부담으로 스트레스가 커졌고, 따라서 전체 조직은 폭발하기 직전의 상황으로 치달았다. 결과적으로 투자 수익을 내기도 어려웠다. "저희는 그때 많은 돈을 날렸습니다"라는 융블루트의 최근의 설명이 그들이 맞은 결말을 확인해준다. 융블루트는 자신이 처한 상황을 제대로 극복하지 못해 2011년에 우울증을 앓게 됐다. 이 병도 처음에는 심각하게 생각하지 않았다.

그러는 사이 그의 회사는 플랫폼 개발을 촉진하고 무엇보다 유동성 부족 문제를 해결하기 위해 새 대출이 필요하게 됐다. 2013년 중반 융블루트는 추가 대출 계약의 서명을 거절하고 단독으로 법원에 파산 신청을 내겠다고 위협했다. 그래서 한 기업 컨설턴트를 회사로 불렀는데, 좋은 의도로 오긴 했지만 복잡한 소프트웨어 프로젝트를 이해할 능력은 없었던 사람이었다. "한 사람으로 줄여주십시오"라고 요청한 이 기업 컨설턴트는 오직 한 사람의 최고경영자와 함께 기업 재건 업무를 수행하고 싶어 했다. 융블루트는 당시 우울증을 앓고 있어 다소 문제가 되었던 반면, 막밀란은 카리스마를 지닌 타입이었다. "그가 초록색이라고 말하면 다들 그렇게 믿습니다." 그런데 이런 유형은 치명적인 스타트업 성향의 징후이기도 하다.

언젠가 팰로앨토의 드레이퍼 대학에서 있었던 일이다. 그 지역 출신의 이름난 투자자는 독일에서 온 출판업자들을 상대로 자신은 절대로 사업 아이디어가 공감이 가고 유익하게 들린다는 이유만으로 스타트업에 투자할 마음을 먹지는 않을 것이라며 자신의 속내를 드러냈다. 그는 투자를 할 때 딱 한 가지에만 주의를 기울인다고 했는데, 그것은 바로 스타트업 아이디어에 대해 설명하는 사람의 눈빛이라고 했다. "무언가에 열정을 불태울 수만 있다면, 저는 그들이 실패할지 아닐지는 전혀 신경 쓰지 않습니다. 왜냐하면 그 사람들은 설사 실패한다 해도 그다음 프로젝트를 위해 열정을 불태울 것이기 때문입니다. 바로 그런 사람들에게 투자합시다."

앞서 우리가 살펴본 사례에서도 이런 유형의 인물이 눈을 반짝이고 있었었다. 그 사람은 아이디어에 열정을 불태웠고 포기하지 않으려 했다. 그가 어떤 주장을 하든, 누구도 사실을 제대로 직시하려 하지 않았다. 그 자신은 물론, 그와 함께 일한 수많은 직원이 그랬고, 투자자들도 마찬가지였다. 그러나 더는 파국을 막을 수 없었고, 모든 일은 한꺼번에 그리고 순식간에 휘몰아쳤다.

2013년 9월 《발스로더 차이퉁Walsroder Zeitung》에는 '유비 막밀란이 42명의 직원을 실직자로 만들다'라는 표제의 기사가 실렸다. 12월에는 융블루트가 파산 신청을 했다. 그의 회사 및 자문위원회 그리고 기업 컨설턴트가 자신들이 막밀란에게 속은 것일지 모른다는 사실을 인지한 직후였다. 이로써 막밀란은 나쁜 사람이었음이 확인되었고, 페터 융블루트가 다시 회사의 방향키를 잡아야 했다. 그리고 믿을 수 없게도 융블루트는 여전히 포기하고 싶어 하지 않았으므로 20명의 은행가 앞에서 회사가 위기를 탈출할 방책을 자신이 생각해낸 대로 설명했다. 그 방책은 대체로 방어적인 것이었고 현실적 계획을 토대로 마련된 것이었다. 거기에는 여전히 대차대조표에 남아 있는 카타르에 대한 75만 유로 상당의 청구 내역도 포함되어 있었다. 그 금액은 당시 그의 광고 대행사가 살릴 수 있을지도 모르는 자산의 전부였다. 은행들은 고민할 시간이 필요했다. 고민에는 거의 정확하게 한 시간이 소요됐다. 그 시간은 다시 돌아오지 않을 유일한 시간이기도 했다. 그리고 은행들은 거절의 의사표시를 보여주었다.

2014년 파산절차가 마무리됐을 때는 한때 150명이나 되던 직원 중 단지 30명만이 코넬리아 엥글러트의 회사에 고용 승계됐다. 페터 융블루트가 2008년에 채용했던 엥글러트는 함부르크에 있는 아이쿠베누ayeQ-benu라는 이름의 회사를 운영하고 있었다. 물론 융블루트가 실패하게 된 데는 여러 가지 원인이 있다. 카타르에서 국가 보건 서비스의 IT 부문 구축 사업에 참여한 것도 한 원인이 됐다. 비록 대금을 받지도 못하고 끝나버리고 말았지만 당시만 해도 매우 수지맞는 프로젝트였다.

그러나 이 스타트업에 치명타를 입힌 존재는 바로 애플이었다. 더 정확히 말하자면 애플이 운영체제를 iOS6에서 iOS7로 대대적으로 업데이트를 하면서 심각한 문제가 발생했다. 업데이트는 융블루트가 파산 신청을 하기 3개월 전인 2013년 9월에 진행됐다. 지옥이 따로 없었다. 전 세계적으로 제약회사 20개 업체의 영업사원 수천 명이 유비 막밀란 스타트업의 플랫폼을 사용하고 있던 때였다. 회사 IT팀의 명시적 경고에도 불구하고 애플의 업데이트 요청을 수락한 직원들은 곤경에 빠지고 말았다. 즉, 영업에 필요한 서류 파일 일체에 접근할 수 없게 되어버린 것이다. “안 그래도 어려운 와중에 그런 상황에 처하자 결국 저희는 감당할 수 없는 지경까지 이르게 됐습니다. 따라서 저희 회사의 플랫폼이 iOS7에서 제대로 실행되도록 제때에 수정할 수 없었습니다.” 융블루트의 회사는 전 세계적으로 엄청난 수의 영업사원들을 무력화했다. 그 결과, 화를 내며 계약을 파기한 고객이 한둘이 아니었다. 계약이 이루어지지 않으면 수입도 없는 법이다. 이제 융블루트는 파산을 피할 수 없게 됐다. 융블루트는 신속히 새로운 자금을 마련하고자 노력해봤으나 이미 때는 늦었다. 회사의 파산과 더불어 개인 파산의 지경까지 이르렀다. 아무런 전망도 없이 융블루트는 막다른 골목에 와 있었다. 그제야 융블루트는 자신의 우울증을 진지하게 받아들이고 치료를 위해 의사를 찾아갈 수 있었다.

융블루트는 자신의 불행으로부터 교훈을 얻었고, 그것을 다른 사람들에게 전하고 싶었다. 파산 후 몇 년이 흐른 지금, 융블루트는 그때의 실패를 어떻게 바라보고 있을까? 개인 파산으로 인해 그는 아직도 신용카드를 만들 수 없으며, 다양한 아이디어와 창의력을 갖추고 폭넓은 인간관계를 맺고 있음에도 불구하고 회사 운영에 참여하는 것은 물론 새로운 회사를 창업할 수도 없게 됐다. 심지어 휴대폰 구매 계약서에도 서명을 할 수가 없다. 융블루트는 시시때때로 굉장히 비참한 기분에 휩싸였다. 유감스럽지만, 바로 그 비참함이 그가 실패에 대해 느끼는 감정이다. 그리고 융블루트가 깨달은 교훈 한 가지는 이것이다.

실패는 아무짝에도 쓸모가 없다!

그러나 스타트업을 위한 사고방식에는 '실패하는 자만이 배움을 얻는다'라는 명제가 포함되어 있다. 2012년 비즈니스 비센business-wissen.de의 기사에서 다음과 같은 문장을 찾아볼 수 있다. '아직도 많은 기업에서 그런 사고방식이 자리를 잡지 못했다. 그것이 혁신을 방해하는 원인이다.' 이 기사는 《급진적 혁신Radikale Innovation》의 작가 엔스 우베 마이어Jens-Uwe Meyer를 인터뷰한 후 작성된 글이었다. 시장 혁신자들을 대상으로 집필된 그 책에서 마이어는 '실험을 하려는 보다 큰 용기'와 '피할 수 없다면 비난할 것이 아니라 축하해야 할 실패'를 강조하고 있다.

마지막으로 그러한 사고방식에 대해 한번 생각해보자. 이를테면 모든 기업이 실패한 실험까지 환영해준다고 가정해보자. 또 모든 스타트업이 제대로 자리를 잡기도 전에 실패한다고 가정해보자. 그리고 하나 더, 지금까지 존재했던 모든 기업가의 모든 아이디어가 실패했다고 가정해보자. 그렇게 되면 아마도 우리는 원숭이들처럼 나무 구멍에 처박혀 있을 것이다. 그렇지만 축하는 해줄 것이다. 우리는 축제를 즐기는 원숭이가 될 것이다. 필자가 제대로 이해하고 있는 것일까? 이미 경영자들은 본격적으로 넥타이를 풀고 운동화를 신고 있다. 이제 실패를 축하하는 행동까지 시작한다면, 독일은 전례 없는 성대한 파티를 즐기게 될 것이다. 어쩌면 지루할 틈이 없을지도 모른다.

마이어가 한 말을 다시 인용해본다. "오늘날 우리는 구글 같은 기업들을 경외심을 가지고 바라보면서 그들이 어떻게 성공을 거머쥘 수 있었을까 궁금해합니다. (……) 대단히 큰돈이 들어간 개발 프로젝트 중 하나였던 구글 웨이브Wave가 실패했을 때는 송별회가 열렸었습니다." 축하하는 원숭이들? 마이어는 훨씬 쿨하게 평가해서 그렇게 꽉 막힌 시선으로 바라보지 않았다. "인도의 타타Tata 그룹은 혁신을 이루려다가 실패한 직원들이 진보적으로 생각하려고 노력했던 것에 대해 보상금까지 주면서 우대해줍니다."

그것참, 다임러나 보쉬에서 일하는 직원은 실패를 해도 전혀 보상받지 못한다는 사실에 매우 화가 날 것이다. 사실 너무 불공평하지 않은가. 가령 다임러나 보쉬의 직원들이 타타에서 실패한다면 보상금을 받을 수 있고, 또 구글에서 실패한다면 파티를 열어줄 텐데 말이다. 인생은 그렇게 불공평할 수 있다.

마이어는 학업에서 시작해야 한다고 주장한다. 그의 MBA 과정 중 90퍼센트가 대부분 일을 보다 효과적으로 조직해나가고 실패를 예방하기 위해 필요한 내용이었음을 시인한다. "실패를 회피하는 문화는 대부분의 분야에서 바람직하게 여겨지지만 아주 새로운 분야에는 어울리지 않습니다. 그런 분야를 위해서는 학업 과정에서 실패를 가르쳐야 할 필요가 있습니다." 물론 마이어의 주장이 아주 틀린 것은 아니다. 실패의 문화는 대체로 용인되지 않는다. 그러나 실패했어도 실패의 낙인을 찍지 않는 문화 속에서만 성공의 잠재력을 갖춘 혁신이 자리 잡을 공간이 생겨날 수 있다. 용기가 보상받는 순간은 아마도, 절반 정도로 좋은 아이디어에서 하나의 완전한 아이디어가 생겨나는 순간일지도 모른다. 그렇지만 단순히 실패를 무조건 축하만 하다가는 종국에 화형장의 장작더미에 불을 지피는 식의 결말을 맞게 될 것이다. 그리고 예로부터 그곳의 장작더미는 모든 것을 태워버리는 법이다.

그런데 실패를 겪으면서 건강마저 해친 사람들을 쉽게 접하고 있는 사람은 이 문제에 대해 어떻게 생각하고 있을까? '독일 정신의학 및 심리치료, 심신의학 및 신경학회'의 학회장 페터 팔카이 교수는 실패를 좋은 현상인 양 억지로 생각하는 것처럼 모든 것을 항상 긍정적으로 바꿔 생각하는 태도는 정신 건강에 굉장히 안 좋다고 주장한다. 팔카이 교수는 "진정성은 높은 가치를 가지고 있습니다"라고 말하며 사람들이 실패를 그저 있는 그대로 단순하게 받아들일 수도 있다고 설명한다. 즉, 맡은 임무에서 실패한 탓에 정신적으로 힘들다면 그 현실을 허용하는 방법이 있다는 것이다. 이런 의견은 2017년 9월 23일 자 《베르게도르퍼 차이퉁Bergedorfer Zeitung》에 실려 있다. 상황에 관계없이 실패를 무조건 허용하는 것은 몬티 파이튼Monty Python(영국의 희극 그룹—옮긴이)의 〈코코넛 기사〉의 한 장면을 떠올리게 한다. 사지가 모두 잘려 나간 기사가 "좋아, 비긴 걸로 하자고"라고 말하던 장면 말이다.

실패자들의 친목회

아아, 때때로 환영받기까지 하는 소중한 실패. 수많은 유명인이 자신의 형편없는 고교 졸업시험 성적을 떠벌리는 것을 보면 사람들은 자신의 실패담을 이야기하면서 관심을 끌려고 한다는 것을 알 수 있다. 왜일까? 교사라 할지라도 누구나 실패의 경험은 있으며, 또 누구도 삼류 배우나 스타트업 창업자의 재능 같은 것을 발견하고 싶어 하지 않기 때문이다. 그런데 그 모습을 직접 보게 된다면, 사실 슬픈 자기인식이 될 것이다.

2015년 5월 21일 자 《디 벨트》에는 '실패자들은 왜 갑자기 매력이 넘치는 존재가 되었나'라는 표제의 기사가 실렸다. 이 기사는 독일에서도 점차 유행이 된 현상인 실패자와의 만남에 대해 전하고 있다. 그러한 만남 속에서 실패자는 수천 유로의 돈을 어떻게 날려버

렸는지 떠들어댄다. 이 만남을 기획한 행사를 '엉망진창의 밤FuckUp Night'이라 부른다. 실패자는 무대 위에서 파산에 성공한 방법에 대해 이야기한다. 요즈음 '바'에서는 술만 마시는 것이 아니다. 이곳에서는 종종 실패자가 등장해 최근 300만 유로 매출을 달성한 방법이라든가 불합리한 주주총회가 소집된 경위, 통제 불능의 비용 증가와 최후 독촉장의 도착 그리고 갑자기 현관문 자물쇠가 바뀌어버렸다는 이야기를 떠들어댄다. 《디 벨트》는 그곳 베를린 크로이츠베르크에서 열린 엉망진창의 밤에서 대중은 그런 이야기에 열광한다고 전한다. 기사에 따르면 그 바에서는 남성용 소변기를 꽃 화분으로 바꾸어놓았고, 스크린을 통해서는 진창에 빠진 사람이라든지 물고기 이빨에 깨물린 사람 등 여러 방식으로 고통을 겪고 있는 사람들의 인터넷 동영상을 보여주었다고 한다. 그리고 대중은 병맥주를 마시며 아주 즐거워했다고 한다.

엉망진창의 밤은 실패자들의 친목회나 다름없다. 모두가 즐겁고 행복하고, 마치 승리자가 된 기분을 만끽한다. 모든 패배가 승리처럼 기념되는 것이다. 직설적으로 말하자면 누가 더 큰 실패를 보여줄지 경쟁하는 것 같다. 5만 유로를 날려버린 스타트업에 대해 이야기하는 사람은 상대도 되지 않는다. 이곳에서는 수십만 유로쯤은 돼야 명함이라도 내밀 수 있으며, 수백만 유로를 날린 사업이라야 최고 대우를 받는다.

물론 엉망진창의 밤에는 처음에는 실패했더라도 결국에는 성공한 유명한 억만장자들도 끊임없이 언급된다. 다름 아니라, 패배자를 실패를 딛고 일어선 부유한 스타트업의 승리자와 결합하는 것이다. 마치 실패가 성공으로 가는 첫걸음인 양, 잠버 형제나 싱을 설립한 라스 힌리히스 혹은 페이팔의 CEO 맥스 레브친 등 과거 실패자로 널리 알려졌던 이름들이 그 증거인 것처럼 반복적으로 언급된다고 《디 벨트》는 설명한다. 독일에서 사업에 실패한 사람은 신용조사 기관에 등재되기 때문에 장래의 거래 관계에 큰 제약이 따른다. 신용카드나 휴대폰을 소유할 수 없을 뿐 아니라 절대로 회사의 경영인이 될 수 없다. 그러므로 엉망진창의 밤에서도 이름이 언급되지 않는다.

그러나 실패를 기념하는 세대는 그런 것에 개의치 않는다. 신용조사 기관 등재에 신경을 쓰는 것은 1950년대의 낡은 생각이자 전후戰後의 태도다. 왜냐하면 스타트업들은 어딘가로부터 자금을 얻어낼 수 있기 때문이다. 좋은 아이디어를 가지고 있어서가 아니라 아이디어를 잘 팔 수만 있다면 무조건 자금을 확보할 수 있다. 함부르크 출신의 투자자이자 인터넷 스타트업 전문가인 스벤 슈미트는 "저는 한번 돈을 날린 사람이라고 해서 그가 더는 투자받을 수 없는 사람이라고는 생각하지 않습니다"라고 말했다고 《디 벨트》는 인용하고 있다.

엉망진창의 밤의 장점은 맥주병을 옆으로 치워두고 제대로 귀를 기울이기만 한다면 타인의 실수로부터 사실상 무언가 배울 수 있다는 것이다. 실제로 스타트업의 창업자들 중에는 계약서에 작은 글씨로 인쇄된 약관을 전혀 읽지 않아서 망한 사람도 적지 않다. 또는 재정 계획을 형편없이 세워서 실패했음을 나중에야 비로소 깨닫는 이들도 있다. 어떤 이들은 아예 재정 계획조차 세우지 않는다.

실패는 상당히 자주 오만함, 자만심 그리고 오산과 관련되는 것 같다. 그런 점에서 여성이 남성보다 실패할 가능성이 낮다는 사실은 흥미롭다. 독일 스타트업에서 여성 창업자의 비율이 단지 15.1퍼센트밖에 되지 않는다는 사실이 안타깝다. 독일의 자영업자 중 여성의 비율은 40퍼센트이지만, 그 여성들은 스타트업 창업자가 아니다. 이런 조사 결과만 보아도 여성들이 얼마나 이성적으로 행동하는지 알 수 있다. 따라서 여성들은 보다 슬기롭게, 즉 비즈니스 모델에 대해 충분히 숙고하고 나서 전망이 밝다고 판단된 경우에만 창업을 한다고 추론할 수 있을 것 같다.

예를 들어, 아주 전망이 밝은 사업을 시작했던 멕시코 여성 레티시아 가스카의 이야기를 보자. 레티시아 가스카는 '레티'라고 불리는 것을 좋아한다. 그녀 레티는 엉망진창의 밤의 공동 창업자로서, 학창 시절 소셜 스타트업을 설립했다가 실패를 맛본 경험이 있다. 최근 그녀는 "당시에는 그런 사업을 시작하기가 쉽다고 생각했습니다. 순진해도 너무 순진했어요"라고 말한다. 2012년 멕시코시티에서 가스카는 자신의 스타트업 실패담을 널리 알리고 싶다는 생각에 엉망진창의 밤을 탄생시켰으며, 그 엉망진창의 밤은 현재 세계적으로 큰 반향을 불러일으키고 있다. 2018년 말까지 80여 개 국가의 약 300개 도시에서 수많은 실패담이 대략 20만 명의 참석자들 앞에서 소개됐다. 레티의 업적은 그뿐만이 아니다. 그녀는 불운을 겪은 뒤 실패연구소를 설립했고 그 연구소는 사업 실패에 관한 사례 연구의 가장 큰 원천임을 자처한다.

물론 엉망진창의 밤은 통상 10유로 정도의 입장료를 받는다. 따라서 역시 이곳에서도, 수많은 실패자들 사이에 수익자는 따로 있는 것이다. 베를린 아니면 프랑크푸르트에서 개최되었던 첫 번째 엉망진창의 밤에는 단지 40명 정도의 방문객이 찾아왔을 뿐이지만, 현재 뉴욕에서는 먹고 마시며 실패를 받아들이는 손님들의 수가 이미 1,000명을 넘긴다.

그런데 마지막으로, 실패한 사람이 더 이성적인 사람이라 할 수 있을지 의문이 든다. 실패한 사람이 결국 더 용감하고, 따라서 더 훌륭한 기업가라 할 수 있을까? 전통적 기업들이 그런 기업가를 모범으로 삼아도 될까? 그렇다면 오직 스타트업 경영자만이 기업가들이 모범으로 삼을 만하다는 것인가? 만하임에 있는 유럽경제연구센터가 이 문제를 조사했다. 그에 따르면 실패를 경험한 창업자가 새로 시작한 다른 사업에서도 평균 이상으로 빈번하게 실패했다고 한다. 이에 관해 《디 벨트》는 이 센터의 경제 연구원 위르겐 에겔른의 말을 인용한다. "이전의 경제적 실패를 딛고 다시 시작한 사람들이 새로 설립한 회사 중 70퍼센트는 5년 이상 살아남지 못했습니다."

실패가 사람을 파멸시킬 수도 있는 나쁜 것이라고 생각하지 않는 사람은 '익명의 파산자 대화 모임'에 한번 참석해보길 권한다. 그곳에 가면 눈물을 흘리며 뒤치다꺼리를 해야 하는 현실과 싸우고 있는 가족기업가(규모에 상관없이, 결국은 자영업자)와 스타트업 창업자를 가까이에서 체험할 수 있다.

계산할게요!

엄청나게 많은 사람이 실패하고 있음에도 불구하고 왜 모두들 스타트업을 시작하려 할까? 물론 스타트업은 사회를 발전시키고 미래로 가는 중요 원동력이 되는 경우도 드물지 않다. 대다수 스타트업에 자유로운 사고는 중요하다. 그 자유로운 기분은 돈으로 절대 계산할 수 없는 것이다.

계산 이야기가 나온 김에 스타트업에 대해 좀 더 정확히 알아보기 위해 국민경제의 시각에서 숫자들, 즉 통계를 한번 살펴보자. 스타트업은 정말 비눗방울 같은 것일까? 스타트업은 정말 성공보다 실패의 확률이 더 높을까?

시간을 되돌려 몇 년 전으로 거슬러 올라가보자. 2010년 독일에서는 거의 100만 명 가까운 사람이 자영업에 뛰어들었다. 정확히는 93만 6,000명이다. 독일 통계청은 총 71만 9,653개 기업이 새로 설립되었다고 발표했고, 동시에 통계청은 거의 같은 수의 폐업 신청을 받았다고 알렸다. 즉, 총 71만 3,812건의 휴폐업 신고를 받았으며, 그중 56만 9,015건이 완전한 폐업 신고였다. 요컨대 당시 모든 사업의 3분의 1은 설립 시점으로부터 3년 뒤 종료가 되었던 것이다.

그 후 독일에서 자영업자 수는 급격히 증가한다. 포털 슈타티스티Statista.com가 발표한 공식 통계자료에 따르면 2017년 자영업자 수는 거의 104만 명이었는데, 그 수치는 지난 15년간 대략 2배로 늘어난 것이다. 다만 그것은 의사나 변호사 등도 포함된 전체 직업군을 통틀어 계산된 수치다.

스타트업의 경우, 종종 스타트업으로서 제대로 자리 잡기도 전에 특히 빠르게 종지부를 찍는다. 사실상 우리가 찾아볼 수 있는 모든 출처에서는 전체 스타트업의 마법 같은 수치인 90퍼센트가 실패한다고 보고 있다. 그중 아마도 가장 믿을 만한 출처는 평판 좋은 미국의 창업자 센터 와이 콤비네이터일 것이다. 포털 그륀더필로트Gründerpilot에 의하면 이 센터는 수백 개의 스타트업을 조사했고, 그 결과 열 개의 스타트업 중 오직 한 곳만이 실제로 성공할 뿐 아니라 3년 이내에 전체 스타트업의 80퍼센트 이상이 실패했다. 다른 여러 출처를 보면 그 수치는 심지어 90퍼센트 이상까지 올라가기도 한다.

독일 상공회의소는 둘 중 하나 이상의 스타트업이 '사업 아이디어의 독자 판매 제안에 대한 계획의 부족'(52퍼센트), '목표 고객 집단에 대한 불명확한 설정'(45퍼센트)이라는 사업상의 미비점 때문에 빠르게 무너지는 결과를 맞게 되는 것이라 말한다. 또한 독일 상공회의소는 6만 건 이상의 창업 상담을 해본 결과, 재무 평가 면에서도 다음과 같은 미비점이 발견되었다고 발표했다. 창업 상담 대상의 44퍼센트는 초기 투자가 너무 미미한 수준이었고, 42퍼센트는 추가 자금 조달에 대한 계획이 전혀 없었으며, 40퍼센트는 매출 추정치가 비현실적이었다. 그런데 다음 두 가지 점에서 결과는 훨씬 더 참담했다. 즉, 셋 중 하나 이상의 스타트업이 자사의 제품 아이디어를 명확히 설명하지 못했고, 소수의 창업자만이 자신의 사업 분야에 대한 전문지식을 충분히 소유하고 있었다고 한다.

믿기는가?

2010년 유럽경제연구센터는 만하임 대학의 파산 및 회생 센터 그리고 경제부의 의뢰를 받은 크레디트레포름Creditreform과 공동으로 '신생 기업들이 창업 후 5년도 되지 않아 실패하는 원인'에 대한 연구를 수행했다. 연구 결과에 따르면 신생 기업이 실패하는 가장 큰 이유는 미래에 적합하지 않은 사업 아이디어 때문이라고 한다. 젊은 기업가의 사업 예상은 빗나가고 창업자로서 기업가적 능력을 발휘할 수 없으므로 '회사 운영이라는 도전을 감당해낼 수가 없게 되는 것이다'. 게다가 사업 계획에 따른 자금 조달 가능성이 아예 없거나 충분치 않아서 예상치 못한 사태를 극복할 수 없게 되는 것이다. 독일 경제부는 매년 초기 5년 이내에 문을 닫는 약 7만 5,000여 개의 신생 기업에 종사했던 3,000명 이상의 사람들을 대상으로 설문조사를 진행했다. 이 조사 결과를 요약하자면, 파산한 신생 기업들은 평균 6명의 직원을 고용하고 있었으며, 이들의 이른 퇴장으로 인해 매년 5만 5,000여 개에 달하는 일자리가 사라진다고 한다. 여기서 주지해야 할 점은 전체 스타트업 및 신생 기업의 오직 15퍼센트만이 폐업 시 파산 신청을 하고 있다는 사실이다.

그 연구에서 밝혀진 원인들 중에는 집안 사정, 과중한 부담, 건강 문제와 스트레스, 그리고 정말 의외로 기업의 급성장이라는 요인이 포함되어 있다. 단기간에 급성장한 기업은 대체로 이후 몇 년 안에 필수적으로 요구되는 유연성을 잃어버린다고 그 연구는 설명하는데, 바로 이 유연성이야말로 기업이 시장에서 '학습'하면서 자리 잡기 위해 특히 중요하다는 것이다. 또한 놀랍게도 신생 기업들의 70

퍼센트가 손익분기점을 넘기는 데 성공했음에도 4명 중 3명의 창업자가 개인적 이유로 경영을 포기한다. 이는 개인이 들이는 노력에 비해 스타트업의 성공 가능성이 얼마나 미미한지를 여실히 보여준다. 즉, 이렇듯 자발적 퇴장이 나타나는 가장 흔한 이유는 기대수입에 대한 실망이다. '이로써 자영업은 시작하자마자 기업가 자신 및 그의 사회적 주변 환경에 대한 높은 수준의 요구와 내핍에 직면하고, 몇몇 사람은 그것을 감당할 수 없다고 느낀다는 점을 명백히 알 수 있다.'

계속해서 다른 원인도 살펴보자. 자발적 시장 탈출의 4분의 1은 개인적 책임이 너무 무겁다는 인식에서 비롯된다. 즉, 또 다른 20퍼센트는 기업 경영의 총체적 위험을 감당할 준비가 되어 있지 않아서라고 이야기한다. 다시 말해 창업자들은 애초 기업 경영 과정에서 생길 수 있는 개인적 부담을 포함한 커다란 위험에 대해 온전히 인식하고 있지 않았던 것이라고 그 연구는 설명했다.

그러나 이 연구 결과에서 우리는 긍정적 징후 또한 찾아볼 수 있다. '설립한 회사의 주 사업 영역에 해당하는 분야에서 직업적 경험을 쌓는 연수가 증가함에 따라 시장 탈출의 확률도 낮아진다'라는 점이다. 스타트업이 직면하는 난점은 다수의 창업자가 사업 분야에 상응하는 경험 없이 뛰어든다는 데 있다. 연구 발표에 의하면 아무런 직업의식도, 경제적 생활 경험도 없이 즉흥적으로 시작하는 창업자들이 여전히 눈에 띈다고 한다.

그 밖에도 사업 활동 초기의 자금 부족, 전략적 결정의 오류, 투자 실패, 위험성이 큰 성장 전략, 비용에 대한 고려 없이 산정된 가격, 부족한 경영·마케팅 지식, 미비한 기술적 능력, 실질적 내용의 미흡 등이 실패의 원인으로 거론되어 있다.

자기 책임적 요인 외에 외부적 요인도 다수 있다. 스타트업과 신생 기업의 50퍼센트 이상은 부실채권으로 인해 퇴장한다. 특정 원료나 에너지의 비용 상승을 고려하지 못한 경우도 많다. 사업 환경을 둘러싼 경쟁이 치열하다 보니 3분의 1 이상은 뛰어난 인재를 구하지 못해 실패한다.

그리고 크게 거론되지 않는 원인이 또 하나 있다. 셋 중 하나 이상의 스타트업은 창업자들 간의 불화로 실패가 예정되어 있다는 것이다. 특히 스타트업이 공동 경영을 지향하는 경우 제대로 방향을 잡는 데 문제가 생긴다. 집단적 결정은 대체로 진부하게 주류를 따르는 길로 이어진다. 그러나 이성적 판단과 직감을 함께 반영한 길, 이를테면 용기 있게 나아갈 수 있는 길을 택하는 편이 오히려 성공에 이르는 길이라고 한다.

연구 조사 업체인 CB 인사이트는 2016년 스타트업의 실패에 관한 또 다른 분석 결과를 공표했다. 그에 따르면, 스타트업들은 마지막 자금 조달 라운드가 끝나고 대개 20개월 안에 실패한다. 그뤈더필로트는 실패한 기업에 투자된 자금의 평균 금액이 130만 달러였다고 밝히고 있다. 이 분석 결과를 보면 공동 경영의 문제가 역시 중요한 역할을 하고 있음이 분명해진다. 그뤈더필로트는 베를린 스타트업 아카데미의 원장 크리스토프 래트케케의 말을 인용한다. "실패한 스타트업의 70퍼센트는 공동 경영으로 인한 문제를 안고 있습니다."

분석 결과에 나타난 스타트업의 문제점을 열거해보자. 스타트업의 사업 아이디어는 시기를 잘못 만날 수도 있다. 또 사업 아이디어에 목표 집단이 설정되어 있지 않아도 문제가 된다. 그리고 사업 아이디어의 가치가 너무 높게 혹은 너무 낮게 평가되어도 안 된다. 마케팅에 대한 고려가 없거나, 있다 해도 불충분할 수 있다. 종종 수요가 아예 없을 수도 있다. 공동 창업자 간에 여러 가지 문제가 발생할 수 있다. 그리고 모든 부분에서 자금이 부족하다.

위에서 살펴본 바와 같이 연구 결과들은 대체로 비슷하다. 실패를 하는 이유는 대부분 명백하다. 그럼에도 불구하고 스타트업들은 경제의 모범이 되겠다는 것인가? 도대체 누구를 위한, 혹은 무엇을 위한 모범인가?

스타트업의 모범은 베를린이다. 베를린은 스타트업이 활동하기 좋은 도시다. 지멘스는 이 스타트업 도시에 6억 유로를 투자할 예정이라고 언급한 바 있다. 하지만 스타트업이 활동하기 좋은 도시라고 해서 베를린이 실패의 중심 도시로 여겨지지는 않는 것 같다. 2018년 8월 21일 자 《타게스슈피겔》은 베를린보다 파산 기업의 수가 많은 도시는 없다고 전했다. 《타게스슈피겔》은 베를린브란덴부르크 통계청의 자료를 인용해 2017년 베를린에서만 1만 개 기업 중 93퍼센트의 기업이 파산할 정도이므로 독일 전체 평균보다 거의 1.5배 높은 수준이라고 밝혔다. 2017년 1사분기의 파산 신청 건수는 베를린에서만 전년도에 비해 15.2퍼센트 증가했으며, 전체 채권자가 청구한 채권 총액은 거의 50퍼센트가 증가해 2,050억 유로에 달했다. 따라서 베를린에 '파산의 중심 도시'라는 별칭을 붙여도 틀린 말은 아닐 것이다.

모든 파산의 뒤에는 사람이 있다. 그리고 스타트업을 파국으로 몰아넣은 사람들 또한 형편이 좋을 리 없다. 실패는 정말이지 유쾌한 것이 아니다. 금융가는 실패한 젊은 기업가에게 성공의 기회를 쉽사리 열어주지 않는다는 사실이 경제부의 연구에 의해 밝혀진 바 있다. 더군다나 파산 신청을 한 젊은 기업가들 중 3분의 2는 추가적 재정 문제에 직면하게 된다. 경제부의 연구를 통해 확인된 바에 따르면 실패한 사람들 중 20퍼센트 정도는 나중에 일자리를 구할 때도 어려움을 겪는다. 비록 과거에 기업가였던 이들 가운데 압도적 다수가 다른 기업에 취업하는 방식으로 피난처를 찾고 있기는 하지만 말이다.

열두 번째 거짓말

스타트업에 대한 투자는 항상 유익하다

튤립이 주는 교훈

스타트업에 의한 기적적인 돈의 증식은 달러와 유로를 회피해 소위 암호화폐라는 독자적 화폐와 함께 다시 날아오른다는 아이디어가 이 분야에 떠올랐을 때 실로 엄청난 반향을 불러일으켰다. 그러한 현상은 오만하게 '이제부터 나는 직접 나의 통화를 만들겠다'라고 말하는 것으로 해석할 수 있다. 왜냐하면 그것은 분명 기존의 업계를 등지고 선을 긋겠다는 선포와도 같기 때문이다. 동시에 비트코인은 끝없는 탐욕, 골드러시, 내용이나 주제가 아니라 무조건적이고 무한한 부의 증식에 중점을 두는 태도를 반영하고 있다.

2008년 사토시 나카모토라는 익명으로 발명을 시작한 이래 누구인지 모를 모험심 강한 이 존재는 2013년 말에 소위 디지털 코인의 가치가 처음으로 1,000달러의 문턱을 돌파했을 때까지도 잠자코 있었다. 그러나 이후 가상화폐의 시세는 무너져 내렸고 2017년에는 다시 하늘 높은 줄 모르고 치솟았다. 우선 비트코인당 1,000달러를 상회하는 수준으로 돌아왔다가 연말이 되자 약 1만 1,000달러로 오른 것이다.

특히 위키피디아에는 이 진짜 화폐가 아닌 화폐의 발전 상황을 보여주는 유의미한 표가 게재되어 있다. 그 표를 살펴보면 1비트코인이 1,000달러의 가치가 될 때까지 거의 5년이 걸렸으며, 2,000달러가 될 때까지는 3년 이상이 더 소요됐다. 2017년 11월 말부터는 하루 만에 1,000달러씩 증가하기도 했고, 심지어 수천 달러가 하루 사이에 오른 12월 7일과 같은 경우도 종종 있었다. 2017년 12월에는 시카고 옵션 거래소CBOE에 상장됨으로써 비트코인의 시세는 약 1만 6,000달러에 이르렀다. 그리고 제도권 주류 시장에 진입한 지 단 며칠 만에 잠깐 2만 달러에 머물다가 크리스마스이브 전 마지막 영업일에 마치 크리스마스의 불운처럼 1만 1,000달러로 곤두박질쳤다. 2018년 중반 이래 이 화폐는 5,000달러에서 6,000달러 사이를 오가며 비교적 진정된 상태다.

그런데 이 화폐가 스타트업과 무슨 관계란 말인가? 쉽게 말해 이 분야의 점점 더 많은 창업자가 인조 화폐인 비트코인을 둘러싸고 과장 광고를 하면서 분주히 움직이고 있다. 그들은 특정 툴이나 서비스를 이 화폐와 결부해 제공한다. 예를 들어 All4btc(온라인에서 비트코인으로 상품을 구매할 수 있게 해주는 서비스—옮긴이)는 아마존이나 이베이에서 비트코인으로 지불할 수 있게 해주고 5퍼센트 수수료를 취한다. 또한 금융 업체 비트본드Bitbond에서는 비트코인을 사용해 대출 거래를 할 수 있는데, 이 업체는 스스로를 '#비은행unbank'이라고도 표시한다는 점이 눈에 띈다. 이 분야에서 스타트업으로 등장하는 셀 수 없이 많은 유사 금융 업체 외에 리플 랩스Ripple Labs는 국제적 자금 흐름을 촉진하겠다며 도전장을 내밀었다. 기존의 은행들은 그런 면에서 바람직한 역할을 못하고 있기 때문에 이 분야에 성공의 기회가 숨어 있을지도 모른다.

사실 아주 평범한 보통 사람들이 이 새로운 화폐를 주변 은행에서 쉽게 접할 수 있는 것은 아니다. 비트코인은 모노폴리와 비슷한, 일종의 투자자를 위한 게임이라 할 수 있다. 예를 들면 2017년 12월에 개인적으로 주문한 피자 값을 비트코인으로 내고 싶었던 사람은 현금으로 8달러 70센트를 지불했거나 광풍에 휩싸인 비트코인으로 34달러 12센트를 지불했다. 가능한 일이다. 비트코인을 사용하는 사람은 주로 25세에서 44세 사이의 젊은 사람으로 컴퓨터 기술에 능통한 괴짜이며 투기에 관심이 많다. 즉, 사용자에게 순전히 지불 수단으로 사용할 수 있다는 점만이 중요한 것이 아니다. 뮌스터 대학의 연구에 따르면 결국 비트코인 사용의 가장 중요한 동기는 혁신적 시스템을 가지고 실험하는 데서 오는 기쁨이라고 한다.

비트코인이 정확히 무엇인지는 누구도 명확히 설명할 수 없다. 그것은 무수한 0과 1의 축적으로 컴퓨터 네트워크를 통해 분산되어 존재한다. 따라서 외견상으로는 존재하지 않는다고도 할 수 있다. 모든 거래는 이른바 블록체인에 기록되는데, 이는 모든 입출금이 기록되는 가상의 현금출납부에 비유할 수 있다. 금융업계를 포함한 몇몇 분야에서 이러한 블록체인 기술이 미래를 가져다줄 것으로 기대되고 있지만, 대다수 비트코인 팬의 관심사는 오직 하나다. 그것은 바로 개인적 이윤 극대화, 즉 빠른 시간 안에 부자가 되는 것이다.

잠재적 거품경제에서 흔히 볼 수 있듯이 보통 사람들이 장래 언젠가의 수익을 기대하면서 전혀 알지도 못하는 비트코인 같은 것들에 힘들게 모은 돈을 밀어 넣었다가 거품이 꺼지면 모든 것을 잃고 만다. 맘몬Mammon(신약성서에서 재물의 신을 가리키는 말—옮긴이)의 역사에서 항상 그렇듯 결과에 대한 모든 책임을 떠맡는 것은 일반 국민이다. 그런데 이 모든 것이 튤립과는 무슨 관계일까?

이제부터 야생 튤립의 구근球根을 사들였던 17세기 네덜란드 사람들에 관한 이야기를 하려고 한다. 당시 네덜란드 사람들은 마치 광기에 사로잡힌 것 같았다. 금광이라도 발견된 듯한 혹은 비트코인이 발명된 듯한 분위기가 당시 사회 전체를 지배하고 있었다. 튤립의 구근이 풍족한 미래를 약속해주고 부의 증식을 보장하는 것으로 여겨졌기 때문이다. 튤립의 구근은 전적으로 투기의 대상이었다. 실제로 많은 사람이 거기서 성공을 거두기도 했다. 단기간에 수익을 얻은 몇몇 투자자는 흥분해서 마구 떠들어댔다. 그 모습이 오늘날 비트코인으로 이득을 본 사람들의 모습과 매우 유사했다. 시장은 폭발적으로 성장했고 튤립의 가격이 집 한 채 값에 버금갈 정도로 뛰었다. 안타깝게도 나중에 튤립 시장은 거품이 꺼지면서 폭삭 주저앉았고, 튤립의 구근 때문에 수많은 사람이 눈물을 쏟고 말았다.

튤립 파동은 오늘날까지도 세계 경제사에서 가장 유명한 투기 거품으로 기록된다. 경제학이나 경영학을 공부한 사람이라면 누구나 이 이야기를 교훈으로 삼아야 한다. 하지만 누구도 그렇게 하지 않는다. 사람들은 스스로 신뢰할 수 없는 서비스 제공자를 통해 비트코인을 주문하면서 오만하게도 과거 튤립 광기를 비웃는다. 2017년 11월 28일 자 《쥐트도이체 차이퉁》의 한 기사는 데카방크Deka-Bank의 수석 경제학자 울리히 카터의 말을 인용했다. "비트코인은 21세기 금융시장의 튤립 구근입니다." 그러나 희망은 있다. 엄격히 말하면 가상화폐 비트코인은 무한정 증식될 수 없다. 다시 말해 2,100만 비트코인이 그 한계다(개발자인 나카모토 사토시가 애초에 비트코인의 총량을 2,100만 개로 한정해 설계해놓았기 때문임—옮긴이). 다만 인간에 의해 초래된 결핍은 언제나 탐욕을 불러일으킨다는 점에서 우려스럽다.

최근 방송된 뉴스에 따르면 상장 직후 월가에서 JP모건 체이스JPMorgan Chase의 최고경영자 제이미 다이먼은 비트코인은 사기라고 말했다고 한다. 그것이 정말 사기인지 아닌지는 일반인으로서는 판단하기 어렵다. 결국 다수의 비트코인 이용자는 전 세계의 여러 암호화폐 거래소를 통한 교환이나 비트코인 카드를 이용한 주문과 지불, 또 아시아의 비트코인 현금 인출기에서의 현금 인출 등 자신들의 경험을 과시할 뿐이다. 그리고 비트코인이 거래되는 거의 모든 장소의 이면에는 역시나 스타트업이 존재한다.

탐욕이 있는 곳에서 언제나 새로운 길이 열리듯 암호화폐도 마찬가지다. 말이 나온 김에 하자면, '암호'라는 단어가 들어가 있다는 점에서 의아하게 생각해야 하지 않을까? 상관없다. 어쨌든 금융 전문가들이 이미 오래전부터 이더리움Ethereum, 리플Ripple 혹은 라이트코인Litecoin 등 대체 암호화폐에 초점을 맞추고 있기 때문이다. 암호화폐의 명칭은 약이나 음식 그리고 게임 머니 등에서 정말 다양한 힌트를 얻어 만들어지고는 하는데 현실과 그리 동떨어져 있는 것으로 보이지는 않는다.

반면 현실과는 거리가 먼 세컨드 라이프Second Life라는 게임은 2014년 3,600만 명의 주민을 확보해 최고의 시기를 맞고 있었다. 이 게임 내에서도 린든 달러Linden-Dollar, L$라는 가상화폐가 사용된다. 심지어 이 게임에서는 가상화폐를 실제 미국 달러로 환전할 수도 있다. 그렇다 해도 세컨드 라이프는 단지 게임일 뿐이다.

아무리 정당한 사업의 기반으로 기술이 자리 잡고 있다 하더라도 비트코인은 대체로 순수한 탐욕이다. 하지만 비트코인이 주는 쾌감은 게임이 아니라 어쩌면 금세기 최대의 자기기만일 것이다. 아니, 솔직히 말해 현대에는 최대의 사기일지 모른다. 돈 그 자체가 사라지는 것이 아니라 소수의 돈주머니로 들어가는 것일 뿐이므로.

다시 말하자면 비트코인을 둘러싼 과대 선전은 굉장히 기묘한 형태를 띠고 있다. 우선, 거의 모든 경영자는 한 움큼밖에 되지 않는 비트코인으로 100만 유로를 만들어낸 누군가를 알고 있다. 수백 년 전 금을 캐던 사람들이 늘어놓던 이야기와 비슷하다.

아이스티ice tea에서 금을 캐낼 수 있었던 사례를 소개한다. 뉴욕에 롱아일랜드 아이스티Long Island Iced Tea라는 명칭의 회사가 있다. 그런데 사명이 미래지향적 느낌을 주지 않기도 하고, 비트코인 열풍을 이용해보려는 의도에서 회사는 비트코인 광고에 착안해 '롱 블록체인Long Blockchain'으로 이름을 변경했다. 실제로는 차를 제조하는 업체인데 명칭만 들으면 마치 디지털 관련 스타트업 같지 않은가? 말도 안 되는 아이디어라고 생각했겠지만, 그 생각은 완전히 틀렸다. 회사가 상호를 바꿔 얻은 결과는 2017년 12월 23일 자 《쥐트도이체 차이퉁》에서 찾아볼 수 있다. 월가의 공식 발표에 따르면 이 아이스티 제조업체의 주가는 280퍼센트 이상 상승했다. 아이스티 업계 최고였다.

이는 물론 단순히 새로운 명칭 때문만이 아니라 맛있는 아이스티를 만들어 판매하는 동안에도 블록체인의 발전을 촉진할 만한 사업에 투자하겠다는 회사의 비전이 통했기 때문이다. 하지만 주식시장에서 입수 가능한 공식 자료를 뒤져봐도 그 이상의 실질적 내용은 없는 듯 보였다. 어디에서도 구체적으로 투자가 이루어졌다는 보도는 찾을 수 없었다. 단지 블록체인 회사에 투자하고 싶다는 바람뿐이었던 것이다. 그래도 이미 이 회사의 음료 기계들로부터는 단순한 아이스티가 아닌 금이 흘러나오고 있었다. 덩달아 회사의 가치는 3배로 뛰었다. 스타트업의 사고방식을 잘도 배웠지 않은가!

아이스티 회사 '롱 블록체인'이 비트코인 광풍에 영향을 받은 유일한 회사는 아니다. 《SZ》에 따르면 주스나 스포츠 브라, 소파를 생산하는 회사도 유사한 아이디어를 생각해냈다고 한다. 그리고 그들 역시 성공했다고 한다.

그런데 정작 비트부르거Bitburger라는 맥주회사는 앞의 회사들처럼 성공으로 가는 기차에 함께 오르지 못했다는 사실이 재미있다. 이 회사는 상호를 변경할 필요조차 없었고, 만들어내는 음료도 이미 금색이었는데 말이다. '비트코인 한 잔 주세요.' 아, 그렇지, 미국의 한 가구 판매업자가 앞으로 결제수단으로 비트코인도 받겠다고 공표하자 이 업체의 주가는 38퍼센트나 상승했다. 도대체 비트코인 광풍은 얼마나 엄청난 것이란 말인가.

결국 주식시장에서 사람들이 믿고 싶어 하는 것은 전부 약속이다.

결국 그것은 여기서도 마찬가지로 대단한 탐욕인 것이다. 주주들은 눈을 감고 근사한 새 세상만을 보려 한다. 그러나 그들은 언젠가는 눈을 뜰 것이다. 그리고 예전보다 오히려 궁핍해진 자신들의 낡은 세상을 보게 될 것이다.

투자와 탐욕의 지배

아이스티 제조업자는 상품을 판매하면서 스타트업의 원칙을 아주 잘 따랐음을 인정하지 않을 수 없다. 그 원칙은 바로 경영자는 탐욕에 따른다는 것이다. 이처럼 상품 그 자체가 아닌 그를 둘러싼 이야기, 즉 스토리텔링이 중요하게 취급되는 사례는 흔히 찾아볼 수 있다. 스타트업은 종종 권력이나 부를 연상시키는 환상, 꿈과 같은 이야기들을 만들어낸다.

탐욕 그 자체는 새로운 것이 아니다. 예를 들어 2008년 부동산 버블 이후의 금융위기 때나, 2000년 닷컴버블 직전에도 탐욕이 만연했었다. 1990년대 말에는 갑자기 아주 평범한 사람들이 주식 투자에 뛰어들어 이름 하나만 보고 수천 마르크를 걸기도 했다.

그 무렵 설립된 회사 인피니온의 사례를 같이 살펴보자. 현재 인피니온은 지멘스의 스타트업으로 알려져 있다. 당시에도 사람들은 지멘스가 이 회사와 관련된 것으로 알고 있었는데, 사실 인피니온은 반도체 관련 회사였다. 인피니온 주식에 투자했던 사람들 중 반도체가 무엇인지 알고 있던 사람은 극소수였고, 반도체의 '반' 자도 모르는 사람이 대다수였다. 그런데 반도체는 왠지 미래지향적으로 느껴지는 용어다. 그래선지 돈을 투자할 가치가 있다고 여겨졌다. 그리고 지멘스와 관련되었다는 점이 신뢰를 주기에 충분했다. 따라서 사람들은 이 회사는 물론, 기타 유망해 보이는 기업에 마구잡이로 돈을 쏟아 부었다.

도이체텔레콤도 그 시기에 상장됐다. 당시 이 통신사는 물론 스타트업은 아니었지만 현재의 구글이나 페이스북에 비견할 만큼 거대하고 미래지향적이라는 인상을 주는 회사였다. 그때는 인터넷과 휴대전화가 새롭게 등장한 시기였기에 마찬가지로 사람들의 인식도 새롭게 정리되어야만 했다. 그러나 상식과 분별을 갖춘 사람이라도 쉽게 헤쳐나갈 수 있는 시기는 아니었다. 그렇지 못한 사람들은 그들의 주식이 또다시 몇 퍼센트나 올랐는지를 수시로 떠들어댔다. 그들의 형제자매나 동료들, 기타 지인들 역시 믿을 수 없을 정도로 쿨하고 적당한 주식에 투자하는 법을 알고 있었다. 동화에서나 볼 수 있을 것 같은, 무에서 유를 창조하는 기묘한 증식이었다. 심지어 앞으로는 돈이 대신 일을 해줄 테니 곧 일을 하지 않아도 될 것이라고 확신하는 사람들도 있었다. 학식 있는 사람조차 진심으로 그렇게 주장을 하곤 했다.

이와 같은 기적적인 돈의 증식 현상은 2000년 3월 7일에 최고점을 찍었지만, 당시 누구도 그 사실은 알지 못했다. 독일의 주가지수 닥스DAX는 한때 8,136포인트로 상승했다. 인피니온은 그로부터 며칠 뒤인 3월 12일에 상장됐다. 사람들은 주가 급상승으로 엄청난 대박을 터트릴 것이라는 기대에 들떠 있었다. 그리고 주가가 이미 정점을 찍었다는 사실을 누구도 직시하지 않았다. 상장 후 첫 영업일에 인피니온 주식이 엄청나게 팔려 나가는 바람에 프랑크푸르트 증권거래소의 시스템이 마비될 정도였다. 그리고 이후 모든 것은 매우 빠르게 바닥을 향했다. 제일 먼저 거품으로부터 자신들의 돈을 빼낸 노련한 주식 투자자들은 상대적으로 잘 빠져나온 셈이었다. 일반 평범한 사람들이 그들 대신 대가를 치러야만 했다. 개미 투자자들은 패닉 상태에 빠진 채 자신들의 무가치한 주식을 무조건 팔아야만 했다. 상황은 주가 폭락으로 마무리됐다. 그래도 팔지 못하고 한 가닥 희망에 매달렸던 수많은 개미 투자자가 맨 마지막 희생자가 됐다.

현재도 스타트업에 대한 투자는 사람들의 대화에 자주 등장하는 이야깃거리다. 잘 차려입은 사람들이 오페라가 시작하기 전에 모여서 어떤 스타트업이 전망이 좋다든지, 그래서 투자를 늘릴 것이라는 등의 이야기를 주고받는다. 경영자들이 모인 곳에서는 자신이 얼마나 많은 스타트업에 투자하고 있는지 앞다투어 거짓말을 한다. 그리고 사실인지 확인도 되지 않은 다른 사람들의 성공담이 무절제한 그리고 고삐 풀린 새로운 투자에 대한 격려가 되고 있다.

투자 시 명심해야 할 세 가지—위험, 위험, 위험!

'직접 사자가 되어 스타트업에 투자하세요.'

시드매치Seedmatch라는 스타트업은 자사의 홈페이지에 이 선전 문구를 적어놓고 개미 투자자들을 유혹한다. 계속해서 인용하면 이렇다. '시드매치에서 가장 기대되는 스타트업들에 최저 250유로 이상의 금액을 투자하고 자신만의 투자 포트폴리오를 구축할 수 있습니다.' 이 글만 보면 스타트업에 대한 투자는 매우 전망이 밝은 사업이라는 느낌을 받게 된다. 만일 투자한 사업 아이디어가 성공한다면 기업의 경제적 성공에 따른 이익 배당에 참여하게 되면서 '평균 이상의 고수익이 가능'하다고도 시드매치는 선전하고 있다. 그러면서 '높은 수익의 가능성은 항상 그에 상응하는 위험이 수반됩니다'라는 경고도 하고 있다. 이러한 자산군에 대한 투자는 매우 큰 위험을 내포하고 있어 벤처캐피털이라고도 불린다. 따라서 시드매치의 홈페이지에는 '손실을 감당할 수 있는 수준의 금액만을 투자해야 합니다'라는 문구가 명백하게 적혀 있다.

그래도 작은 돈주머니는 콤파니스토Companisto라는 스타트업을 향해 열린다. 이 또한 스타트업에 대한 투자를 전문으로 하는 업체다. 이곳에서는 최소 투자 금액이 100유로이며, 거래 혹은 사용자 계정에 대한 수수료가 없는 것이 일반 서민에게는 큰 유혹으로 다가올 수 있다. 이 회사는 5~8년 안에 투자 금액을 몇 배로 늘릴 수 있는 '이익 배당에 대한 참여를 목표로 급성장 중인 스타트업'에 투자할 수 있다고 선전하고 있다. 콤파니스토의 설명에서 '위험성이 있지만 그만큼 수익성 높은 장기 투자'라는 문구가 눈에 띄는데, 시작 페이지에서 따로 설명하고 있지는 않지만 '위험'이라는 단어에서 기만성이 다분하다는 것을 충분히 예측할 수 있다. 그렇기 때문에 '성공'이라든지 '전도유망한 스타트업들', '몇 배로 증가시키는'

그리고 '수익'이라는 문구가 반복적으로 등장한다. '자주 묻는 질문'을 살펴보면 위험성은 더 정확하게 드러난다. 투자 손실의 가능성이 존재한다고 말하고 있기 때문이다. 따라서 자산의 10퍼센트만 투자해야 하고, 최소 세 개 이상의 스타트업에 나누어 투자해야 한다는 점에도 주의를 기울여야 한다고 한다. 확실히 더 많은 스타트업에 투자할수록 가능성도 더 커진다는 점은 맞다. 이 책에 인용된 모든 통계가 보여주듯이 처음에 열 개였던 스타트업 중 적어도 하나는 살아남을 테니까 말이다.

물론 투자한 보람이 있었던 스타트업의 예도 무수하다. 100세의 골초 할머니가 존재하듯이 말이다. 주식시장에서 사람들의 기대대로 성공을 거둔 것으로 유명한 스타트업들 중에는 잘란도와 로켓인터넷이 있다. 그리고 2012년 설립된 독일의 스타트업들을 위한 지주회사 독일 스타트업 그룹German Startups Group은 미스터 스펙스Mister Spex, 딜리버리 히어로 그리고 사운드클라우드와 같은 회사를 경제적으로 지원했으며, 2015년 7월 16일 자 《타게스슈피겔》의 보도에 따르면 2015년 상장 직전에 140만 유로의 흑자를 내서 연 수익률 30.5퍼센트를 달성했다고 한다.

전문가들은 스타트업에 투자하려는 사람에게 무엇보다도 다음 세 가지를 조심하라고 말한다. 그것은 바로 위험, 위험, 위험이다. 예를 들어 독일 유가증권소유자보호협회의 위르겐 쿠르츠는 스타트업 같은 신생 기업의 주식을 매수하는 것은 기본적으로 기존 기업의 주식을 매수하는 것보다 위험성이 더 크다고 이야기하면서 자신이 단념할 수 있는 수준의 금액만을 투자하라고 여기저기서 강력히 조언하고 있다. 마지막으로 이 스타트업들을 조금 더 살펴보자.

- ✓ 로켓인터넷 2014년 10월에 상장됐다. 상장 초기에 주당 42.50 유로였던 주가가 2014년 11월 28일에 56.67유로로 최고가를 찍었으며, 최저가는 2017년 4월 13일의 15.82유로였다. 2018년의 주가는 20유로에서 30유로 사이에서 안정되어 있다.

- ✓ 잘란도 주가는 2014년 10월에 20유로에 조금 못 미치는 수준에서 시작했는데, 이후 4년간 안정적으로 꾸준히 올라 거의 50유로가 되었다가 2018년 말에 약 30유로로 하락했다. 그래도 전체 기간 동안 약 50퍼센트가 상승한 것이므로 투자가치가 있었다고 할 수 있다.

- ✓ 독일 스타트업 그룹 주가는 2015년 11월 상장 초기에 2.80유로에서 시작해 3.40유로로 올랐다가 이후 2018년 말에는 1.40유로로 떨어져 거의 50퍼센트 가까이 가치를 상실했다.

모든 시세 동향은 어떤 보장도 없이 그저 투자의 여러 진행 상태만을 보여주는 것이다. 그리고 위에 언급한 세 개의 유명 스타트업은 특히 긍정적인 사례로 봐야 한다. 폭스바겐에 투자했던 사람은 디젤 사태가 있었음에도 불구하고 독일 스타트업에 투자했던 사람보다 훨씬 더 적은 손실을 입었을 것이다.

한 가지 중요한 이야기가 아직 남아 있다. 스타트업은 대체로 실패 가능성이 만들어지기도 전에 실패한다. 즉, 창업도 하기 전에 실패한다는 말이다. 전체 스타트업의 99퍼센트 이상이 애초 전혀 투자를 받지 못한다. 베를린에 있는 bmp벤처스의 벤처캐피털 분석가 데이비드 스툭은 매년 투자를 받기 위해 애쓰는 1,000개의 스타트업 중에서 오직 하나의 업체만이 자금 조달에 성공한다고 주장하고 있다. 따라서 99.9퍼센트는 미리 포기하거나 어딘가 다른 투자처를 찾아 헤매야만 하는 것이다.

진실: 모든 것이 거짓은 아니다

스타트업들이 자주 보여주는 나태한 사고방식을 비판하면서 그 이유를 잔뜩 설명했지만, 어떤 스타트업들은 때때로 세상을 바꾸어놓을 긍정적이고 새로운 추진력이 될 수 있음을 또한 인정하지 않을 수 없다. 예를 들면, 오늘날 전 세계 사람들과 쉽게 의사소통을 할 수 있다는 것은 얼마나 놀라운 일인가. 또 국제적으로 사람들과 교류하고 우정을 나누며 사업을 수행하는 것이 얼마나 간단한 일이 되었는가.

현재 미국 신용카드 업계의 거물인 아메리칸 익스프레스의 발전 과정을 들여다보면 이 회사가 지금까지 세상을 바꾸고 파괴적 혁신을 달성하며 사업을 수행해왔음을 알 수 있다. 아메리칸 익스프레스는 1850년에 우편물 배달 업체로 출발했다. 서부 개척 시대에는 많은 지역에서 국영 우편 서비스를 아예 이용할 수 없거나, 이용하려면 큰 비용이 들었다. 그래서 아메리칸 익스프레스의 역마차가 서신 왕래나 소포, 화물 또는 금을 운송하는 역할을 맡았다. 당초 이 회사는 송금 서비스는 물론, 그 어떤 금융 서비스도 제공하지 않았다.

그러나 곧 아메리칸 익스프레스는 자사의 첫 번째 혁신을 이루어냈는데, 이는 오늘날 사람들이 파괴적 혁신이라 부를 만한 것이었다. 주권株券, 통화 그리고 기타 은행 상품의 전송은 부피가 큰 화물의 운송보다 확실히 수익성이 더 좋았다. 그러므로 은행은 그들의 가장 중요한 고객이었다. 미국 우정청US-Post과 직접 경쟁하던 이 회사는 재빨리 우편환 서비스를 시작했으며, 1890년에는 시장에 여행자수표를 도입했다. 이처럼 사업의 적기를 제대로 인식하고 활용하면서 그때그때 새로운 시장 상황에 잘 적응해왔다. 아메리칸 익스프레스는 최근 몇 년 동안 계속 세계에서 가장 인정받는 20개 브랜드에 뽑히고 있다.

오늘날의 스타트업은 송금을 더 간편하게 만들어준다. 페이팔이나 중국의 위챗은 페이스북이나 왓츠앱이 제공하는 여러 기능에 더해 은행 업무까지 가능하게 해준다. 블록체인은 그것을 넘어 더 큰 발전을 가능하게 만들어주는 기술로, 이를 통해 국가 간 지급 결제 거래는 더욱 간소화되고 가속화된다. 이 분야에서도 스타트업이 발전의 원동력이 되고 있다. 그에 비해 기존의 은행들은 별다른 역할을 하지 못하고 있으며, 자신들에게 위협이 될 수도 있는 혁신적 경쟁자를 등장시키는 새로운 기술을 두려워하고 있다.

디지털 전환은 완전히 새로운 세상으로 통하는 문을 끊임없이 열어준다. 음성메시지와 영상메시지의 모든 가능성과 아카이브Archive로 사용되어 개인적·직업적 생활 전반에 대한 접근을 가능하게 해주는 클라우드와 함께 놀라운 발전을 보여준 통신에 대해서는 이미 언급했다. 그런데 공유 경제 역시 혁신적 사고방식 및 긍정적 의미에서 거리낌 없는 활동을 보여주는 스타트업이 없었다면 상상할 수 없었을 것이다. 공유 경제는 이동성 개념과는 무관하다. 자동차, 자전거, 오토바이 그리고 여행 중에는 택시 등 이동수단만이 아니라 이동성이 없는 집이나 방 그리고 숙박시설도 공유된다. 이 얼마나 편리한 세상이 되었는가.

페이스북이나 스냅챗, 에어비앤비 또는 우버 등 앞선 스타트업의 성공 속에서 수많은 전설이 탄생한다. 초창기에는 손실을 면치 못하던 기업이 수십억 유로의 수익을 내는 데 성공했다거나 수십억 유로를 벌어들이다가 다시 돈을 날렸다거나 하는 이야기가 차고 넘친다. 그 속에는 허구인지 사실인지 알 수 없는 이런저런 소문과 자유롭게 여기저기 돌아다니는 환상도 있다.

그러고 보니 오늘날까지도 회자되는 우주 볼펜Space-Pen의 발명에 관한 전설이 떠오른다. 지금까지도 나사NASA가 100만 달러를 들여 우주 볼펜을 발명시켰다는 전설이 떠돌고 있다. 어떤 출처에 의하면 120만 달러라고도 한다. 그 볼펜은 수없이 많은 테스트를 거치면서 매우 큰 비용을 들여 개발한 첨단 기술로, 내한성과 내열성을 갖추고 무중력 상태에서도 사용할 수 있는 등 그 이외에도 여러 가지 특성을 가지고 있는 것으로 여겨졌다. 잠깐, 아직 이 전설을 끝까지 소개하지 않았다. 반면에 러시아인들은 이미 그 모든 특성을 다 갖춘 단순한 연필을 사용했다고 한다. 2006년《한델스블라트》는 '실질적 내용이 중요하다'라는 표어와 함께 이 발명 에피소드를 광고로 실었다.

그런데 그 광고에서 장난조로 다루어졌던 이야기는 물론 실제로 있었던 일이 아니다. 심지어 나사 역시 그들의 첫 번째 임무를 수행할 때 일반 연필을 썼다. 최초 서른네 자루의 연필 값으로 4,382달러 50센트를 지불했으므로 한 자루당 128달러 89센트였던 셈인데, 그것은 물론 비판으로 이어졌다. 나사는 터무니없이 비싼 연필을 주문했던 해와 같은 해인 1965년에 전설의 피셔 우주 펜Fisher Space Pen을 한 자루당 6달러에 제공받았다. 그리고 2년에 걸친 숙고 끝에 나사는 그 거래에 응했다.

독일에서도 여전히 혁신적 브랜드로 인정받는 전기 자동차 제조사 테슬라도 이야깃거리가 된다. 경영 컨설팅 업체 자세라트 문칭어 플루스Sasserath Munzinger Plus가 2018년에 실시한 조사에 의하면 독일 국민의 10퍼센트가 테슬라를 가장 혁신적인 브랜드라고 생각하는 것으로 나타났다. 비교를 위해 말해두자면, 독일 자동차 업계의 대표 주자인 BMW를 혁신적이라고 생각하는 독일 국민의 비율은 단지 2퍼센트밖에 되지 않았다. 그런데 테슬라도 사실상 계속 살아남는다면 눈 깜짝할 사이에 완전히 평범한 자동차 브랜드가 될 것이다.

테슬라 주변에는 점점 더 많은 경쟁자가 모여들고 있다. 그래도 여전히 테슬라는 나사못 제조자든 딱풀 제조자든 상관없이 모든 기업가가 동경해 마지않는 예로 거론되고 있다. 독일의 기업가들은 전부 '나도 테슬라처럼 되고 싶다!'라는 바람을 갖고 있다. 그러나 이 같은 사고방식은 완전히 불필요하고 무의미하다. 높은 수준의 공학 기술을 보유한 국가에서는 더더욱 그렇다. 이런 국가의 제품은 품질이 좋으므로 무역 흑자를 낳을 수 있다. 테슬라를 시기하지 않고 혁신적 선구자로 인정할 수는 있지만, 역시 중립적 관점에서 평가할 줄 알아야 한다.

초기의 스타트업은 골리앗과 싸우는 다윗이다. 그 사실이 동정심을 불러일으키기도 한다. 그런데 다윗인 테슬라는 BMW, 메르세데스 그리고 아우디를 조롱했다. 우리는 이런 유의 이야기를 아주 좋아한다. 하지만 테슬라도 더 성장하고 나면 깨닫게 될 것이다. 즉, 어느 순간 갑자기 테슬라도 골리앗임을 알게 된다.

애플이 바로 그런 경우다. 스티브 잡스의 브랜드 역시 처음에는 거실 창업의 하나였으며, 마이크로소프트라는 골리앗과 싸우는 다윗이었다. 그것은 팬과 지지자들이 좋아하는 조건이다. 그리고 이미 오래전에 대기업이 된 애플도 지금은 골리앗이 되어 그 지위를 위협받고 있다. 그것이 세상의 이치다. 순전히 물리학적으로만 생각해봐도 기업이 커지면 커질수록 공격받는 면적도 커질 수밖에 없다.

스타트업은 유연성과 신속성, 재빠른 의사결정이라는 면에서 강점을 갖는다. 이런 점은 모두 기존의 기업이 본받아야 할 바람직한 특성이다. 대체로 공룡은 멸종 위기에 처하기 전까지 굼뜬 모습을 보이기 때문이다.

예를 들어, 레베는 기존 기업이 스타트업의 긍정적 에너지를 어떻게 촉진하고 활용할 수 있는지를 보여준다. 쾰른에 위치한 이 식료품 판매 업체는 2018년 처음으로 스타트업 경연대회를 개최했다. 그 결과 자칭 '온라인 신선식품 판매의 개척자'로서 레베는 긍정적이고 혁신적으로 그 지위를 공고히 했을 뿐 아니라 스타트업 아이디어를 활용해 이익도 남기고 있다. 식료품 분야에서 혁신을 이루고자 하는 레베는 "아직 시장에 진출하지 못한 다수의 혁신적 기업에 상을 줌으로써 기회를 제공하려 한다"라고 말하고 있다. 레베의 방식은 궁극적으로 혁신적 아이디어를 지닌 사람만이 아니라 기존의 기업 그리고 심지어 고객에게도 이익을 가져다준다. 즉, 그들 모두가 가장 새로운 상품 아이디어를 발견하게 될 것이기 때문이다.

바로 이런 프로그램이 상업적·경제적 혁신을 가속화한다. 미국에서는 이미 수년 전부터 활성화되어 있는데, 오레오Oreo나 밀카Milka 혹은 미카도Mikado 등의 브랜드를 가진 글로벌 그룹 몬델리즈Mondelez는 '소비자의 미래Shopper Futures'라는 기업 프로그램을 운영한다. 공식 발표에서 몬델리즈는 해당 프로그램을 통해 자신들이 얻고자 하는 것이 무엇인지 밝혔다. 즉, 스타트업과 함께 물리적 판매 시점은 물론 가상의 판매 시점에서도 그 쇼핑 경험에 혁명을 불러일으킬 새로운 아이디어와 해결책을 찾으려 한다는 것이다. 몬델리즈는 4주간의 응모 과정을 거친 후 15개의 스타트업을 경연일에 초대한다. 그 후 최종적으로 다섯 개 스타트업이 몬델리즈 팀 및 거래처와 함께 3개월 동안 자신들의 아이디어를 직접 테스트해볼 수 있다. 게다가 프로젝트 지원금으로 3만 유로가 주어진다. 그 정도쯤은 물론 몬델리즈 같은 대기업에는 푼돈이겠지만 스타트업에는 매우 큰 돈이 아닐 수 없다.

이런 방식을 통해 스타트업은 제 기능을 발휘할 수 있다. 즉, 새로운 세상이 낡은 세상과 만나 그 낡은 세상을 변화시키게 된다.

마찬가지로 시장에서 성공할 기회를 스타트업에 부여해주는 또 다른 긍정적 사례를 하나 살펴보자. 쾰른에 위치한 라인골트 연구소Institut Rheingold 역시 2018년 경연대회를 열겠다고 처음 발표했다. 이 대회에서는 연매출 200만 유로 미만으로 설립한 지 4년이 되지 않은 스타트업들이 경쟁한다. 라인골트 연구소는 경연대회 개최를 통해 젊은 기업들을 후원하고 그들의 아이디어가 최대한 활용될 수 있도록 도울 것이라 밝히고 있다. 경연에서 상으로 주어지는 것은 대다수 스타트업이 소홀히 여기고 지나치는 것으로, 그 무엇보다 높은 가치를 지닌 것인데, 바로 연구 기회다. 라인골트 연구소는 경연대회 우승자에게 3만 유로 상당의 시장조사 기회를 제공한다.

시장조사 기관이 스타트업 경연대회를 추진한다는 사실은 언뜻 이례적으로 보이지만 사실 굉장히 긍정적인 시도다. 왜냐하면 그 경연대회를 통해 스타트업이 획득하는 것은 한번 쓰면 사라지고 마는 돈이 아니라 견실한 시장분석 결과이기 때문이다. 그러한 종류의 투자를 통해 아이디어를 보유한 스타트업들이 진지하게 활용될 수 있다.

요즘은 셀 수 없이 많은 스타트업 경연대회가 생겨났다. 특히 투자자와 은행, 컨설턴트 들이 앞다퉈 그런 종류의 경연대회를 개최하며 젊은 창업자들에게 기회를 주고자 한다. 때로는 정부기관들도 그 일에 협력한다. 예를 들어 바덴 뷔르템베르크는 '스타트업 BW 엘리베이터 피치Start-up BW Elevator Pitch'를 개최하고 있다. 이는 바덴 뷔르템베르크의 재경부가 기획한 것으로 상금은 L방크L Bank가 제공한다. 다만 이 대회는 썩 진지해 보이지는 않는다. 엘리베이터를 타고 이동할 때처럼 재빨리 3분 이내에 사업 계획이 발표되어야 하는데 제대로 될 리 없으니 말이다. 또한 대회 참가자들은 어떠한 보조수단도 없이 심사위원들을 설득해야만 한다. 물론 그것을 해낼 수 있다면 기업가로서 매우 쿨하고 유쾌해 보이기는 할 것이다. 그리고 마치 게임 테이블에 칩을 올려놓고 내기하는 사람처럼 장난스러워 보이기도 한다. 분명 모든 은행과 국가 그리고 고리타분한 정부기관이 그러한 스타트업의 이미지를 활용해 이득을 보고 싶어 할 것이다.

엘리베이터 피치는 한때 굉장히 유행했지만 케케묵은 것이 되어버린 지 오래다. 10여 년 전부터는 텍사스 오스틴의 테크 파티인 SXSW(South by Southwest의 약어—옮긴이) 등에서 액셀러레이터 피치Accelerator-Pitch가 공공연히 개최되고 있다. '액셀러레이터Accelerator'는 문자 그대로 활성화하는 사람을 의미한다. 스타트업을 전문으로 하는 액셀러레이터는 단기간의 집중 지도를 통해 스타트업의 발전 과정이 가속화되고 활성화될 수 있도록 지원하는 기관으로 인큐베이터와 유사한 기능을 한다.

그러나 단순히 스타트업의 실현을 위해 노력하는 것만으로는 충분하지 않다. 독창적 공간을 만들어놓고 젊은 사람들이 격렬한 경쟁이 벌어지는 환경 속에서 결국에는 내팽개쳐질 계획을 짜내도록 하는 것만으로는 충분치 않다. 기존의 기업들은 젊은이들에게 문을 열어주고 그들이 역량을 발휘할 수 있도록 해야 하지만, 그들과 함께 미래를 가꾸어나가기 위해 사업의 엄중함 또한 보여주어야 한다.

사람들은 스타트업이 내보이는 가능성을 활용해야 할 것이다. 하지만 넥타이나 운동화 같은 것은 아무런 도움이 되지 못한다. 누구나 자기가 원하는 대로 입어야 한다. 즉, 중요한 것은 외관이 아니라 아이디어의 깊이라는 말이다. 또한 스타트업은 자신의 경쟁 상대에게 초점을 맞추는 경향이 강한데, 그 또한 옳지 않다.

아마존의 창업자 제프 베이조스는 악셀 스프링거 그룹의 CEO 마티아스 되프너와의 대담에서 "일반 대중은 우리가 끊임없이 개선해

나가고 있다는 점을 대단하게 여깁니다. 예를 들어 기업가나 발명가가 자신들의 호기심과 열정을 좇아 무언가를 발견해낼 때 말입니다. 가능하다면 정확히 그 사실을 잘 써먹어야 합니다"라고 말했다. 경쟁사에 주목하는 대신 고객에 더 우선적으로 주목하여 그 에너지를 활용할 줄 알아야 한다는 견해다. 이어서 베이조스는 "때때로 저는 기업들에서, 심지어 영세한 스타트업이나 젊은 기업들에서도 고객보다 경쟁사를 주시하는 모습을 발견하곤 합니다. 그런 기업들은 다른 기업이 개척자가 되도록 허용하는 행태를 보입니다. 다시 말해 다른 기업이 여태껏 누구도 걸어가지 않은 모험적인 길로 걸어가도록 내버려두는 것이지요"라는 이야기로 결론을 맺는다. 이 대담의 내용은 2018년 4월 29일 일요일 자《디 벨트》에 실려 있다.

그러나 옳지 않음에도 불구하고 안타깝게도 대부분의 기업이 그렇게 행동한다. 그러므로 기업은 꾸준히 스타트업의 신선한 정신을 끌어들여야 한다. 아직 경쟁 상대 중 누구도 하지 않았다는 이유만으로 무언가를 시도해보아야 한다. 다른 기업도 그렇게 하고 있지 않기 때문에 우리 역시 이것도 저것도 할 수 없다고 입버릇처럼 말하는 기업의 중역이 얼마나 많은가.

유서 깊은 기업들은 "우리는 이미 그렇게 해왔습니다!" 혹은 "저는 전부 현재 상태 그대로 유지되길 원합니다!" 등 최악의 목소리를 내고 있다. 이런 태도는 장기적으로 보면 기업에 사형선고나 다름없다. 그에 반해 보통 스타트업의 창업자는 두려움 없이 자신의 아이디어에 확신을 갖고, 무엇보다도 창조적인 일을 해내려 한다는 점에서 그들과 다르다.

경영자는 스타트업 창업자의 모습에서 많은 것을 배울 수 있다. 즉, 경영자는 정기적으로 '만일 내가 오늘 회사를 설립했다 해도 같은 결정을 내릴 것인가?'와 같은 물음을 떠올려야 한다. 이런 물음은 미개척지를 생각해내고, 어떠한 사업 영역을 어떠한 사람들과 함께, 또 어떠한 강점을 가지고 꾸려나갈지 고민하고 있을 때 도움이 된다. 그러나 25년간 경영 일선에 몸담은 사람이라면 그런 사고를 하는 것보다는 오히려 젊은 직원들이나 회사 밖의 사람들 그리고 숙련된 사람들과의 교류를 시도하는 것이 낫다. 그래야만 일의 진행 및 구조에 의문을 품고 새로운 미래를 바라볼 수 있다.

이 과정에도 스타트업이 귀중한 조언을 제시해줄 수 있다. 앞을 바라보는 기업은 '우리는 아직 그렇게 해본 적이 없습니다'라고 말한다. 삶은 변화이며 부단한 쇄신의 과정이다. 그러한 과정 속에 스타트업에 적합한 수많은 사고가 내재돼 있다.

그러나 스타트업 투자자들에게서 흔히 볼 수 있는 탐욕은 스타트업의 사고가 아니다. 스타트업에서 종종 발생하는 착취 또한 그들다운 사고방식은 아니다. 그 밖에 미투, 무계획성, 공허한 약속, 빠른 시간 안에 부자가 될 가능성이라든가 무의미한 참여 의지 역시 스타트업의 사고가 아니다.

물론 스타트업에 참여하는 것은 경우에 따라서는 굉장히 의의

가 있으며, 이는 미래를 보장하는 역할을 하기도 한다. 중소기업의 64퍼센트는 그 사실을 인식하고 있지만 실제 행동으로 옮기지는 않고 있다. RKW 역량센터가 2018년에 실행한 '스타트업과 만나는 중소기업'이라는 연구에 따르면, 앞서 말한 중소기업의 64퍼센트가 스타트업과 협력해야 할 최우선의 이유로 새로운 기술의 개발을 들고 있다. 연구 결과는 다음과 같이 서술되어 있다. '중소기업은 대체로 젊은 창업자 팀들을 혁신 동력으로 인식하고 있으며, 새로운 시장 진입의 노하우를 얻기 위해 그들을 활용하고 있다.'

그것은 바람직한 설명이고, 그대로만 실행된다면 좋을 것이다. 그러나 사정은 그리 좋지 않다. 계속해서 연구 결과를 따르자면 창업자 팀과 어떤 식으로든 교류하기 위해 적극적으로 노력해본 중소기업은 27퍼센트에 불과하기 때문이다. 전체 중소기업의 4분의 3에 해당하는 나머지 기업들은 장래에 있을지 모를 스타트업과의 접촉 기회를 우연에 맡겨두고 있을 뿐이다.

다수의 기업이 스타트업의 성향에 대해 전혀 아는 바도 없이 서둘러서 스타트업이라는 모자를 쓰고 싶어 한다. 기업은 사람들의 소질이나 배경, 기호 그리고 존재 그 자체에 대해 주의를 기울이지 않은 채 성적표나 추천서 등의 증명서만 믿고 새 직원을 고용한다. 결과적으로 모든 기업은 사람에게 의존하기 때문이다. 다시 말해 기업의 성공은 열정을 가진 사람들이 전력투구하면서 나타나는 다양한 활기에 달려 있다. 증명서는 사람들에 대해 제한적인 정보만을 말해준다. 따라서 각 개인의 특기나 약점은 차차 발견하고 인식해나가야 하는 것이다. 사람들의 흥미를 키워주고 아이디어를 자유롭게 개발할 수 있도록 도와주어야 한다. 그러면 모든 기업이 스타트업이 될 수 있다. 다만 나이, 성별, 종교, 인종 그리고 기타 모든 배경에 의한 차별이 더는 없어야 한다.

기업의 이익에 관계없이 개인적 방침을 고수하는 경영자가 군림함으로써 기업의 발전 자체가 방해받는 경우는 또 얼마나 흔한가. 그러한 경영자는 기업이 장기간 시름하는 동안에도 오직 자신의 지위만 보호하려고 눈앞의 생명 연장에만 신경 쓴다.

거짓말을 하지 않는 스타트업이라면 엄청난 가능성을 내포하고 있다. 따라서 스타트업의 사고방식에 대한 투자와 마찬가지로 스타트업에 대한 투자도 틀림없이 모든 기업에 훨씬 많은 혜택으로 돌아갈 것이다.

옮긴이 노보경
고려대학교 독어독문학과를 졸업하고 고려대학교 일반대학원 법학과에서 국제법 전공 석사 과정을 수료했다. 이후 외교통상부 조약국 국제협약과 인턴으로 근무했고, 네덜란드 헤이그국제법아카데미 국제공법과정을 수료하였다. 현재 유엔제이 소속 전문 번역가로서 좋은 외국 도서를 한국에 소개하면서 월간지《마리끌레르》,《마리끌레르 메종》,《하퍼스 바자》등을 번역하고 있다.

스타트업의 거짓말

초판 1쇄 발행일 2020년 12월 24일

지은이 요헨 칼카
옮긴이 노보경
펴낸이 김현관
펴낸곳 율리시즈

책임편집 남미은
디자인 송승숙디자인
종이 세종페이퍼
인쇄 및 제본 올인피앤비

주소 서울시 양천구 목동중앙서로7길 16-12 102호
전화 (02) 2655-0166/0167
팩스 (02) 6499-0230
E-mail ulyssesbook@naver.com
ISBN 978-89-98229-85-6 03320

등록 2010년 8월 23일 제2010-000046호

이 도서의 국립중앙도서관 출판시도서목록(CIP)은 서지정보유통지원시스템 홈페이지(http://seoji.nl.go.kr)와 국가자료공동목록시스템(http://www.nl.go.kr/kolisnet)에서 이용하실 수 있습니다. (CIP제어번호: CIP2020051911)

책값은 뒤표지에 있습니다.